iHuman
新民説

成为更好的人

NEITHER WOLF NOR DOG

帕哈萨帕之歌

与印第安长者的旅行

[美]
肯特·纳尔本
著

潘敏
译

Kent Nerburn

GUANGXI NORMAL UNIVERSITY PRESS
广西师范大学出版社
·桂林·

帕哈萨帕之歌：与印第安长者的旅行
Pahasapa zhi Ge: yu Yindi'an Zhangzhe de Lüxing

图书在版编目（CIP）数据

帕哈萨帕之歌：与印第安长者的旅行 /（美）肯特·纳尔本著；潘敏译．—桂林：广西师范大学出版社，2018.8

书名原文：NEITHER WOLF NOR DOG：On Forgotten Roads with an Indian Elder

ISBN 978-7-5598-0931-5

Ⅰ．①帕… Ⅱ．①肯…②潘… Ⅲ．①美国印第安人—民族历史—通俗读物 Ⅳ．①K712.8-49

中国版本图书馆 CIP 数据核字（2018）第 112263 号

广西师范大学出版社出版发行
（广西桂林市五里店路 9 号　邮政编码：541004
网址：http://www.bbtpress.com）
出版人：张艺兵
全国新华书店经销
广西广大印务有限责任公司印刷
（桂林市临桂区秧塘工业园西城大道北侧广西师范大学出版社集团有限公司创意产业园内　邮政编码：541100）
开本：880 mm × 1 240 mm　1/32
印张：9.5　　字数：209 千字
2018 年 8 月第 1 版　　2018 年 8 月第 1 次印刷
定价：43.00 元

献给那些沉默的人

目录

再版序

出乎我的意料，多年来《帕哈萨帕之歌》展示了它强大的生命力。在美国一些管教非常严苛的监狱里，犯人们争相传阅这本书。从南达科他州、西雅图到新墨西哥州高地的沙漠地带等众多地方，印第安学校的学童和白人学校的学童，第一次开始交流彼此的异同点。连新西兰的毛利人也把这本书送给他们的白人朋友和同胞们，认为这本书将帮助别人来了解他们失去自己土地的感受。还有南美的罗马天主教的传教士牧师问我，能不能考虑给他们现在生活和工作的部落也写一本这样的书。这本书甚至改变了密苏里河的河道：一名兵团的工程师军官阅读这本书并了解情况后，在他的权限范围内，修改了他指导下的河流改道项目。

这些故事，还有很多其他故事，都让我惊讶，让我感动。但是在这所有的故事中，有一个深深地打动了我。这个故事的主角是个奥吉布瓦人，他来到我在明尼苏达州北部的家中，看一些我出售的旧脚手架。我们聊了聊保留地那边我们都认识的朋友，然后我送给他一本《帕哈萨帕之歌》。我有点不好意思，这个举动有自我推销和自我表扬的成分在里面，可直觉告诉我这样做很对。

几个星期后，这位老人给我打了个电话。他声音颤抖，我能感觉他是鼓足勇气来打这个电话的。“我是那个你送我书的人。”他说，“我想要谢谢你。”

我告诉他没必要客气。

“要的。”他说，“我一定要谢谢你。你知道吗，我过去一直不开心。自打我还是个小孩子，人们总是会说我，‘你为什么总是这么不开心？’他们看到我虽然在外面玩，但我不开心。他们看到我坐在椅子上，郁郁寡欢。甚至我自己的小孩也问：‘你为什么这么不开心？’但是我没法告诉他们。直到我读了你送我的这本书后，我才弄明白我为什么不开心。整整一天，我坐在桌子前，和我的家人聊天。我说的话比以往任何时候都要多。我不停地说啊说啊，把我内心的悲伤痛苦全部说了出来。现在，我变得开心了，我的家人也跟着开心起来。我想让你知道你的书对我有多重要。你如我兄弟一般，我要谢谢你。”

挂了电话，我眼里噙满了泪水。对一个作家来说，那一刻他说的话是最好的礼物。我的某部文学作品帮助一位内心受伤的读者疗伤，如今他痊愈了，不再让自己疏远社会，重新走回了自己家人的内心世界，他的家人也走进了他的内心世界。

所以得知《帕哈萨帕之歌》要发行新版本之后，我非常激动和兴奋。现在，有更多的人有机会接触这本既独特又让人讶异的书，在新地方、意想不到的地方继续发挥它的魔力。

我常常问自己，为什么这本书能如此长久地发挥它的魔力。毕竟，我只想通过这本书表达敬意，向我认识的原住民他们深奥的、扎根于大地的智慧，表达我衷心的敬意。这个答案，我想，应该与记忆和诚实有关。

我遇到过的印第安人中，没有一个不对自己的遭遇感到愤怒和悲伤；我遇到过的不是印第安人的美国人中，只要他们诚实、有洞察力，没有一个人内心深处不是被自己的文化欺凌了这块陆地的原住民——印第安人所带来的负罪感煎熬着。白人与印第安人有时会喜欢对方，有时会讨厌对方，我们还会相互怜惜，甚至彼此相爱。但其实在我们交往的表象下，对过去文化的追忆一直在那里隆隆作响。这片大地上发生过惨剧，即使我们当时没有目睹，可我们是它的传人，而且大地也牢记着。

《帕哈萨帕之歌》用记叙的方式承载了对过去的回忆，这种手法很是奇妙独特。书本上出现的这些人物活灵活现，人人在挣扎着，方式不尽相同，但却同样追忆着过去。他们是听着风的吟唱和大地的回声长大的。作为个人，无论做什么，都阻止不了这些声音的传递，因为这些声音已经与他们融为一体。于是他们去寻求，寻求共同的意义、寻求共识、寻求如何去救赎。而且，正是因为他们的寻求，尽管他们和白人处于文化鸿沟的两个对立面，鸿沟里满是泪水、负疚、食言和梦想，他们并不介怀。他们挣扎着走向对方，最终，他们变得比朋友还亲——他们成了兄弟姐妹。

这一点，我认为是《帕哈萨帕之歌》能够经久不衰的关键所在。它召唤我们变得如兄弟姐妹般亲密。兄弟姐妹们不必去了解对方，他们甚至不必去喜欢对方。但是，他们必须互相信任，站在对方身边。这就是本书中丹、格罗弗和我，以及达内尔、大块头、韦诺纳和所有其他人试着去做的。我们固守着各自的价值观和理解体系，我们自强、自立、笃定，但我们还是向对方伸出手，互相关心。他们不想变成白人，我也不想成为印第安人。我们只是跨越分歧的鸿沟，揽住对方互相拥抱。

这绝不是个小成就，尤其对白人与印第安人的关系而言。我知道有很多白人——他们善良，富有爱心，深切关注印第安人的困境，也明了过去几个世纪印第安人在这片大陆的血泪遭遇——他们想“变成”印第安人，至少是想和印第安人攀上关系。可是他们流于俗套，把历史浪漫化，同情心泛滥，似乎这样就可以纠正历史错误；又或是通过盗取印第安人的价值观和信仰，来提高自己的身份价值。在这个过程中，他们歪曲了自己热切关心的印第安人的真实遭遇，而把他们变成符合自己需要的投影。

而丹、格罗弗和所有其他人绝对不会让我这么做。他们就是印第安人，底气十足，绝不会要求我与他们一样。每次我跨过那个边界，他们就会毫不客气地制止我。他们不让我简单地把所有印第安人归为同一模式，抹杀他们的个性。他们要求我认清印第安人的共通性，但同时也不断地提醒我，这并不意味着我可以滥用这个共通性，简单把他们描写成受人同情、怜悯或受人尊崇的对象。

所以，他们从来不会让我的想法和理解去左右他们。每次我想这样做，或者我每次发觉自己不知不觉这样做的时候，他们就会让我直面现实。他们会捉弄我，他们会考验我，他们会伏击我，他们会激怒我。他们真真切切地绑架我，直到我付出赎金后才让我离去，这个赎金就是我得放弃自己的理解方式。他们想让我意识到，我通过爱丽丝的锁孔进入了他们的世界，这个世界不会按我的理解来变换自己的形状和大小。然而，自始至终，我们互相关心，最后我们在尘土飞扬的达科他州路边分手时，像是在和家人告别，没有人能把那份亲情抹去。

我相信，这就是为什么来我家的那个男子最终能和他的妻子和孩子说出心里话；这就是为什么印第安人和白人都已经接受了这本书；这就是为什么它能在地球上许多看不见的或是意想不到的角落里生根发芽，发挥它的魔力。这本书既坦诚指出了差异，又寻求理解，走过愤怒、伤心，告别破灭的梦和违背的誓言，把这些让我们分道扬镳的负面情绪放一边，我们走到对方那边，成为兄弟姐妹，成为人类共同的大家庭的一部分。它让我们允许被别人看到，就像在山坡上的水牛让我看到它一样，相信那些看到我们的人会以他们所看到的为荣，并待以温柔和尊重。总之，它是一本关于信念的书——相信自己，相信别人，相信即使我们存在很多分歧，我们仍然在人性上有许多共通之处。

在我们努力去拯救这颗脆弱的星球时，在我们从过去的血泪史中走出来，走向一个更人性化、更具希望的未来时，还有比这条讯息更经久不衰，更能启迪我们的吗？

肯特·纳尔本

于明尼苏达州伯米吉

2002年春

初版序

“让我们集思广益，看看能为我们的孩子创造出什么样的生活。”

——坐牛[1]

几年前，我在路上骑着摩托车，当时压根没想写这本书，但其实这本书的种子早已在我心中孕育。

我当时骑着车横跨北达科他州。八月的太阳很晒，让人热得受不了，我眼前是一望无际的大地。我翻过一个山脊后，看到远处有一个被废弃的木制建筑，三面都封了起来，屋顶低矮倾斜。起初我还以为是某个农民废弃的水果摊，或是某个信奉正统派基督教的宗教组织把房间布置成耶稣出生时的场景。但我走近了，才发现它是用来遮蔽某个历史标记。

我靠边停下车，走过热气腾腾的高速路面，向那个处所走去。到了近处，我才看到它周围用篱笆围着，里面有块不规则形状的巨石。旁边的一块牌匾介绍它是种水牛岩石，拉科塔印第安人把它视为圣物。

牌匾写得很不错——介绍得很详细，竭力尊重拉科塔人的传统。

1　1831年3月出生于美国，是美国印第安人苏族部落首领和精神领袖。（书中注释如无特别说明，均为译者所加，后不再逐条标注。——编者注）

如果你仔细看的话，你还可以看到刻凿留下的印记，前几代不知名的工匠都努力把这块石头打磨成更易辨认的形状。

我认真地读了介绍，然后转身走过去看巨石。由于隔着围栏，我不能非常仔细地端详它，但也能看到过去的工匠想努力把它的形状打磨得更精致而留下的印记，它也确实看起来像水牛。难怪拉科塔人会如此看重这块石头，赋予它重要的精神意义了。

要是换作以前，我可能就只是把这个信息储藏在记忆里，然后开心地上路，心里很得意，因为我又看到了一些有趣的东西，也很高兴自己又多学了一点印第安文化。可这次我看东西与以往不一样了。我曾经有幸与印第安人一起共事生活过，坐在他们桌子旁边，和他们聊聊他们的孩子，和他们在教会学校寒冷的体育馆里打打篮球，帮他们埋葬死者。我看到了他们是如何的相爱，看到了他们如何互相争斗，看到了他们如何互相责骂，也看到了他们如何互相帮助。我那时其实也成为他们生活的一部分。

因为这些，我在这个闷热的路边围栏里看到了另外的一些东西。我看见了大地的一部分—— 一块巨大宁静的石头，像动物隐藏在它的壳里一样。我看到一个民族鲜活的信念就这样被随意写在牌子上，放置在路边，希望能吸引好心的美国大众过来阅读以增长见识。总之，我看到了关于印第安人困苦的最凄凉的比喻，这种困苦我过去一直都能遇到：大地的精神和印第安民族的精神，被他人重新命名，被格式化，被藏在一个围栏里面。

从那个路边处所走过，我看到的不仅仅是对过去历史的描述，我也不是唯一一个有如此想法的人。在那块岩石的顶部，一位以往的过客放了几根烧过的香烟，不懂印第安文化的人肯定认为这无关紧要。实际上，这一举动和一位天主教徒在圣体前跪拜一样，简单却满含敬意，那个人把烟草这份神圣的礼物放置在原始粗犷的水牛石上，表达了对水牛这种动物的敬意，水牛是拉科塔人在宇宙万物中的物质化身。

更重要的是，他或她还表达了对瓦卡唐卡——造物主的敬意，而造物主的不变性和永恒坚定性已经深深扎根在每一块石头的纹路里面。

对那个不知名的路人来说，这块石头不是一个工艺品，它甚至也不是一种象征，它是一个活生生的、灵性的存在。无论公路部门、历史学会或一千位善意的人类学家怎么做，无论他们在路边那个处所的牌匾上写了什么，也远远比不上那位不知名的过客放置的香烟，虽然礼物极其普通，却能表达对那块神圣石头的敬意。

那一刻，在八月的热浪里，我站在北达科他州高速公路的一条偏僻支道上，我许下一个庄严私密的誓言。虽然我在这块神圣土地上的经历远不如印第安人那么丰富；也不会再有机会去看看我的印第安兄弟姐妹的生活和工作，尽管它们会给予我切实的教育与启迪——但这些，都无法阻碍我前行。虽然我是白人出身，而我却越发熟悉和喜爱印第安人，作为人类的一员，我有责任架一道桥梁来帮助这两个世界的人沟通交流。

《帕哈萨帕之歌》就是我履行这一义务所做的尝试。

我知道将会有大量的印第安读者怀疑我承担这一任务的决心。你们看过自己的族人被误解、被曲解，也见识过被白人作家出于善意或是恶意而无节制地利用。

对于你们，我的朋友们，如果你们有这样的想法，我想说的是，希望你们通过我写的书来做出判断。

我相信你们会看到，我既不是利用你们的白人作家，不会因为印第安主题很受欢迎就专门去写这个主题来迎合读者；我也不是一个有一双蓝眼睛的崇拜者，不会奇迹般地发现我遥远的家族史里面有位切诺基祖母。最重要的是，我相信你们会看到，我不属于那种最让人讨厌的白人作家，他们声称自己遇到了浑身都是智慧的长者，这位长者莫名地要与我分享他或她的最深层次的文化秘密和信条。

我没有这样做，如果你们觉得我做得不错的话，我相信你们肯定是看到了这点：我只是个实诚人，运气不错，有幸认识印第安人，我欣赏他们，利用这个机会我完成了这本书的写作，帮一位非常特别的人表达他的想法和感受。这个机会，对我来说是份厚礼，我非常珍视它。

丹，我在书中诉说着他的故事，展示他的想法。他让我誓守秘密："一定要隐匿我的行踪，以免猎杀我的人找到我。"他是这样告诉我的。我按照他说的去做了，改变需要改变的，掩盖需要遮掩的。可我如实地记录下他说的话，所以，如果你们读完书觉得好的话，那完全是他的功劳；如果你们读完觉得有地方不好的话，那是我的错。我尽了最大努力，满怀敬意，怀着谦卑的心，把它作为礼物呈献在你们面前。

至于我的白人读者们，我希望你们能以开放的心态和胸襟来读这本书。你们脚下的土地，无论是城市街道、乡村小道，还是郊区的死胡同，都是印第安人的土地。如果你们愿意静下心来，仔细聆听的话，就会听到来自大地的回声。

但是，在那些神话故事里，在我们以前知道的一些虚假影像里出现的回声绝不是真正的回声。从印第安醉汉、邪恶的野人、高贵的智者到沉默的大地母亲，这些都是我们过去想象的产物。我们抹杀印第安人的个性，仅仅这样简单地去定义他们，实在太不敬重他们了。

真实的印第安人，会笑、会哭、会犯错误，他们以自己的祖先为荣，会生气上火，会去商店买东西，抚养孩子，和你我一样拥有同样的梦想。只有在真实的印第安人群里，而不是在神话和影像里，我们才能听到大地真实的声音。

丹就是这样一个人。他和你以前了解到的形象不同，他就像那块水牛石——未经精雕细琢，单纯粗犷，来自大地母亲。但是，与水牛石一样，他也拥有别人眼中可见的深邃的灵性。

聆听他，学习他。来吧，和我们一起踏上旅途，分享我们的故事。你们会和我一样收获颇丰，你们也会比我做得更好。

归根结底，印第安人也好，其他种族的人也好，我们应该走到一起。大地是我们共同的母亲，这片土地是我们共有的财产。不管我们的祖先来自何方，也不管他们以前是如何沟通交往的，我们的历史和命运是相互交织在一起的。

《帕哈萨帕之歌》就是为了实现这个愿望而做的一个微不足道的努力。它不是想为某个人和他的民族筑起一道围墙，而是通过语言来表达我的敬意。我尽了最大努力，现在我把这本书呈献在你们面前，如同在水牛石上放上香烟一般。

愿你们在读这本书时也能拥有同样的情怀。

肯特·纳尔本

于明尼苏达州伯米吉

1994年春

/ 第一章 /

一位长者的请求

电话铃响了两声，我拿起了电话筒。对方没说话之前，我就听到了电话连线刺啦刺啦声。

“是纳尔本吗？”

是个女人的声音。在她短促的声音里，我听出了印第安口音。

“是的。”我回答。

“你不认识我，”她继续说，一直没有告诉我她的名字，“我爷爷想和你聊聊，他看过你写的《走到红色的道路上》这本书。”

我心头一紧。几年前，我曾与几个住在红湖保留地的学生收集回忆他们父辈和祖父辈的素材。后来出了两本书——《走到红色的道路上》《我们选择记住》，从此我在北美的印第安人保留地中有些臭名昭著。

大多数印第安人因为书中所捕捉的历史而喜欢这两本书，但也有人认为我揭开了他们的旧伤疤，还重新点燃了他们的家族世仇。

偶尔，我会接到一些电话，他们想和我商榷所写的东西，或者要更正他们的祖父母原本说的话。

“没问题，”我说，“我来和他聊聊。”

“他不喜欢在电话上聊天。”女人说。

印第安人不太喜欢和白人[1]说话，我对此早已习以为常。我也知道仍然有一些非常传统的印第安老者既不喜欢打电话，也不喜欢拍照。

“他是不高兴吗？”我试探着问她。

“他就是想和你聊聊。”

我有些紧张起来：“他住在哪里？”

她给了我一个保留地的名字，离我家很远。

“他想要我做什么呢？”

“你能来见见他吗？”她的请求吓我一跳。无论怎么说，这真是一个奇怪的请求，尤其是打电话的这个人我根本不认识，而且我们离得这么远，我去看他更显得不靠谱。

“我很想知道他是不是有些生气。”我问她。

女人没有显露任何情绪：“他没有生气。他看了那些书之后，想和你聊聊。”

我揉了揉自己的眼睛，思量着这次旅行。完成那次收集口头历史的项目后，我心里暗暗起誓，我会一直用我的作品来为印第安人谋福祉。我从来没有像喜欢印第安人这样喜欢其他人，我也没在其他人身上发现像印第安人那样的幽默逗笑的能力和毫无遮掩的直白。但更重要的是，我在他们身上找到了平和与单纯的气质，对他们的形象有了新的认识，以往的成见里他们要么是醉鬼要么是智者。然而我遇到的印第安人和普通的底层民众并无二样，既有自己的优点也有自己的缺点。他们不同于白人，不同于黑人，不同于任何我以往知道的形象，不同于我以前遇到的任何事物。和他们在一起我感到很快乐，能待在他们身边我也觉得很荣幸。

有时候我会站在红湖区的土地上，暗自想道：“美国其实从未真正拥有过这片土地，欧洲文明运动也未能触及这片土地。”这种感觉

1　书中内容不涉及种族对立时都译为“白人”，在涉及种族对立时译为“白种人”。

就像我和某种东西有了连接，它原始自然，伴随着时间的流逝；它越发强悍有力，令人难以想象。我虽然非常清楚白人的善意有时也会给印第安人带来某种伤害，可是我还是想尽我所能去帮助他们留存民族的精华。

现在，遥远的地方有个声音在召唤我，要我去那里看一看，听一听一位老人想说的话。

“我会过去的。”我说，一半恨自己的犹豫不决，一半恨自己最终还是答应了。“但不会马上去。”

“他年纪很大了。”她回答。

“尽早去。”我说。

“问一下镇上的小店就行。他不常去其他地方，他真的想和你聊聊。”她给了我她爷爷的名字，挂了电话。

然后就有了这本书。

几个月之后我才得空去看望老人。我收拾好几件衣服放到皮卡车里，驱车行驶在美国最北部的荒芜之地上。穿过松林，越过田野。晨雾升起，笼罩着起伏的大草原。远远地看见谷仓或是教堂尖塔，就知道有小城，一闪而过地出现在公路的一边。这些小城无人问津，无人参观，无人打扰。

收音机信号时断时续，一会儿能播放出摇滚乐或古典音乐，一会儿就没了声音。我从FM切换到AM，有报道农场的，有给当地五金商店做广告的，还有特价出售犁耙、肥料和饲料的。

我查了查地图，标出我的行驶进程。他们的保留地在地图上被标注成有些褪色的方块，周围用虚线圈上。我试着想象这些居民，如同住在小岛上，周围都被城市和农场包围，在他们眼里美国是什么样呢。我想起每次我跨越边界进入保留地，都会觉得隐隐不适，在他们眼里，我看到了自己是个异类，是个多余的人，甚至我看到了敌意。同样的，印第安人行驶在国家大片的土地上时，不也同样会察觉到别人的敌意，感觉到自己是个异类吗？在我国这么大的版图上，能让他们有安全感的领地仅仅只有那几块少得可怜的褪色方块地啊。

天黑后不久，我赶到了老人的保留地。当地的商店店员是一个体格魁梧的印第安女孩。我询问老人住的地方时，她用怀疑的目光打量着我。三个年轻男孩正在录像带架子前，听到我问老人也停下来，悄悄地看着我。

“在那边。”她说，指向西方。“他家离这里有三英里[1]，有点难找。”

我向她保证，我方向感很好。

她在餐巾纸的背面画了一张小地图。这张图上到处是拐弯的标记，还有诸如河床和倒下的树木等一些自然地标。我谢过她，买了一包“阿尔伯特王子”烟草后就出发了。

出乎我的意料，她画的地图很不错。我很快发现自己在一条有车辙的路上颠簸着，周围长着齐腰深的杂草。车前大灯在夜色中形成一个模糊的光环。路边一会儿能看到小动物闪烁的眼睛，一会儿又看到它们嗖地跳到灌木丛里。

路上有个急转弯，开过去视野就开阔起来了。我的车前灯正好直接照到屋子的一个小护墙板上。屋外停了两辆车，有一辆停在大石头上。走过三个木制台阶就到前门。一个老态、肚子下垂的狗躺在门廊上。我一打开车门，她就朝我跑过来，吠叫着，摇着尾巴。

前门开了，一个人影闪现，房里的灯光映出他的轮廓。

“我是纳尔本。”我说。

“喔，快进来吧。”他答道，好像是他一直在等我。他的声音苍

1　1英里约等于1.61千米。

老但很热情，我突然感到非常轻松自在。他的语调里有印第安式的幽默和优雅。

狗还在不停地叫。“走开，肥背[1]。”老人吼道。狗安静下来，摸索着爬到那辆停在大石头上的车底下去。“该死的东西！某天突然跑过来，现在就觉得这是她的地盘。”老人转过身来，向房里走去。他走得很慢，很谨慎，几乎是拖着脚往前移。

我上了台阶，走进屋子。他就这样理所当然地招待我进门，让我感到很疑惑。

房里满是男人的气息——煎食物的味道、陈年的烟味、老咖啡的味道。

盘子都放在水槽里。一面墙上挂满了照片——一对年轻男女站在一辆20世纪40年代复古的老式车前的合影、穿塔夫绸礼服的小女孩在百货公司的照片、一个带着学位帽的庄严年轻男子的毕业照。一本旧《生活》杂志上约翰·F.肯尼迪的照片钉在桌子的末端。

“坐吧。”老人说。他招手示意我坐到立在厨房中间的一张黄色贴面塑料桌子旁边：“你喝咖啡吗？”

我告诉他我喝。“好。”他说，给我从放在炉子上的白色搪瓷罐里倒了一杯薄褐色液体，然后踱步过来，在我对面坐下。

他约莫八十岁了，满脸的皱纹和疤痕，长长的灰头发在后面扎成一个马尾。他穿一件白色T恤，外面罩着一件法兰绒格子衬衫。他下身穿着一条背带裤，脚上穿着一双羊皮内衬拖鞋。一只眼睛有些浑浊，但他的目光炯炯有神，声音也十分透亮。

我把手伸进口袋里，递给他“阿尔伯特王子”香烟。在红湖的那段日子让我知道烟草是印第安人之间表示尊重的礼物。

1　在丹眼中，这只叫“肥背”的狗承载着他已过世之子的灵魂，因此作者在书中使用了人称代词“她”指代肥背。——编者注老人看着它。

“好。”他说。他的一只手，关节有些扭曲，伸到桌子这边，把香烟塞到他上衣胸前的口袋里，“是你写的那本《走到红色的道路上》的书吧。”

“我帮那群年轻人写的。”

他把报纸折叠起来放在桌上。《走到红色的道路上》躺在下面，仿佛它也一直在等待我的到来，书的封面上写满了各种符号。

“写得相当不错。”

“我们尽全力了。”

他往他椅子旁的罐子里吐了一口咖啡。“我不大喜欢白人。”他说。他说这话时一直紧紧地盯着我。

“可以理解。”

“他们喜欢吗？”

“谁？”

“红湖地区的老人们。”

“不是所有的人（都喜欢）。”

他从桌子上拿起一罐东西，然后放了一点到他嘴巴里。

“那么你呢？”

“你是说他们喜不喜欢我？”

他没有回答。

“我想，有些人不喜欢我，他们觉得我是个一意孤行的白人。可是我能怎么办呢？”

“你做得不错。”他的手指了指《走到红色的道路上》的封面，“现在我来问你其他事情，你知道我为什么要你过来吗？”

我笑了一下，抿了一口咖啡。“我想是因为我乐于和人打交道，他们也能看出来，我也不会和他们耍花招，和我工作的孩子也觉得我人不错。”

“不，我不这样认为，”他说道，“还有其他原因。你没有想变成一个印第安人。”

我对他的赞扬置之一笑，示意他继续。很明显，他很快能形成自己的判断。

“过来和我们印第安人一起共事的白人，他们大部分都想成为印第安人。他们总是戴着印第安首饰，谈论着大神和其他狗屁不通的东西。”

“是的，我知道那种人。”我说。

他端详着我头部一侧：“你没扎马尾，很好。你也没戴绿松石戒指，是吧？”我举起手让他查看。手上没有戒指，也没戴手表。“很好。”他揶揄道。

他接着开始侃侃而谈：“有一些白人认为我们需要一些白人社会工作者来指导我们做事情。有的人来这儿完全是因为他们在其他地方找不到工作，不得不来我们保留地。来我们这里的就是这样一群人。”

我点点头。

他凑过来靠近我，像是要告诉我一个秘密：“你和他们不一样，对不对？”他问我。

他说话时带有一股诡秘的感觉，我真不知道他是在问我还是在说笑话。

“我努力和他们不一样。但是如果说我不喜欢印第安人，我是在说谎。”

“好啊，你喜欢印第安人是件好事，我也喜欢他们。还有，你喜欢白人吗？”

这个问题真有点无厘头。

“我对我们创造的文化不太感冒。”

“嗯，好，那白人自身呢？”

我不知道他到底想听到什么样的答案。

“我既不喜欢白人，也不讨厌白人。”我说，“毕竟，我也是个白人。”

“我就是这个意思。”他咯咯笑道，“不错，很好。如果你讨厌你们白人，你不会是个好人。即使你讨厌他们的所作所为，你还是得爱他们。”他指了指桌子上的马克杯：“来，喝些咖啡。”

盛情难却，我喝了一大口。咖啡喝起来像是用树枝和橡胶轮胎酿成的。“是的，我不讨厌白人，”我说，“虽然我有时也会因为我们的所作所为感到尴尬，但总的说来白人还行。”

他挥挥他粗糙的手，示意我安静。他想引我说的话都说完了，他眼睛定定地看着我。

我突然强烈意识到我白人的肤色与他的肤色有多么的不同，年纪也比他小得多。我想弄明白事情的来龙去脉，但是过去尴尬的经历告诉我印第安人有自己的主张，也会把握合适的时机。如果老人想告诉我，他就会告诉我一切。

他指着挂在墙上的一幅照片。“这是我孙子[1]，”他说，“这是他从哈斯克尔毕业时照的。”

哈斯克尔是堪萨斯州一所印第安专科学院。我认识的人中，凡是去那所学校上过学的人都满心觉得骄傲。

“他喜欢这所学校吗？”

“他死了，”老人回答道，“被人杀死的。”

“他是个英俊的小伙子。”我说，不知道该说什么好。

“是啊，他喝酒喝得太多了。他如果在世，和你差不多大。”他又用定定的眼神盯着我看，“我希望你来帮我写一本书。”

这个请求来得太突然了，我竟然一时语塞。

“我七八十岁了。”他继续说道，“生活很艰难，我想把所有的

1　从下文看，应为老人的儿子，老人此处应该是口误。

东西都写下来。”

“所有的什么？”我问他。

“所有我内心的东西。”

我想他是想让我给他写一本回忆录。“你是说，写一本类似于回忆录的书吗？”

“不，我内心的东西。我观察不同的人，印第安人和白人；我还观察事物。我想让你帮我把它们写下来。”

他起身走进卧室，出来时手里拿着一捆散乱的纸张。

“我一直在写些东西，我孙女说我应该和她们一起做些事。”

我既感到震惊，又感到兴奋，同时也很紧张。我不知道自己到底想不想看这些纸张。老人也许是个怪人，满脑子疯狂的宗教理论；但也有可能他是一位少见的编年史作家，成功地捕捉生命中鲜活的东西，记录逝去岁月的时代情怀。

他把那捆纸张递给我。“读读看。”他说。

读了两页后，我就知道老人的不同寻常。他既不是我担心的那个怪人，也不是我所期望的编年史作家。他是一个思考者，纯粹而简单，长久地、用心地观察他周围的世界。

他的文章并不出彩，甚至都没写完。纸张上写满了不相干的观察和大段大段没有标点的句子，他将想法都潦草地写在餐巾纸上和信封的背面上。

但在这些零星散乱的记录之下，深藏着如高山湖水般深奥的道理和信息，展示了他的洞察力。

“很荣幸能够帮你完成这个。”我说。

“好。我想把它们整理好，我想要东西读起来顺耳。”

“现在读起来就不错。”我告诉他。

“不，还不是我想要的样子。这件事我已经想了很长时间了。有些事情要讲给你们白人听，所以我想要文章读起来不错，这样别人才不会说，‘哎呀，那只不过是个印第安老人的说法。’”

“嗯，”我笑了，“你写的就是印第安老人的说法啊。”

话音刚落，我就意识到我犯了个错误。他转过身，没有回头看我，慢慢地说道：“白人一直想把我们变成动物，他们一直想把我们弄成动物园里的动物。如果我写的读起来不好，不如白人那样想象得好的话，你们又会把我看作动物园里的另一种动物。”他站起身来，走到水槽边，背对着我：“现在我累了，要去睡觉了。”

我脸颊发烫，我知道我冒犯了他。

又一次，我这个白人未经思考就让话脱口而出。但是看了他写的文章，足以让我认为有话直说比照顾我的感受甚至是他的感受来得更重要。

我再做一次努力，试图缓和气氛。

“对不起，”我说，“我希望我没有冒犯您。”

“我要去睡觉了。”他说话时没回头。他轻轻走进卧室，关上了门。

我默默地坐在那里，听到我头上的荧光灯时不时发出嘶嘶声。我不知道该怎么办，我想着给他留一张纸条，又觉得很多余。我站起来，关掉几盏灯，然后把老人写的一堆破烂纸片夹在胳膊下，走出门外。

我那晚基本没合眼。汽车旅馆的床高低不平，高速公路上的卡车呼啸而过，墙晃个不停。可真正让我睡不着的是我自己的苦恼。

我以前从没做过直接拿走别人东西的事情。老人并没有把纸张给我，事实上给我看一眼都是一种恩赐，可我竟然把它们顺走了。我觉得自己是个最糟糕的白人，骗得了印第安人的信任，占了他的便宜。

但我一直不停安慰自己，我这么做是有理由的。我想告诉老人我值得信任，而我唯一能做的就是赌他对我的信任。

整个晚上我都在研读他的文章，然后把段落重新排列，语法重新修改。我想把相关意思的主题和篇章合在一起，然后模仿老人的语气把它们重写了一下。凌晨四点半左右，我弄好了一章，感觉还不错，誊抄了一份。窗帘的边缘开始隐隐有阳光时，我睡着了。

我早上七点半左右醒了。我担心老人起床后，发现手稿不见了。我洗漱了一下，穿好衣服，没来得及吃早饭就匆匆赶到他家。

又有另外一辆车停在房子旁边。

我站在车边等，有人来开门，是个年轻的女人——老人的孙女。她招呼我进去。

我走上台阶，看见老人坐在桌边。他正在喝燕麦粥，吃着培根。我立刻把卷边的纸张放在他身旁，可他并没有看我。

“我试着按他想要的样子写了一章。”我对那女人说。我浑身的每一个细胞都让我想不停地说话——为自己解释，为自己辩护。当然，我最想听的是他们的回应，但我知道我其实应该保持安静。

“读一下，韦诺纳。”老人说。

我默默地坐在那里，听老人的孙女用柔和轻快的声音读我写的文章，可它们听起来却那么不自然—— 一点都不好。

她读完了，老人弯曲的手指敲了敲桌子。“喝点咖啡。”他说。

我几乎不能自已地笑了。我知道这意味着我过关了，但我不知道他们让我过关的原因或理由。

她从大搪瓷罐里给我倒了一杯咖啡。

“我就是想要你这样写。”他说，“就写成这样，让看文章的人以为我是从哈斯克尔毕业的。”

/ 第二章 /

烧掉的作品

我再去老人的保留地是几个月以后的事了。我上次回家带了一大堆碎纸片和好几个鞋盒子，盒子里面放满了餐巾纸和收银小票，上面胡乱写满了字。其中一个盒子装的是老人历年来收集的报纸剪报：有些是他朋友的讣告，有些是关于印第安事务和政治议题的文章，还有几篇安·兰德斯专栏文章和一些广告。我辨别不了这些文章的种类，也想不出他为什么把这些文章放在鞋盒里，更不了解他为什么让我把它们带回家。

但我没问他。

回到家后的几个月里，我花了很长时间把碎纸片铺开，整合了他的片言碎语和各色符号，分成不同的主题。开车去往他家的路上，我有些兴奋，也很惶恐。我觉得其中几个章节我写得不错，但这也许只是我的想法。可整体来说，文章显得矫揉造作，差强人意，感觉文章更像是我写的而不是他写的。我忐忑不安，不知道他会有什么反应。

肥背还躺在门廊上的老地方。她只轻吠了一声，就跑回到她以前在废旧车下面刨的土坑里。我听到房子里有人在笑。

不一会儿，老人出现在门口。他手腕一挥示意我跟他进去：“有一阵子没来了。”其他什么话也没说。从他说话的口气和架势来看，我好像只是离开了十五分钟。

三个人围坐在桌子边打牌。他们年纪都比较大，但都比老人要年轻。房子里到处都是烟味，角落里一台电视在那里叭叭作响。

其中一名男子抬起头问："他是谁？灰熊亚当斯？"语气中满是幽默。他问这话时看着老人，仿佛该是由丹而不是由我来解释我来的原因。其他两个人也笑着点点头，然后继续打牌。在这之后，没有人搭理我，老人既没有向他们介绍我，也没有请我坐下。

其中一个人往桌子上扔了三张牌。"狗娘养的。"另一个骂道，他们都大笑起来。我口袋里有一盒"阿尔伯特王子"香烟是准备给老人的，但这个时候给他却显得既奇怪又不合时宜。我静静地站在那儿，抱着电脑打印的资料，听着我头上荧光灯的嘶嘶声。

"瓦西组打牌吗？"其中一个人问老人。我明白"瓦西组"在拉科塔语里的意思是"白人"。

"不知道。"他回答。他指着我，手上香烟的烟灰也对着我："嘿，纳尔本，你打牌吗？"

"不，"我回答，"没学过。"

其中一名男子哼了一声，我又可有可无了。他又开始打新的一轮，我就尴尬地站在门口，没人理我，我仿佛被遗忘了。

突然，老人像是一直在等待，开口说道："嗯，读一下。"其他几个人开始聊起来，抽着烟。

"现在？"我问。

"当然是现在，我可能活不到明天呢。"

又是一场大笑，我真想离开这里。

我向房间里踱了几步，翻开装订整齐的篇章，想找一篇我自己觉得很满意的来读。

"没关系，随便选一段。"老人说。

我抓起了最上面的一章。我认为这章是写得最好的，而且这篇文章给我的时候也是老人写得最出彩的一篇。和其他篇章不一样，这部分他是用圆珠笔非常仔细地写的，然后放在一个信封里面。我甚至无法确定这是他一个人写的。

我改了改语法，换了几个词，但是措辞、韵律节奏和思想与他给我的时候绝对是一模一样的。

我像个小学生一样，清了清嗓子，开始念道：

我的朋友们：

你们好。

我现在要同你们聊聊。我心里有这个念头好多年了。

我一直努力追随祖父辈们的脚步。我亲耳听到坐牛说，千万不能相信白人啊；但我也听到了黑壶[1]教导我们要极力促成和平。

这两种矛盾的想法，我心里其实都有。

现在我年纪大了，我决定说一说自己的想法。

我们很多族人宁愿我闭口不谈，觉得我们必须躲起来，不让白人发现我们。他们说我们每次伸手准备和解时，愿望总是会落空。

但是我们现在已经无处可躲了，连我们呼吸的空气和我们饮用的水源都在白人掌控之下。白人来到我们中间，带给我们利益，也带给我们灾难。我们人数不多，但我们内心强大。我们一定要团结一心，红种人、白种人做最后一次努力，以免为时太晚。也许这次，别人就能听到我们强大的内心声音。如果听不到，那又有什么关系？时间会帮助我们解决这个问题。

我选择相信。造物主把我们族人放在这里，不是要我们被毁灭和被遗忘。我们也是他所创造的世界的一部分，我们族人的声音需要被听到。

如果我保持沉默，那么又多了一个沉默的人，所以我选择说出来。

1 印第安某部落酋长。

如果有时候我的话让你生气，你一定要原谅我，我心里始终有股巨大的怒气。任何人，只要他看了我们的孩子遭受的苦难和祖母们的眼泪，都会很生气。但我内心还是努力去原谅他人，因为大地母亲是我的老师，她让我宽恕他们。

就像高山可以忘记她身上的疤痕和采矿的印记，用夏天的草来修复她身上的伤口，我是不是也应该用类似的友善和理解来让我的伤口愈合呢？

如果森林能挺过她的孩子被谋杀的惨况，重新变得美丽，我是不是也能够挺过我们族人遭杀戮的惨况，面向太阳重拾勇气呢？

虽然人不会像高山和森林那样伟岸，但这就是为什么造物主把她们赐给我们当老师。现在我老了，我再次向她们学习经验教训，而不是向我们人类的行为方式学习。

她们告诉我要有耐心，她们也告诉我改变不了现状，我能做的只是改变未来。让草来弥合我们的伤痕吧，她们说，让花朵绽放在我们的伤口上吧。

假使我说的过多或说错了，希望其他人说出来指正我。如果我说的是有道理的话，希望其他人能听到、放到心里去。

我只是一个普通人。我并不是我们族人的首领，我也不能代表他们说话。我说这些是因为我觉得这些话一定要说出来，如果有其他人能把这些话说得更好的话，我就可以站到一旁。

可我老了，我等不起了，我不得不把这些话说出来。

我不再沉默。

我读完了，其中一个人看着丹：“丹，是你写的吗？”

老人未置可否：“这段还好。”他说。

“你这是他妈的要干什么呢？”手上拿着牌的人问道。

“就是随便说一说。”

“天呐，你是在写一本书吗？”

其中另一个男人开口说道：“写得真他妈的不赖。”

第三个人一直保持沉默。“我不知道。”他说。像接收到某种暗示一般，他起身告辞。另外两个人也站了起来。

“别忘记你藏在袖子里的牌哦。”老人说。其他人都笑起来，一个接一个走出了门。

“是我哪里做得不对吗？”我问。

老头拿出一根香烟，说：“没有啊，他们就是想回家了。你再把刚才读过的那段读给我听听。”

我又把那段读了一遍。在满是纸牌和烟雾的屋里，文章读起来感觉很奇怪，很不自然。老头似乎也感受到了我的困惑。

“有些东西你们白人小伙子不理解。”他说，“明早再来吧，我拿样东西给你看。”不知他往椅子旁边的咖啡罐里吐了什么东西，“记得带些香烟啊。”

黎明来了，空气潮湿沉滞。蚊子对着屏幕嗡嗡作响，汽车旅馆的窗外能看到雾霾从地面上升起。附近某处停着一辆半挂车，开着制冷机。柴油发动机对着汽车旅馆的墙轰隆隆地响着。

老人似是而非的回答让我心烦意乱。为了来拜访他，我开了很长时间的车。我希望他们能肯定我来这里的意义——一声谢谢，带着激动或是期待，怎样都行。但是我得到的回报仅是点头和嘟哝声，还有他们没有明确目的的来来往往。

“保持冷静。”我告诉自己。我想起了我尊敬的一个人，他是奥吉布瓦部落当地的首领，在与当地大学生的讨论会上，被问及印第安时间这个问题时，他问：“你们知道印第安时间是什么意思吗？”他接着回答说：“它的意思是，‘我现在感觉非常好，也准备好了。’”

显然，老人是在按印第安时间做事。而我呢，还是按时钟和薪水来做事。

我快速冲了个澡，套上蓝色牛仔裤和T恤。我是穿凉鞋出来开车的，但是鞋子看起来太都市化，和他们在一起穿这种鞋子有些尴尬。我从行李袋翻出一双旧的工作靴，脚上穿上灰色的棉袜。我迅速瞄了一眼镜子里的自己，头发金黄，胡茬花白，难怪那个印第安老人一看到我就想起灰熊亚当斯。事实上，这称呼还算对我客气的呢。

我到的时候，老人正在等我，他的孙女又过来给他做早餐。我开始猜测这是不是某种日常的仪式，她每天早晨又是从什么地方冒出来的？她在一口旧铸铁锅里煎几块烟熏肉，然后把熏肉煎出的油倒入一大罐燕麦片里。

“你饿不饿，纳尔本？”她问我，用一个大大的金属勺把油和燕麦片搅拌均匀。她和我说话熟稔的语气吓了我一跳，一点也不亚于她做的独特早餐。

“几片熏肉，再来一杯咖啡就好了。”我说道。我记得她冲的咖啡味道，比老人冲的咖啡让人多一些盼头。她的咖啡比老人的树枝味浓一些，轮胎味淡一些。只要不让我吃她在炉子上炖的臭烘烘的粥，其他什么吃的我都愿意忍受。

老人用他得了关节炎的手指拍了拍桌子：“你带烟了吗？”

我点点头：“我昨晚就带了，但没找到合适的机会给你。”

“你看着办吧。”他说。他的孙女用眼角的余光扫了我一眼，但我发现她在看我后，她的目光又移走了。

不久，另一辆汽车轰隆隆开进了车道。肥背从她的土坑里跑出去，吠叫起来。

“哎，别他娘的叫了。”外面的声音说道。车门砰砰砰响了三次，我听到了他们踏在木制台阶上的脚步声。纱门打开了，昨晚三个打牌的人进来了。他们向我点了点头，拉开椅子坐下。其中一个人踱到老人的孙女旁，用胳膊搂住她：“你想什么时候给我做熏肉都行。”他咯咯笑道。韦诺纳开玩笑似的把他推开：“熏肉都吃完了，没给你留，格罗弗。”她说。其他人哄堂大笑。

格罗弗走过来，坐在桌子旁边。昨晚我没太留意他，不过他好像是那个对我写的东西颇有微词的人。他应该有五十好几了，身体结实强壮，年轻时也许是个运动员，或是个街头一霸。他穿着牛仔裤、牛仔靴和白色T恤，T恤亮闪闪的，好像是刚洗出来的一样。袖子精心地挽起，露出他右臂肱上的老鹰文身。他留着平头，头发颜色和烟灰一样发白。直觉告诉我他以前在海军服役过——他的走路姿势和个人气质与水手并无二样。

韦诺纳给我端来熏肉和满满一锡杯的咖啡。“招待这个白人小伙很周到啊，韦诺纳。”格罗弗说。

“他可不像你这个坏家伙。”

格罗弗假装哭了几下，然后放声大笑。

“我想你们也要吃吧。”她对在场的人说道。

“纳尔本有东西给你们。”老人打断她。他看了我一眼，他的眼睛示意我的口袋，我赶紧摸索着掏出香烟。

“给。”我说，同时把烟拿给格罗弗。“先生……”——我不知道怎么去称呼老人。我知道他的名字叫丹，但似乎过于亲密。我选择了不去称呼他：“我到你们这里来，是为了帮忙写这本书。我感到很荣幸，想把书写好。如果你们能帮我的话，我荣幸之至。”

这几个男人默默地坐着，面无表情，好几分钟都没有一个人说话，房间里的气氛变了。最后，格罗弗拿起了那盒“阿尔伯特王子”：“如果丹要我帮忙，我就帮你。”

其他人也点点头。韦诺纳背对着我们，什么也没说。

格罗弗脸上呈现出严肃的表情。他紧紧盯着地板，仿佛在沉思。他随后站起身来，从前门出去了。

老头拿一片软塌塌的吐司抹掉剩的燕麦片的残渣。另外两名男子坐在靠墙的一张破旧的印花沙发上。除了我，没人觉得房子里的安静让人局促不安。

格罗弗隔着纱门说了些什么，我没听懂。老人用他们的语言回了他，然后起身走到户外。韦诺纳在我的盘子里放了两片吐司。“你也吃点吧。”她轻轻地说道。

坐在沙发上的一个男人起身打开电视，播音员一直在不停地描述某个牌子的洗洁精是多么好用。纱门外面，我能听到格罗弗和老人在用拉科塔语聊天。只听出来他们说话声音的音调，我根本不知道他们在谈些什么。

纱门突然重重地关上了，老头走到我的桌子边，歪头示意我出去说话。

“格罗弗觉得文章太白人化了，”他说，“就是你写文章的方式。”

我疑惑不解地看着他：“文章都是你说的话啊，我只是稍微整理了一下。”

他还是用我以前注意到的奇怪的手势示意我借一步说话：“出去谈。”

格罗弗坐在门廊上，胳膊肘放在膝盖上，他的手拢在香烟的周围，以防香烟的火借着风势烧得太快。他眼睛盯着前方，没有看我。

“文章听起来有些怪怪的。”他说，眼睛仍然看着前方。

我的脸微微红了一下：“你的意思是说文章读起来不好吗？”

“没有，不是这个意思。文章读起来还不错，但是不那么真实，简直像电影里的印第安人在说话。”

“我不懂你是什么意思。”

格罗弗转了身，换了个坐姿，他看了看老人：“你还记得那个纽约女人吗？”

丹突然大笑起来：“他妈的，我当然记得啊。你这个该死的家伙一直在那儿咳，简直把她吓个半死。”

“给纳尔本讲讲那个故事。”格罗弗以这样亲昵的方式称呼我又把我吓了一跳。

门廊旁有一个撑起来的旧汽车座椅，丹弯腰坐了下来。

“以前有个纽约女人到我们这里来，她正在写一部电影剧本，某个白人为印第安人做的好事——我不记得白人的名字。她想和我们印第安人聊聊，看看我们怎么说话。

“她还特地装扮了一番，新牛仔裤，牛仔靴，脖子上还戴了手帕巾，看起来她像是要去游猎一样。我想她的衣服肯定比我的车都要贵，她的样子看起来真是滑稽。她无论是坐下、走路，还是做其他任何事情都要先四处看看，生怕把自己弄脏了。

“我们有人说和她谈吧，我想我们也许可以挣几个小钱什么的，主要是我们想知道她到底是来干嘛的。你知道的，《与狼共舞》这部电影上映之后，很多人跑过来找我们印第安人。

“我当时手头上有几本书，有你的《走到红色的道路上》，还有其他部落记下他们族人讲的故事的书。不管怎样，我想这些书应该可以帮上她。

“她想问我们一些问题，但我看得出来，我们有人不喜欢她。这些人什么话也不说，他们只是坐在那里，故意看着她，弄得她很紧张。场面有趣极了。

“我让她读一读我手头上的书，她很快就看完了，然后说一点也没用，因为书里的人读起来‘呆板无趣’，她就是这么说的。我记得很清楚，她说他们读起来‘呆板无趣’。

“可书里记载的都是人物真实的声音啊，但她觉得他们不够好。他们说出来的话和她所期望的印第安人说的话不一样，她其实他妈的根本不在乎我们印第安人到底是怎么说的。她仅仅是要通过我们，把她自己想说的话说出来而已。

“我告诉她，也许格林威治村的印第安人说的话更好。她搞不懂我是说真的还是开玩笑，所以我就不停地告诉她纽约的印第安人更会说话，因为他们曾是易洛魁联盟[1]的一部分，他们族人经常发表演讲。

“她把我说的都记下来就走了。我想她离开时一定很高兴自己可以走了。那时格罗弗一直不停地清嗓子，她就老想着他是不是要吐痰什么的。她看起来越紧张，他就越是咳个不停，动静弄得太大了，我都觉得他是不是快要死了。我他妈的几乎是憋着气才没笑出来。”

格罗弗默默地点点头，他的烟灰足有一英寸[2]长。“这就是我说的白人方式，纳尔本。”他说，“白人不想听到印第安人真正的声音，他们要的只是故事书里描写的印第安人。”

我觉得很尴尬，也觉得很无辜：“我希望我没有让……”我顿了一下，又不知道该怎样称呼丹。

这次丹过来救场：“天，你想怎么称呼我都行。我的名字叫丹，很多人叫我老爷子或爷爷，哪个都行。”

“好的，”我转向他继续说，“我希望我没有让你说起话来和故事书里的印第安人一样，但是你告诉过我，让我把你写得说起话来像在哈斯克尔上过学的人。”

老人笑了，他想让我知道我做得其实不错，但格罗弗仍然有话要说。“有件事，”格罗弗说，注意力转向了我，“你文章写得还行……”

“我觉得是相当好。”丹打断他。

“嗯，是的。”格罗弗说，“但是他娘的太好了，你应该把它送给那个纽约女人看看。”

我一直在仔细观察着老人。虽然我只做了后期修改工作，但被他这般打击，我还是想为这篇我认为写得很好的文章辩护一下。可老人

1　易洛魁人于1570年组成易洛魁联盟，他们生活在美国纽约州、威斯康星州、宾夕法尼亚州、俄亥俄州，以及加拿大的安大略省和魁北克省。

2　1英寸等于25.4毫米。

坐回去，脸上表情茫然，大口大口地抽着烟。

“我是这么想的，”格罗弗接着说，“那个演讲稿是不错，可他妈的也有危险。”

“危险？”我问。

“是啊，我来问你，我在做什么？”

“你的意思是，你想要告诉我什么吗？”

他摇摇头，就像一个问不出答案的老师那样沮丧：“不，不，我的意思是，我在做什么？我此时此刻在做什么呢？”他的香烟对着我，像是给头脑不灵光的人一个暗示。

“你在抽烟。”

“对。接着来，香烟是什么做的？”

“烟草。”

“是的。你知道烟草对我们来说是神圣的，对吧？你刚才把烟递给我，是吧？那么，这根香烟是不是也一样神圣呢？”

丹咧着嘴笑着，他明白了格罗弗想要表达什么，我却完全糊涂了。

“我不知道。”我说。

格罗弗从嘴里嚼出一小段白色烟屁股，在门廊上夸张地把它踩得粉碎：“不，这只是一根普通的香烟。”他手伸进胸前的口袋里掏出我给他的那盒“阿尔伯特王子”：“现在，这盒香烟是神圣的，因为你是把它作为神圣的东西给了我，你明白了吗？”

我勉强笑了笑。他继续说：“某样东西有时候是神圣的，有时候不是。比方说商店售货员卖给我的香烟就不是神圣的，因为他只是把东西卖给我，你懂了吗？但是你把香烟送给我，你就让它变得神圣了，因为是你赠予我的。”

“好吧。”我说。我仍然没弄明白他到底想要说什么。

“但它其实就是烟草，对吧？”

“是的。”我说，真感谢他问了一个我答得上来的问题。

“印第安人也是这么回事。”格罗弗说，好像两者之间的联系是显而易见的，“我们有时神圣，有时不，但归根结底我们是印第安人。如果你只写了我们神圣的一面，那么写出来的东西就像那个纽约女人写的东西。应该把好的坏的都写出来。老人有时会耍弄你，你要聪明一些识破他的把戏。”

丹这时正自得其乐。他抽着烟，一边听格罗弗说话，一边发出一阵阵嘿嘿声。

“那么你的意思是？”我问他，感到很困惑。

“看那儿，”格罗弗指着那边，“看看肥背，仔细看看她。”

肥背正在枯黄的草地上喘气，她打了几个喷嚏，打着哈欠，挠挠痒，在灌木丛里尿尿，在一堆土上拼命刨土，转了几圈之后躺下来。

“你看到了什么？”格罗弗问我。

我把我看到的告诉了他。

“是不是都有意义？”

“反正都是和狗有关的东西。”

“可是如果你要写狗的故事，你肯定会把这些东西都写进去。”

“当然，越详细越好。”

“嗯，你现在是在写印第安人的故事，你却是从白人的角度来写我们，你想把我们都写得漂漂亮亮的。应该把所有的都写进去，是什么样的就写成什么样。”

我转向丹，他在用一根木棍子捣地。格罗弗又说开了，他想再强调一下他的观点：“老爷子见识很广，你应该把所有的一切都写下来，不仅仅是他的演讲。”

我逐渐弄明白他的意思了，但我开始有些生气和沮丧。我只是做了老人要求我做的，做得还不错。到头来，甚至连一声谢谢都没有。丹过去还挺满意我的作品，但现在他就静静地坐着，任格罗弗对我的东西指指点点。这种感觉和我以前与别的印第安人一起共事时感觉一样，你做得再多也不嫌够，你做的压根得不到认可。你就在那里做啊做啊做啊，然后有人挑出你犯的一丁点错误，你立刻就被扫地出门。愤怒的火花在我心里腾空而起，我这次才不会被扫地出门，到那个时候，我一定要自己走出门外。

丹缓缓举起了手，是一个深思熟虑的手势，要我们听他说话，他字斟句酌。“我一直在听。”他说，“你说得对，格罗弗。白人总是想把我们写得漂漂亮亮的，我想要一个白人写的书。”

格罗弗感到满意，他的观点被丹认可了。“如果你要的就是纳尔本读的那样的书，”他说，“那么它就像是那个纽约女人的衣服——熨过的、漂漂亮亮的。”然后他给了我一个建议：“不要担心把东西弄脏。”

丹弓着腰坐在那里思考，他咬着香烟的边缘，吐出几圈赤褐色的烟。“对，”他慢慢地说道，仍然沉浸在思考中，“我想我们应该用印第安的方式来写书。”

我不知道“印第安的方式”是一种什么方式，但听起来令人担忧，毕竟我整理那些鞋盒子已经花费了很长时间。我想反对他，丹没有让我说话。他转过身缓慢走上台阶。“听格罗弗的。”他说。

格罗弗接过话茬。

“把演讲丢掉，”他说，“你会听到很多演讲，老爷子一直都在演讲。从我认识他以来，他就在演讲了。你可以写其他的。”他在台阶最上层停下来，又朝土里吐了痰：“想一想肥背。”他朝着狗点了点头，咧嘴笑了。

肥背像是做了一个梦，挣扎着踢了两次，发出了像哭泣一样的喘息声，然后心满意足地在她弄的土堆里接着睡觉。

“你就应该这样写，”他说，“本来是怎样的就写成怎样的。”

格罗弗对我的文学手法妄加评论让我感到很愤怒，过了很长时间我才觉得气消了。为了丹的书，我劳心费力地工作了很长时间都达不到我满意的程度。鞋盒子放的都是碎纸片，是丹多年思考的结晶，他却对我们写作方向的改变无动于衷。我努力告诉自己，如果丹能够采用一个全新的想法，我也应该可以，我决定去向他问个清楚。

没想到机会很快就来了。第二天早上，在我开车去他的房子的路上，我看到空气中有淡淡的烟雾在缭绕。我拐过弯到他院子里，看到他站在门廊前，用棍子拨弄着一小堆火。他低声吟唱着，把一些东西投到那一小片火焰里。我小心翼翼地开进去，生怕我会打断他的私密仪式，但他笑着招呼我快点过去。

“快来，快来。”我从皮卡车上下来，他就招呼我过去，火堆散发出甜蜜的芳香气味。“这儿。”他手伸进他拿着的一个小皮袋里，拉出一小撮东西，“把这个添到火上去。”

“是什么？”我问他。

“你来迟了，没赶上抽管烟，我自己做了一个。”

他又往火上撒了一些东西，香味随着火势上升，弥漫在空气中。

“这是香草，纳尔本。你听说过香草吗？”

“听过。”我回答，虽然我不知道怎么去使用它。

“造物主喜欢香草的气味。如果你祈祷时抽管烟，把香草撒在火上，他会听你祈祷的。”

我想参与进去，但就这样进入他的精神世界让我觉得有些不适。

“我在为你做这个。”他说。

“为我？”

“是啊，祈祷你能写一本好书。”

我心头一紧，突然想到了什么：“你在烧什么？”我问他，不确定我是否想知道答案。

“所有我写的东西。”他说。然后，他又对着空中低声吟唱起来。

“你是说鞋盒里所有的笔记吗？”

“是的，我留了一些安拉登写的好东西，我自己写的都烧了。”

我以为他可能是和我开玩笑呢，想看看我的反应。

但他神态里没有俏皮的意思，说话也没有刻意的停顿，他在专心完成他的任务。

“来吧，”他说，“到这儿来。”他又朝火里撒了一些香草，招呼我也这样做：“你也需要帮助，纳尔本，来吧。”

我朝火里散了一些绿叶子。火焰吞没了它们，散发出一阵阵香气弥漫的烟雾。丹又吟唱了几句，我感到我的心像被打成结，痛苦万分。他烧的这些纸张是我写的书啊，书寄托了我全部的希望。我呆呆地盯着火堆，就像一个人看到自己的房子被烧毁一样。

丹却是乐呵呵的。“这是好事，”他说，“格罗弗是对的，我们能写出更好的。”

我没回答，我脑子里念想的都是我过去几个月的工作白费了。更糟糕的是，现在整个写作重担都落在我身上。丹的笔记不复存在了，我原本可以从中提取我需要的素材，然后把文章写得漂漂亮亮的。

丹也注意到我在想书的事：“这又不是世界末日，纳尔本。你是个好作家。”他往火里又撒了一些香草，风吹着烟，四下飘散，烟就像一个顽皮的小猫围着我们打转。“来，再添点，我们要更虔诚地祈祷。”

我心不在焉，往越来越小的火堆里加了一些香草，脑海里充满了希望如余烬这种比喻。

“你是在思考，不是在祈祷。”他说。他抬高声音，有节奏地唱了起来。我默默地站在那里，看着几张顽固的纸片最后也被火焰攫取住，被烧得卷起来变成灰烬。

我一直在等，等到时机合适问他。“那我们现在怎么办？”我问。

“格罗弗说得对，内容都在我肚子里面，我们按印第安的方式来写。我说话，你来听，然后你把我说的写下来。”

“哦。”可对我来说，这并没有像他说的那样简单，但是丹兴奋得像个孩子。我突然意识到那些盒子对他来说也一定是个负担，承载了他自己最好的也是最深刻的想法，藏在家中某个阴暗的角落，也许它们永无出头之日，除非在他死时和他一起烧掉，或者想办法让里面的内容被世人听到。

现在，他自己把它们烧了，我就成了他的盒子。现在，他要将我这个盒子装满。

/ 第三章 /

为先辈而谈

“来，和我一起来抽烟。”丹说。我们坐在门廊前，云雀的歌声和着呼啸的晨风。

每次从印第安人手里接过烟管，我都感到不舒服。这并不是说我不想和他们一起抽烟，我是太想了。某种程度上，我并不属于他们这个群体，我身上有太多“效颦者”[1]的症状了，我想退回去，最后才走到桌边（如果有桌子的话），这样我就不至于一来就因为自己内心空虚，而去狼吞虎咽印第安人的精神食粮。

“来。”他又说了一遍，向我举着烟管。现在只有我们两个人。这是一个很私密的举动。如果他不想给我烟管，他完全可以不给我。我接过烟管。

我吸了几口，我的手像他那样窝在一起，迫使吐出来的烟飘到地面，飘向天空，飘在我头上。然后，我把烟管递还给他。

他又吸了好几口烟，然后吐出来。

“你要明白这一点，纳尔本。”他说。他的声音里没有了轻浮，只有庄重，“你不太会骗人。”

“是的，从来不会。”

1　本书中该词指拙劣模仿印第安人的人。

“我知道，因为你的谎言太拙劣了。”

我的脸红了，我没有骗过他呀。老人们在做出这样的观察总结时，我总是被吓得不轻，感觉像他们有天眼能把东西看穿。

“我说谎了吗？”

“不是用语言，而是用沉默。”

“用沉默？”

“是的，沉默是好人或是懦夫的谎言。看到你不喜欢的东西，你不说出来，这就是谎言。”

“我不明白。”我说。

“那天我烧了写了我的话的碎片，你很生气。你也生格罗弗的气。你认为你做得很好，你觉得格罗弗根本不知道他在说些什么。”

“你说得对，”我说，“我比我想的更容易让人看穿。”

“是的，所以不要再骗我了。”

他神态里有着权威和决断，我感觉他像是在责备一个小孩子。我等着他继续说下去，可他却就此打住了，他的责备如烟雾一般在我耳边缭绕。

他在那里忙着清空、拆卸烟管，也像是个私密仪式，好像他都忘记了身边还有一个我。我坐在他旁边，不时看看他，他把烟管轻轻裹起来放进一个软动物皮的袋子里。

他装好后，又开口说了。他的语气很正式：“我们已经一起抽过烟，这可不是一个玩笑。你已经做出了承诺，不会再用话语或是沉默对我撒谎。这并不容易，因为你知道自己拙于说谎。你要时刻注意这点，这就是为什么我们要用烟草的原因，因为它会让我们更努力去探寻真相。

“还记得我告诉过你带香烟给格罗弗吧？你注意到他的变化了吗？”

“看到了。”我说。

“烟草就是原因。烟草像是我们的教堂，它直接与神交流。我们一旦把它呈现出来，我们就是在告诉上帝，我们说的是实话。格罗弗从你手里接过香烟，他就是在告诉我们的大神他会尽他所能提供帮助。

“只要有烟草在那里，一切都是灵力——神圣，充满力量。你把香烟给格罗弗后，他就得停止胡说八道。现在他已经答应大神，他会提供帮助。他的承诺和你我没有关系，这是他对造物主许下的承诺。

“你不喜欢他说的话，这并不重要，我也不喜欢他说的。他自己也知道这一点，但他不在乎。他做了一个承诺，那就是说实话。”

我有些不好意思，也感到羞愧。丹的一番话简洁坦率，我却一直都在心烦过去的工作都浪费了，显得很俗气，充满私欲。还好丹不再在意我的想法，他的思想已经插上翅膀，开始思考更重要的问题。

“你知道吗，”他说，“我们印第安人的方式和白人的方式格格不入，是有很多原因的。当我们做出承诺时，我们是向我们的大神瓦卡唐卡做出承诺，任何请示都不会改变这一承诺。我们也向白人做出承诺，认为白人也在向我们做出承诺。但他们没有，他们只是在同我们做交易。

“我们永远弄不清楚白人怎么可以每一次都不守诺言，尤其是那些牧师和神职人员——这些人我们称为黑长袍——也在参与。我们不能违背我们的承诺。我们永远不能。”

他拿起台阶旁边一处松动的碎土片。

“这其实有些可笑，”他继续说，“我们并不总是信同白人带来的宗教，但我们却能真正了解里面的有些东西。比如圣餐，只要有它，一些东西就可以是神圣的。这简直就像我们的烟草。还比如誓言，婚礼上的那种。我们也有誓言，任何场合都有。很多誓言是私下进行的——我们并不需要牧师来宣布它。但它们是真正的誓言，是我们对造物主许下的承诺。

“所以，我们理所当然认为白人做的和我们是一样的，尤其是他们对着圣经起誓，或用上帝的名义做出承诺的时候。

“但现在我觉得这种承诺更像他们的教堂，只有在某些日子重要，其余日子就无关紧要了。”

丹像抱个宝宝一样把烟管袋捧在腿上。

“听着，纳尔本。我不是说你和你们白人的坏话，我只是想告诉你我们是怎么样的。我希望你不要生气。”他似乎已经完全忘记了，刚才他还说要我诚实面对一切。

“不，丹，”我说，“我没有生气，我只是在听。你却完全有理由生气。”

“你真是个好孩子。”他说，“这也是个问题。我们整个族人都被你们的人毁了。但你们中间也有善良的人，一直都有。我们帮助过移民者，他们也帮助过我们。我们认为印第安人可以和白人共处。但是，我们是如此的不同。”

老人的声音里又隐隐出现了一丝忧郁。他摩挲着放在腿上的烟管袋，目光从我身上移开，又开始说道：

“当我做出一个承诺，我知道祖父们在我肩膀上方关注着我。如果我不信守承诺的话，我是在丢他们的脸。你明白我的意思吗？我怎么能这样做呢？他们在灵界，由我在这里替他们行事。这就是为什么我现在要把话说出来，这就是为什么我请你过来。

“我想把事情做好。我知道你很难弄明白，怎么前一分钟，我还和格罗弗在那胡扯，后一分钟我说的就上升到精神层次。因为与格罗弗说话，我仅代表我；说这些精神层面的事，我是在替我的祖父们说话，用他们传递给我的方式说出来。”

我静静地坐着，等待着老人下一步想说的话。我想说一些我很荣幸听到之类的话，表示适当的尊重。他茫然地盯着地面，似乎是睡着了。我不知道我是不是该把烟管袋拿过来，以防其掉落。突然，他猛地抬起头，竖起耳朵，仿佛听到了什么。

“我想带你去个地方，”他说，“车有油吗？”

“有的。”我回答。

“我们去兜兜风吧。”他回答。他已经站起来，朝卡车慢慢走去。

“我们要去哪儿？”我问。

“带上你的录音机，到那里你就知道了。”

我扶他进了我的卡车，然后向山下开去。肥背已经从她的窝——一辆破旧汽车下面快速跑出来，慢慢跟在我们旁边，呜呜叫着。

“把她放到车后去。”丹说。老狗快活地摇着尾巴。

“来吧，肥背。”我说，然后把她抱到卡车后面。她用潮湿的臭臭的舌头舔我的脸，占据了卡车后背门那块地盘。

“真是条好狗，肥背。”丹说，我又爬回到了驾驶室。

“她应该多刷刷牙。”我说。

丹快乐地咯咯笑了，在座位上坐稳。他的情绪变好了，忧愁悲伤的情绪已经被某种使命感所替代了。

“走这条路。”他说。他说的“路”其实是通往山上一条仅容两个轮胎驶过的土路。颠簸了几英里之后，小道上出现另外一组车辙印迹，一直蜿蜒到山脊。

“向左转。”丹说，他紧紧抱着腿上的烟管袋。

我的车是四轮驱动，主要是用来应付明尼苏达州北部的雪天行驶，越野驾驶并不多。丹大笑起来。“你可是在保留地高速公路上行驶啊，纳尔本。”他说，“我们还得给奶牛留出一条路呢。”

我们一路跌跌撞撞、磕磕绊绊到达了山脊。卡车的悬浮液不适应这种碰撞，在那里哼哼叫。“白人的卡车啊。”丹评论道，“我的车就很喜欢这些道路。”

我想起他家门前有一个破烂汽车壳子。“你的车子好像没有车轮子呢。”我说。丹笑了：“是啊，所以我把它做成肥背的房子。”

我用最低档位开车前进，车子轰隆隆地响。我们几乎是一步一步挪到山顶，路比任何我曾经走过的都要陡峭。然而，路上到处都有车辙印，草原上的草也因为经常被车碾过都弯了腰。

“停在这儿。”丹说。

我把车停在山脊的顶部。风拍打着卡车，把天线吹得晃来晃去。在我们的西边，山脊下是一幅起伏的山峦和溪谷的全景美图。远处，草原上的草像海面上的波涛一样翻滚。

丹下了车，走到车前。他拿出一小鹿皮袋烟，把烟草撒往四个方向。我听到他在低沉地唱一首忧郁的歌。是用他的语言唱的，可是歌曲传达出来的感情是共通的，我情不自禁打了个寒战。他唱完后，蹲下来盘腿坐下，眼睛盯着西边。不知何故，他在这里显得更年轻，更有活力，也更无拘无束。

肥背自己从皮卡的后背门那里跳下来，缓步溜达到丹的身边。老人悠闲地抚摸着老狗的耳朵。我站在后面，不确定自己是和他们一道呢，还是我闯入了他们的私人空间。

最后，老人说话了：“纳尔本，过来吧。现在是时候教你东西了。”

我试探着走近他。“坐下。”他命令道，声音温柔但坚定。

我静静地坐了下来。

“打开录音机。”他说。然后，他开始说话。

“我来告诉你，我们是怎样失去了土地。我来告诉你事实的真相。

“白人刚来的时候，我们真是大吃一惊。住在我们西边的族人听说过他们，我们的一些长辈也预言过他们要来，但他们仍然让我们感到很吃惊。

“我们以前见过其他的陌生人，但他们其实跟我们一样——其他的印第安人——不同部落的人。他们会来问我们能不能通过我们的土地。如果我们觉得可以，我们会让他们通过。否则，就不让他们通过。

“但是，你明白吗？这不是说我们拥有这块土地，她是我们打猎的地方，是我们祖先的埋葬之地。这是造物主赐给我们的土地。

“在这块土地上孕育着神圣的故事，也有我们神圣的场所，我们的仪式在这里举行，我们认识动物，它们也认识我们。我们看着四季在这片土地上轮回。土地是有生命的，就像我们的爷爷奶奶。她养活了我们的身体，滋润了我们的精神。我们是她的一部分。

“所以如果别人需要，我们会让他们通过，因为他们也知道这是我们的土地。我们不希望他们在我们的土地上打猎，或是破坏我们的圣地。但是，如果他们需要，他们可以到我们的土地上来。

“你必须明白这一点：我们不认为我们拥有土地，土地是我们的一部分，我们甚至不知道拥有土地这一说法。这就好比你拥有你祖母，祖母岂能是拥有的？祖母就是你的祖母。为什么你们会说拥有她呢？

“所以，你们第一批人来的时候，他们只是想通过我们的土地。对我们来说，他们是一群陌生人，穿着奇装异服，身上的气味也不一样。但他们有我们从未见过的许多武器。我们想他们也许是造物主计划的一部分。我们这地方不能拒绝他们，因为我们没有控制他们的权力。我们只想过我们自己的生活。

“他们答应我们不会破坏任何东西。他们就像是一批新来的武士，带着枪和不同的武器。他们很古怪，一直在找这找那。我们以为他们来了很快就会走，于是让他们来到我们中间，给他们食物，帮助他们。他们应该像天空落下的雨点，雨停了，雨点也该没了。

“但很快其他陌生人也跟着来了。这一次，他们像溪流。他们骑着马，驾着马车。他们继续通过我们的土地。不过，我们也没觉得不安，但是他们吓坏了动物，也根本不知道什么东西是神圣的。我们也知道，他们要解决吃的问题，所以并不介意他们射杀水牛。

“我听说，其他部落的动物也有相同的遭遇。他们试图帮助这些人。他们担心白人狩猎，动物吓跑了。但是这些人手里有枪，让我们更容易狩猎。因此，我们并不介意。

“但这些陌生人射杀动物并不为食物，只是要弄死它们，让它们死在水沟里。他们通过我们的土地时，压在道路上的东西要比我们的重许多。这些人像河流一样穿过我们的土地。

“我们以前没遇到他们干的这种事情。对我们来说，地球是有生命的，就算搬动一块石头也是在改变她。杀死任何动物，都是从她身上拿走东西，拿的时候一定要有尊重，我们没看到这些人尊重她。他们砍伐树木，杀了动物后就让它们死在那里。他们大声喧哗，简直像野人。他们东西很重，压在土地上，声音也很吵，我们都可以听到他们的货车车轮压在下一个山谷的嘎吱声。

“我们想要置身事外，但他们太让我们生气了。我们狩猎变得很难，是他们把食物从孩子们的嘴里抢走。我们不想让他们在我们周围晃悠了。尽管如此，他们还只是占据小部分土地，我们还是自由的。我们大部分人想着，就随他们去吧，除了那些气愤的年轻人。

“而且，我们也真的需要他们的步枪。

“可后来又有奇怪的事情发生了。这些新来的人开始问我们要土地，我们简直不知道该说些什么。他们怎么能向我们要土地呢？他们还想拿钱买我们的土地：我们允许他们的人来到这块土地上，他们却想拿钱把我们的土地都买下来。

“我们族人不想要钱，收钱卖土地是对造物主的大不敬，即便是我们的祖先收钱卖地也是不对的。

“然后又发生了一些我们不明白的事。有个人过来说，我们不能住在这儿了。华盛顿，那个很遥远的城市，有个长官，说土地是他的，他还说了他们的人可以住在这里，我们不行。

“我们以为他们是疯了。老人们告诫过我们要小心，说这些人很危险。我们大多数人只是一笑了之——至少我年轻时长辈是这样告诫我们的。这些人会骑着马跨过一片土地，然后插上一面旗子，说从他们骑马的地方到插旗子的地方的那片土地就属于他们了。这就像一个人从湖边开始划船，说从他开始划船的地方的水域到他转身那片的水域都属于他。或者就像一个人朝天空射了一箭，说他箭头所指的天空就全部属于他。

“理解这一点很重要。我们认为这些人疯了，我们认为一定是我们弄错了他们的意思，因为他们说的话没有任何道理。

“我想其实事情是这样的。他们讲的是地产，我们讲的是土地。你明白我的意思吗？白人来自欧洲，他们希望有自己的地产，因为他们需要经营农场，种植粮食来养活自己。以前他们为地主种植，收获的食物也要全部交给地主。他们从未拥有过任何东西，因为他们没有自己的地产，所以他们把地产看得比什么都重要。这就是他们来到大洋彼岸美国这个新国家的原因——为了得到自己的地产。

“我不知道。也许在很久很久以前，欧洲也只是土地，就像我们的土地一样，没人提什么地产。但是，这应该是很久以前的事了，没有人记得。后来它全部变成了地产。如果人没有地产就很难掌控自己的生活，因为人人都这样认为：不管是谁，只要他手里有一张纸说这块地是他的，他就可以掌控一切。那些来到大洋彼岸的人也相信这一点，他们来到这里就是为了得到自己的地产。

“我们不知道这一点，我们甚至不知道地产是什么意思。我们是土地的一部分，他们想要拥有土地。

“这就是我认为很重要的东西——你们的宗教不是植根于你们的土地，你可以随身携带它。你可能理解不了这个意思：我们的宗教是深深植根于土地的。你们的信仰可以放在杯子和面包里，用一个盒子就能带走。无论在什么地方，你们的牧师都可以把它变得神圣。你不能理解我们眼里神圣的东西就是我们所处的地方，在这里，有神圣的事情发生，有灵魂和我们交谈。

“你们白人根本不知道土地是神圣的这一说法，我们也不知道土地还能当成地产。我们无法沟通交流，因为我们互相不理解对方。但很快你们的人不再像条溪流，甚至比大河还宽，成了汪洋大海，把我们的人都冲走了，把我们从我们的土地上冲走了。

“我们中有些人想去抗争，有些人想逃跑。也有老人说，我们应该尽我们所能签署对我们最有利的协议，这样我们就可以保留我们最神圣的土地。甚至还有一些印第安人看到白人拥有的东西，认为我们应该放弃我们的方式，因为造物主希望我们尝试这种新的方式。

“我们不知道该怎么办才好。你们无处不在。你们要杀光所有的动物。水牛不见了，鸟儿也不见了。你们在全国都修了轨道，水牛根本跨不过去。然后你们坐着火车，沿途射杀水牛，任由它们在阳光下腐烂，可你们却不让我们狩猎。你们发给我们毯子和威士忌，让我们的人发狂。我们被赶到一小片一小片的土地上，就像你们海上的小岛那样小。

“最糟糕的事情是，你们甚至从来没有听我们说话。你们来到我们的土地，把它们抢走，可我们试图和你们争辩时，你们根本不听我们的。你们许下一个又一个承诺，但一个都没有兑现。

“开始你们还说我们能保留我们神圣的土地，但是之后你们想要土地了，又把它们抢走。黑山就是一个例子。

“后来你们说我们能有足够的土地来狩猎和捕鱼。但是，一旦你们想要它了，你们就只给我们留一小部分或干脆把它抢走，赶我们到别的地方去。

“然后你们又说，我们一直可以在你们白人的土地上狩猎和捕鱼，但后来新来的人又说我们不能。

“你们做的事，我们都觉得简直是不可思议。你们杀了我们，不是夺走了我们的生命，而是把我们的土地变成契约纸片、袋装面粉和毛毯，告诉我们这些足够买我们的土地了。你们抢走了我们和灵魂交流的地方，只给了我们袋装面粉。

“有一点你要明白，对我们来说，土地是有生命的。它和我们交流谈心。我们叫她母亲。如果她生我们的气，她就不会给我们食物。如果我们不与他人分享，她就派遣严冬或虫疫来警告我们。为了她，我们要做好事，用她认为正确的方式来生活。她是所有事物的母亲，所以一切都是我们的兄弟姐妹。熊、树木和水牛，他们都是我们的兄弟姐妹。如果我们对他们不好，我们的母亲就会生气。如果我们尊重他们，以他们为荣，她会为我们感到自豪。

“对你们白人来说，土地没有生命。它就是一个舞台，在那里你可以修东西，促使事情发生。你们也明白灰尘、树木和水都是重要的东西，但不是你们的兄弟姐妹。他们的存在仅是为了帮助你们活下来而已。土地就应该结出果实让你们享用，这是你们的上帝告诉你们的。

“如果我们各自相信的上帝对于土地有不同的看法，我们还有什么可谈呢？我们根本谈不成，从来都没谈成。

“但你们更强一些，你们人更多一些，所以你们的方式胜出。你们抢走了土地，把它变成地产。现在我们的母亲沉默不语，但我们还是倾听她的声音。

“我一直在想，如果她生我们的气，会派遣疾病和严冬来警告我们，可我们一直都善待她，如果你们违背她的意愿后，她会派遣什么来警告你们呢？

“你最好祈求你们的上帝是对的。我要说的说完了。”

我坐在那里，呆住了。老人的口才和悲愤让我措手不及。我眼里含着泪水。这个随处记笔记的老人，这次我终于领教到他的口才有多雄辩了。

丹什么也没继续说。他刚才说话的时候，一直都没看我。现在，他站了起来，沿着山脊走了。我能听到他又在吟唱一首古怪的、悲伤的挽歌。肥背跟在他身后，一瘸一拐地走着，气喘吁吁。他们俩最终变成两个小圆点，消失在我的视线里。丹的歌声也消散在山风的哀号声里。

/ 第四章 /

一位机智的印第安老人

一连几天，我没有提到我们要谈论的主题，我想合适的时候老人会向我和盘托出的。我现在总算知道格罗弗说得对：老人确实是一个演说家，鞋盒子里的笔记远远不能展示他的口才。我需要和他待在一起，和他住在一起，跟着他到处走，听他说话。这种情况下，我的笔和录音机会成为我最宝贵的资产。

丹的日子过得实际和肥背差不多：他想起床时才起床，想躺下就躺下，想说话时才说话，想保持沉默时就不说话。与白人不同的是，他从不解释自己的行为，或宣布他将要做什么事，不管这事看起来有多意外。有时我和他坐着说话好好的，他会突然站起来上床去睡觉；或者他可能话说到一半就停下来开始看电视，电视机就放在他起居室的角落里，一直在那嗡嗡响个不停。他这么做有时有原因，可有时根本没有原因，我也理解不了。他是在回应自己内心的召唤，这不是我能明白的。

这样的日子过得很放松，也略带一些神秘性，可离我此行的目标却相差太远。大多数时候，我们不是开车出去转悠，就是坐在他的厨房里或他家的门廊上。

我越来越意识到他的年纪真的很大了，身体也很孱弱。他像是过去多年把力量都聚集在身体里面，现在他需要力量了，就把它们召唤出来。但他这样做很辛苦，他有时会陷入沉思，然后不知不觉会睡着。要是那时轮到我说话，他会睁开眼睛回我一句，但我能看出，他的思绪早已飘得很远了，因此我很快学会了在他睡着的时候，自己找点不出声的事情做做。

一次韦诺纳开车过来，我正坐在那里等老人醒来。她示意我到她的车上去。“你不必坐在那儿等他，纳尔本。”她说，“你走了，他不会怪你的。”

“我觉得我在他睡着的时候走开不太礼貌。”我回答她。

“不要担心。这是我们印第安人的方式。你来了，你就在这儿。你走了，也就不在这儿了。走了也没关系，只要你在这儿的时候，你真的在这儿。”

“这种见解太有禅意了。”我说道。

她只是笑了笑，耸了耸肩：“他喜欢你，所以你可以做你想做的事情，他会尊重你的。”

“我宁愿坐着等他，这样感觉好些。”

她笑着走上了台阶：“我得给他做点晚饭。”

纱门一响，老人立刻醒了，警觉得很：“一直在等你。”他说道。

“爷爷，你太机灵了。”她回嘴道。他喉咙里嘟哝着几句话，两人发出阵阵笑声。

老人看到我还坐在门廊上，招呼我进去：“你越来越像肥背了，纳尔本。她一开始来也是这样的，四处晃晃。”

“也许你还可以睡车底下，”韦诺纳说，“要比旅馆便宜。”

他们两人又大笑起来。丹似乎很清醒，心情也很好，我于是大胆问他一个问题：“你介意别人称呼你为印第安人吗，丹？”这问题应该不会太造次，他孙女刚才就把他称作印第安人。这个问题一直萦绕着我，每次我和印第安人谈话时，我都想问这个问题。

“见鬼，你们还有其他的称呼吗？”

“嗯，美国原住民。我不知道，或其他的什么吧，反正不是印第安人。”

老人深深吸了一口气，好像他之前已经解释过很多次了。

“我无所谓，但它困扰着我们很多族人。他们不喜欢这个名字，它本身就是一个错误，就因为哥伦布根本不知道他在哪里，他觉得自己找到了东印度，我们却就这样被称为印第安人。他们认为这个名字抹杀了我们的自豪感和身份感。”

“在我看来，他们有这种想法情有可原。”我说道。老人在我面前挥挥手，示意我安静。

“我想我不介意是因为我们已经接受这个称呼，它现在已经成为我们自己的。我们还有自己的名字。在我们的语言里，我们仍然保留自己的称呼，一般它的意思是‘第一人’，但没有人会那样称呼我们。所以我们就让别人称我们为‘印第安人’。

“这样解释，能让你明白我们的想法吗？”

我不确定他到底指的是什么：“它告诉我你愿意接受某种程度的不公正。”

他使劲地点了点头，“是的。如果你称呼黑人为俄国人或中国人的话会怎么样？你认为他们会同意这个称呼吗？”他也觉得自己的想法有些可笑，“天啊，黑人每隔几年就想更换别人对他们的称呼。”

“实际上也不怪他们，你们以前对他们的称呼太不好听了。按照某人从未住过的地方来称呼他很奇怪，按照某人的肤色来称呼他同样很奇怪。但问题是，我们族人大多不关心像名字这样的事情。我们还是很随和的。

“但也有一些事情我们不喜欢。别人称呼我们为印第安人，可然后又给运动队和其他东西取名为印第安。这个称呼本来就不对，但至少你们应该只让我们使用它，不要把它用在啤酒瓶和冰激凌盒上，我们觉得很尴尬，觉得自己像个傻瓜；你们也不要哄我们，说这其实是我们的荣幸。我们自己来决定什么是我们的荣幸，什么不是。”

老人越说越激动，这一主题显然触碰到他某根神经。

“你看，”他说，“这其实也是白人来这个国家后对待我们的一种方式。他们让我们不得安宁，不让我们过自己的生活。首先，我们被告知我们是谁，然后我们又被告知我们应该如何如何。现在又告诉我们，如果别人想以某种方式定义我们，我们应该如何去接受它。没有人问过我们的想法，我们说话时也没人听。白人个个都知道自己想要什么，我们就应该去满足他们的想法。如果我们不愿意，我们就会被称为激进分子或麻烦制造者。

“你还记得几年前吗？有些印第安人说他们宁愿被称为美国原住民。这名字还好，它比‘印第安人’这个称呼更有尊严。可这名字和印第安人一样都不对，因为我们觉得，这根本不是美国。美国这个名字是个意大利人起的，他是在哥伦布后来到这儿的。既然这个名字都是意大利人起的，我们为什么还要使用‘美国原住民’这个称呼呢？

“这好比现在有人接管这个国家，给它起名字，就叫格陵兰岛吧。然后他们说，你们以前住在这儿，现在就叫你们格陵兰岛土著吧。他们还说这样做是出于尊重我们。要是你，你会感到受到尊重吗？你会在意他们用他妈的这个或其他什么名字来称呼你吗？

“可你们一直用这种方式来对待我们。这就是我们每天都要忍受的——人们用一长串名字来称呼我们，这些名字压根不对，也不是用我们的语言，然后问我们这个名字是不是比另一个更好。该死，这些名字根本没区别。如果我们有人想被称为美国原住民，你们就要称他们为美国原住民；如果我们有人想被称为印第安人，你们就应该叫我们印第安人。我知道这会让你有点不爽，不知道到底哪一个是正确的。但我认为这样挺好。它提醒你们我们有多不爽——哥伦布到达我们土地那刻起，我们的身份就被剥夺了。”

老人转向韦诺纳：“去把那本有地图的杂志拿过来。”韦诺纳走进卧室，拿出一本旧的《国家地理》杂志。丹把它摊在桌子上。“看这个。”他说。这是美国北部各部落地区的地图。他用手指在白令海峡那里敲了敲：“有个问题，在这儿。”

我耸耸肩，示意他继续，但他要我回应他。他又拍了拍地图：“纳尔本，你来说谁才是印第安人呢？”

这个问题很棘手，我不想惹他生气，但我知道我必须回答。

“是原先住在这里的某个民族。”我说道，很清楚我的回答他肯定不满意。

“好的。我们是从哪里来的？”

“很多人说你们是穿过白令海峡迁移过来的。”

“哈！”他吐了一口痰，“看，你也不知道答案。你不敢说我们原本就在这儿，是造物主把我们安放在这里。你们却弄出个那该死的白令海峡的想法，和这本杂志一样。”

“嗯，”我说，“没有人知道。”

“你什么意思，没人知道？我们自己知道，但没有人相信我们。在我们心中，我们知道自己是谁，我们有祖先流传下来的故事。但我们不能证明任何事情。如果我们说我们是第一人，我们就是从这里开始起源的，该死的考古学家会跳起来告诉我们，我们是通过阿拉斯加的某个大陆桥迁移过来的。他们就想把我们也变成移民，只不过我们比他们来得早而已。

“如果我们说我们的祖先告诉过我们，我们就是从这里起源的，人类学家们就会捋一捋他们的胡须，告诉我们这只是一个神话。

“可就算我们不去讨论我们来自何处，只说我们是某个部落的成员，但没有证据，还是没人会相信我们。我们说能在我们的故事里找到证据，他们会说这个证据不可靠，因为故事没有被记录下来。可记录下我们部落的人要么是白人，要么是为白人工作的印第安人，他们记录下的东西都不对。

“还有那些部落被摧毁的印第安人，他们就不存在吗？你们会说这些人不是印第安人吗？就因为他们不是政府承认的某个部落的成员吗？

“你明白这是怎么回事吗？我们的名字本来就不对，其他人还过来掺和，说我们的历史应该是怎样怎样的，我们以前知道的历史是错误的。然后，政府又想制定规则，规定我们是谁，规定谁可以有印第安血统。”

“境地可悲。”我说。

“可悲吧？我也这样认为。还有另外一件事：有段时间政府让白人搬来我们的领地，然后就说土地是他们的。很多白人搬到了印第安人的领地上，后来如果有赔偿条约，他们就说他们是印第安人，能得到部分条约赔偿金。

“那时我们和不少白人通婚，有时也有强奸发生，所以没有人知道究竟谁才是真正的印第安人，甚至都不知道这是什么意思。”

韦诺纳一直靠在水槽边，静静地听着。她很喜欢看到她祖父这样侃侃而谈。她把一杯咖啡放在他面前的桌子上，从侧面向我眨了眨眼睛。“悠着点，爷爷，”她说，“小心你的心脏病发作。”

老人挥挥手让她走开：“去他妈的心脏病发作，这些事我一定要说。”

他转身对我说：“你最好是把它们记下来。”

我指了指录音机，他点头表示赞许。

“这让我们很迷惑，纳尔本。真的很迷惑。欧洲人真的是想毁灭我们，你知道的。他们用枪，用他们的法律，用他们的各种普查法规，让我们混淆了我们到底是谁。他们把我们和白人混在一起，他们取缔了我们的语言，他们把我们的孩子带到学校，不让他们了解我们悠久的文化，他们把我们赶到保留地，打赏那些行为就像白人的印第安人。他们就这样让新一代印第安人甚至不知道自己是谁。”

他俯身靠近我，我几乎能听到他胸部的喘息：“现在，不要误解我下面的话。但你要明白我们仍然在斗争。这不是我们对抗美国或美国人民，但是我们仍然要为捍卫自己的身份而斗争。对我们来说这是一场战争，因为如果我们不为自己战斗，我们就会被摧毁。我们会被错误的观点、假冒的印第安人和所有那些好心人——他们认为他们在帮助我们，却使我们的行为更像白人—— 一一摧毁。”

“爷爷。”韦诺纳插话道。

老人摇了摇头：“不，让我说完。我快要说完了。

“想想这个。你有没有听过白种人说他们有黑人或墨西哥人的血统？肯定没有。可这世界上到处都有人说他们有印第安血统。通常他们会说他们的祖母或曾祖母是印第安人，绝不会说祖父是。你们白种人才不希望自己的身份背景里有印第安男人的影子。他可能有一个战斧或一些东西。你们想要一个披毯子的印第安老妇人，她来教你们一些家庭智慧。他们绝对不会是波阿瓦塔米人、琦化人或吉特人——通常是切诺基人。切诺基的一切都显得很浪漫。我敢打赌，我遇到过的白人里面，至少有一百人说他们的祖母是切诺基人。你知道吗？他们竟然对此深信不疑！他们太希望这是真的了，以至于到最后他们自己都觉得这是真的。

“大多数人到此为止，可有些人偏不。他们会把他们的头发编成辫子，去参加些帕瓦仪式[1]，或许去某个卖假药的人那里上课。这下好了，我们又有了个新的印第安人。他们很快就会大谈特谈印第安哲学，更加歪曲了印第安人的真实想法。

“纳尔本，我告诉你，当个印第安人不容易。多年来美国一直想摧毁我们。可现在，突然间，我们成了香饽饽，人人都想成为我们印第安人。你认为这是为什么呢？”

我告诉他我不知道。

1 北美印第安人祈求神灵治病或保佑而举行的仪式，通常伴有舞蹈等活动。

“我认为这是因为白人知道我们身上有真实可靠的东西，我们按照造物主希望的那样来生活，白人也想这样。他们知道自己把事情搞砸了。所以说如果他们有印第安血统的话，我们印第安人有的，他们就能拥有了。”

韦诺纳一直在我们说话的外围徘徊。她一直在仔细注视着老人，考量着他的愤怒程度和他的体力，就像个护士在监管病人，很明显她很爱他。我让她来决定我和老人谈话的进度。

不久她就走到他身后，搂住他的脖子。她把头枕在他耳边轻声说：“今天就到这儿吧，爷爷。就到这儿吧。”

老人点点头。

他坐在坚硬的木椅上，脸上表情默然。韦诺纳把《国家地理》杂志拿走放回卧室。后面屋子的光线不是很亮，但我可以看到她在看我。她举起手伸向唇边，好像在说：“他今天累了。”

老人明显有些筋疲力尽了。他似乎在我的眼前变成了石头：他的眼神没有变化，浑身一动也不动，他好像已经走到了一个只有眼泪和记忆的地方。

“我明天再来吧。”我说。韦诺纳点点头，她明显很高兴，我明白了她的意思。我最后看了一眼老人，推开纱门走出去。韦诺纳站在他背后，一边用手抚摸他的头发，一边轻轻哼唱，像个母亲对孩子那般哼唱。

/ 第五章 /

梦想和幻象之地

我来到保留地已经好几周了，天气渐渐开始有了一丝秋意，滚滚积云划过天际。阳光缓缓洒下，地上的动物们又开始四处欢蹦乱跳。

我从小在林地环境中长大，对平原和草原都没太大感觉。但是现如今，随着时间的推移，这片广袤土地已经深深吸引了我，我感觉自己就像一个人置身于一片位于内陆的海洋中。风吹着草原上的野草，掀起阵阵波涛，就如同起伏的交响乐；天空流云滚滚，气势磅礴，带给人强烈的视觉震撼。各种声音仿佛都被放大，在浩瀚的天穹中回荡。滚滚雷声从天际线外传来；虫儿的嗡嗡声在你的耳边萦绕。这是一片梦幻的土地——既祥和又令人敬畏。

有时晚上我会在皮卡车上摊开睡袋，凝望远处的夜空。闪电划过天际，照亮夜空中高悬的大片若隐若现的积雨云。此时我的意识已超脱尘世。这片深邃的天空，她的一点一滴都深深吸引着人的目光。

丹也注意到了我对这片土地的喜爱与日俱增。我们几乎每天都去他最喜欢去的小山顶。他不发一言，可当我凝望平原时，我知道此时他在仔细观察我。我们会坐上几个小时，基本不说话。耳畔只有无尽的风声和肥背在草丛中刨洞的簌簌声。

老人有时在走路时会和我闲聊几句，比如他告诉我儿时他父亲曾带他来过这里，或是告诉我在他身上发生的许多事情，而这些事情他以前是不能说的。其他时候他会唱唱歌，但只是独自低声吟唱，像是不想让别人听到。有一次他看看我，冲我点点头。“纳尔本，你眼界和以往不同了，”他说道，“你现在看得更远了。”他没有继续说下去，也没有更进一步解释他的意思，但是他对我的评价，虽然含义隐晦，却比他以往说过的所有话都让我倍感鼓舞。

我们在山上时，我会浮想联翩，想到我的家庭，想到上帝，想到其他任何可以填补心灵巨大空虚的东西。由于从来不研究动植物，我对繁茂丛杂的幽花野草几乎毫无兴趣，而丹却似乎对它们颇为关注。对我来说，这是一片充满诗意的土地——辽阔、非凡，连拂过的风都写满了诗情画意。

有一天丹冒出了一句完整的话，吓了我一跳。

“你越来越沉默。”他说。

“是吗？”

“我一直在观察你。”

“我知道。”

“从你的沉默中，我能断定你在学习。”

我感觉他有话要说。丹在小山上时，一般不和我闲聊。

“我们印第安人了解沉默，”他说，“我们并不在意。事实上，对我们来说沉默是金。”

我点头表示认同。

“我们的先辈在沉默中受教，他们把这一方式传承给我们。他们告诉我们，先观察、聆听，然后付诸行动。这就是生活的方式。

“观察动物们如何照顾幼崽，观察长辈们的言行举止，观察白人看他们想要什么。随时把观察放在首位，保持平静的心态，你就会学到很多。当你做过充分观察后，你就可以付诸行动。”

随后又是一阵沉默。

“那的确和我们的方法有点不同。”这次我主动说了，希望他能和我多谈谈。

“是的，”他说，“你们的做法恰恰相反。你们通过谈话来学习。你们对在学校里发言最积极的孩子给予奖励。聚会上你们每个人都尝试发言。在你的工作中，你总是有这样那样的会议，会上人们彼此争论不休，每人都发言五次、十次甚至百次。对我们来说，这听起来就好像是一群人都要把脑海中闪现出的想法和盘托出，然后又要尽力使自己的说法变得合乎情理。

“印第安人早已深谙此道。我们也乐意看着你们说话。我们明白，你们要是处在一个寂静的空间中，你们就会很不自在。你们需要让空间充满声音。所以你们迫不及待要说话，甚至说话之前都还没有想好自己要说什么。

“我们的先辈告诉我们应对白人的最佳方法就是保持沉默直到他们抓狂，然后他们就开始发话了。他们滔滔不绝，如果你依旧保持沉默，他们则口若悬河。然后你就能看到他们的内心深处，了解他们的真实意图。你就会知道下面该怎么做。”

“我想这方法管用。”我说。我非常了解这种方法的作用——我的学生曾用同样的伎俩来对付我，而我过了好几个月才明白过来。

“这方法当然管用，”老人说，“但也带来了问题。我记得我小时候在学校上学时，老师叫我回答问题，有时我还在思考我自己的答案，她就已变得很不耐烦，用尺子敲着桌子。她会冲我发火，问我是不是没有听到她的话，或者是不是猫把我的舌头叼走了。

“我看到她越发不安和抓狂，并且知道我耽搁的时间越长情况就越糟，这种情况下我怎么能想出我的答案呢？我要么只说一个字，要么说‘我不知道’，我费尽口舌只为她能放过我。很快他们就说我是个笨蛋。

“我记得有一位老师告诉我需要学会如何思考。她其实并不关心我的想法。她只是想让我发言。她认为发言意味着思考。我非得在她一叫到我时就立刻发言她才会高兴。我发言的时间越长，她越高兴。

我说什么其实并不重要，只要我发言就行了。

“我没有那样做，我认为即便发言了，却没有实质内容是一种无礼的行为。他们说我是一个坏学生，是个哑巴。现在我看到同样的事情也发生在我的曾孙们身上。他们的老师说他们不专心，因为他们没有自始至终盯着老师的眼睛看。老师还说他们不够聪明，就因为他们没有一直说个不停。

“我知道他们在做什么：他们没有和老师目光对视是因为他们正在尝试构思。他们遵循我们教授的方法，因为对我们来说，某位重要人物在发言时，眼睛朝下看是一种尊重。如果老师给他们充分的时间构思并在脑海中完成构思，他们会发现我的曾孙们非常聪明。但是老师和我们想的不一样，他们希望每个人都通过言语和目光与他人交流。他们不喜欢沉默，不喜欢空旷的空间。”

“就如同拓荒者不喜欢空荡荡的土地一样。”我说。

丹立刻眼睛一亮：“对极了！你开始明白了。”我暗自惊喜，继续听他说。

丹继续说下去：“这是我们印第安人令白人不自在的一个很重要的原因，纳尔本。白人喜欢争论，他们甚至都不让别人把话说完。他们总是打断别人并且说‘好了，我认为……’

“对印第安人来说这样做是无礼乃至愚蠢的。如果你在说话，我不会打断你，我会洗耳恭听。如果我不喜欢听你说的话我可以不听，但是我不会打断你。

“你说完后，我会在心中对你所说的做出评判，但如果我不赞同你的意见，我一般不会告诉你，除非是非常重要的内容。或者我会一言不发默默走开，你已经告诉了我想知道的。没什么好说的了。

“但是这对白人来说是不够的。他们想让我告诉他们我如何看待他们的想法，如果他们不赞同我，他们会喋喋不休，尝试说服我。

“你不能通过争论来说服任何人，人们心中早已做出评判，这样的辩论不能触动我的心灵。

“人们应当把自己的言辞当作种子，应当去播撒它们，让它们在沉默中生根发芽。我们的老人们教导我们，大地一直在对我们倾诉，但是我们没有静下心来倾听她。

“我尝试用这样的方法来教导我的孩子们。”

他抬起手指向我们面前的旷野：“你有没有听到草原的声音？真是非常美妙的音符。可如果我说话的话，我就听不见了。”

“在我们周边有着许多种声音，纳尔本。许多种声音。”

我对他轻柔的话语报以微笑。“你说得很在理，老爷子。”我说道。他默默点头表示认可。我想我们都对情况的进展感到自豪和满意。

他抓起一把松动的泥土端详着：“纳尔本，我们坐在这儿的时候，你心里在想什么呢？”

“哦，我在想我的家人。偶尔我会做做祷告或找找天上奇形怪状的云彩。大多数情况下，我想我在做某种遐想。”

“你知道我在做什么吗？”他问我，“我在倾听声音。这座山生机勃勃，我一直难以完全平静下来倾听所有的声音。”

我想在这一点上稍稍打压他一下，但还不想把话说绝：“你是说真正的声音吗，还是有种好像听得到声音的感觉？”

“我指的是真正的声音。并不都是人的声音，也并不一定是用语言表达出来的，但它们是声音。听。”

我听到蝗虫的嗡嗡声和远处某种鸟儿有节奏的叫声。“你听到那只鸟叫了吗？”丹问。

我告诉他我听到了。

“你知道它正在说什么吗？”

“我不会说‘鸟语’。”我回答。

“你应当，”他轻快地说，“多多学习。鸟儿也是两只脚的，就如同我们一样。它们和我们很相近。它正在召唤其他同伴，说快要下雨了。”

“你连这个也知道？”

“是的，我知道风向往北转了，天气很快会变冷。”

“你是怎么知道的呢？”

“我就是知道。”他意味深长地回答，“这些信息都在我听到的声音里。我能通晓所有的树木、风、动物和昆虫。我能从天空的颜色变化中判断出它意味着什么。万物都在和我交谈。

“那儿，”他指着远处一片杂草丛生的灌木说，“你看到了什么？”

“看起来比山上的其他地方要更绿一点，”我回答，“至少有几块地方是这样。”

“很好。那为什么会那样？”

“我不知道。”

“凑近一点看看。”

我眯起眼睛，除了低矮的绿草我看不到其他任何东西。

“我什么东西都没看到。”我说。

“再凑近一点看看。”

我又眯起眼睛，那里看起来好像有什么东西在动，但是太小了分辨不出来。

“有东西在动。”我说。

“很好。你知道是什么吗？”

我说我不知道。

“土拨鼠。你们叫它草原犬鼠。”

“哦。”我明白了。

“那就是为什么草长得绿的原因。我们的兄弟草原犬鼠在地下挖洞构筑它们的巢穴。它们刨开土壤，因此雨水能更深入地下，草的根部也能长得更加茁壮。

“草长得很茂盛的话，大的动物就会过来吃草。如果我们一声不响地坐在那儿，到了早晨，羚羊饿了来吃草，我们就能看到它们、捕获它们。这都是我们的兄弟草原犬鼠的功劳。它们在哪里生活，我们就能在哪里生活。

“我留神观察这里的时候，这些就是我看到的情况。这也是我的祖辈们教我的东西。我也在倾听他们——我的祖辈，我在倾听他们埋在地下的遗骨发出的声音。”

我注意到他手里攥着的一团尘土。

“你认为我在说谎，对不对？或者我只是个疯狂的老傻瓜。我不想辩解什么，但是我知道逝者的埋葬之处，我倾听他们。他们用古老的言语和我交谈，这是我所得到的馈赠。

“你读到过有人用分叉的棍子找水的故事吗？他们拄着棍子在地面上行走，当他们走到有水的地方时棍子就会戳下去。

“我就是这样观察的。我路过某个墓地时，我心里是有感觉的，浑身就像打了个冷战。我祖母以前也有过这种感觉。她说这种感觉是我们的祖先给我们的，所以我们应该一直去倾听。

“这也是我为什么来这儿，纳尔本。这里就是我先人的埋葬之地，我就是来这里倾听他们的声音的。”

“我相信你，丹。”我说，我真的相信他。很多年前，我有一次吸食过大量的佩奥特掌[1]，我当时没有把这当回事——这只是二十世纪六十年代生活中的一个小插曲。一连几个小时，我俯卧在午夜的天空下，听着地下的泉水潺潺流过。有一种匆匆而过的声音，仿佛它们在彼此交谈。我觉得我是无意中听到大地的对话，然后，当我走到某个高处坐下来俯视山谷时，我感到一阵寒意向我袭来。“这地方有墓地。”我对自己说。我知道自己是相信这个的，但我不确定是因为吸食过佩奥特掌引起的幻觉，还是我真正听到了更有意义的谈话。我永

1　一种墨西哥产仙人掌，含有致幻剂。

远不会忘记那一刻，虽然我很少和其他人说起过。

现在，这个老人告诉我同样的事情，但对他来说，这绝不是食用佩奥特掌后形成的幻觉，而是日常生活的一部分。我想知道他们生活中时刻保持这么高的敏感，到底会是种什么情况。

他看出了我的好奇。“这边”，他说，“看着这个。”他盘腿坐下，双手圈成杯状放在膝盖上，看起来没有什么异常。我安静地坐在他的旁边，猜想我将会看到什么。突然，肥背摇着尾巴从高高的草丛中刷地穿过。

“好样的。”他一边揉着狗的颈背一边说道。肥背猛力摇动着尾巴，然后又钻回杂草丛中了。

我挑了挑眉毛，对着丹似笑非笑。

“看到了。”他说。

“你召唤她过来？”

“还想我演示一次吗？”

“不用了。”我回答说，尽管我真想就此挑战一下他。但我知道，从某种程度上说，一切都是个考验，我不想有人对此质疑。我的工作是记录基于他描述的所见所闻，不掺杂附带的人类学研究。我还记得当我刚到红湖区保留地，开始记录口述历史时，一位执拗的老妇人对我说的话。当时，我去了趟她的办公室，请她帮忙确认那些长者是否有兴趣参与。她冷冷地盯着我，然后甩下一句：“如果你打算来这儿做那些可恶的白人人类学研究的话，就赶紧卷铺盖滚蛋吧。”然后她转过身盯着她的珠饰品，再也不发一言。

我虽然很想让丹证明是他自己召唤过肥背，但这似乎是在打“可恶的白人人类学研究”的擦边球。因此，我只说了一句“那条狗的听力很敏锐”，便适可而止了。

丹心知肚明，微微一笑：“你是个好孩子，纳尔本。我们去吃午饭吧。”

/ 第六章 /

破烂车和水牛尸体

我们下山回来的路上，丹建议去格罗弗家看看："他做的大香肠三明治很好吃。"他说。

我简直求之不得啊，我现在越来越看重格罗弗的想法。虽然他既强硬又执拗，但他总是直言不讳。自从我给了他烟之后，他就成了丹的保护者，但还没有完全信任我。他看透了来来往往的白人，他们带着良好的愿望，把印第安人幻想得很好，可他们身上还带着别人一眼就能看穿的贪婪。格罗弗才不会轻易接纳任何一个白人，即使这个人声称要为印第安人工作或和印第安人住在一起。就像他有一次和我说的那样："你们大部分白人甚至都不知道什么是你们想要的。但一旦你们想要某个东西，你们就会利用我们得到它。"

除非能证明我的确不是居心不良，要不然我就是和其他很早来这儿的开拓者一样，来到印第安人群里，完成一些个人议程，不论是精神的，还是物质的，抑或是其他方面的。但他知道是老人叫我来的，所以愿意与我合作。他只是要确保我一直都有他说的"一副好心肠"。

格罗弗的家是在村子的另一边。我到现在还没有穿过整个村子——丹的家靠近高速公路。去格罗弗家拜访给了我一个机会去更多地了解保留地，同时也不会感觉自己像个白人入侵者。

我们一路颠簸着下了山，然后拐到一条沙石路上，路旁边是一个很脏的琥珀色的河床。房屋都坐落在马路半英里开外，每个都像战后预制板平房，一副颓废衰败的样子。门用铰链拴着。窗户上没有玻璃，就用毯子遮着。前面的院子简直就是一小块一小块的淤泥地，孩子们的自行车和旧电器随意放在地上。

所有东西看起来似乎都是随意扔在那儿，一直没动：没人想弄得整齐点，也看不到有人想弄干净点。一所房子前放了一台老旧的纺纱机桌子，上面堆了一堆油腻腻的汽车零部件。另一所房子前放了一个用几根电线杆制作的一个大大的框架，中间用笨重的伐木链条悬挂着一个发动机缸体，发动机的下面放了一辆生锈的米黄色雪佛兰，没有前轮，放在厚重的木材上，发动机的罩子打开了，就好像要从里面拔牙似的。

这个世界显得有些随心所欲，没什么能让你有个结论。唯一觉得当地人勤劳的标志是屋子后面的绳子上洗好的衣服，在草原微风不停地吹动下前后拍打着。白色的床单像是一面面旗帜，无声反抗着这一片有些绝望的风景。

我一直感到疑惑不解，为什么会有人愿意住在肮脏的环境里，其实只要稍稍做一丁点努力就能弄干净。最后，我学会了耸耸肩，认可了过时的社会学谣传：它反映了这种人缺乏自尊，对生活不抱任何希望。

但是，在我内心深处，我知道这种推测太肤浅，过于中产阶级化。但它肯定比早前的解释要好——这样生活是因为他们懒惰和无能。我想问问丹的看法，我确定他会有他的见解。但是，我犹豫了一下：这个问题会波及当代印第安人生活的核心部分。

我的担心和犹豫其实没必要。老人看到我环顾四周，自己开始直奔主题。

“你想不通，是吧？”他说。

我们路过一所房子，一辆破旧的旅行车侧着摆在前院。

“是啊，我是想不通。”我回答，“我就是弄不明白。”

“我一直在等着你来问我，但我猜你总想以后再问我。”他假装在我的肩膀上捶了一下，“我快八十岁了啊，纳尔本，你得动作快点啊。”

我被他的幽默逗笑了：“抱歉，丹。我是按白人的时间做事。”

他笑了好几次，指着另外一栋路过的房子。一片杂草中露出一座老式普利茅斯房子的屋顶：“你往那儿看，你看到了什么？”

“你真的要我说出来吗？”

“是啊，要不然我就不会问了。”

“我看到你们并不在意你们自称的敬畏之地。”

“你的意思是，你看到一堆垃圾，对吧？”

他的坦率着实让我惊讶。“是的。”

“那全是白人看到后的感觉。你们开车通过我们的保留地，说道，‘看看所有的破烂车和那些垃圾。’你觉得我们开车通过你们的任何一个城市，我们会怎么说呢？”

“我还真的不知道。”

“我们会说同样的话。你们所有东西都洗干净了，摆放整齐，但这些对我们来说都不重要。哪种垃圾更占地方？是破烂车还是停车坪？我们可以把破烂车拖走。停车坪可以用推土机和起重机把它推掉。你们不把它看作垃圾的唯一原因是，你们仍然在使用它。当你们不需要建筑物了，或者维修价格太高了，它就成了垃圾。但对我们来说，它一直都是垃圾。

“如果肥背住在我的车里，车还是垃圾吗？你们认为是垃圾，就是因为它和你们平时的使用方式不一样。如果是新车，亮闪闪的，开在路上，那你们就说车不是垃圾。如果车子旧了，不能开了，就变成了垃圾。可对于大地来说，车子能不能开并没多大区别。这其实只是你们白人的想法。如果有一天大地把车收回去，再好的车也像我院子里面的垃圾车一样放在那儿。”

“不过，把它清理干净也不费什么事啊。”

“也许我们还在使用它。这就是印第安的方式。充分用尽水牛身上的每一部分：把它的毛发搓成绳子，用它的尾巴做鼓槌。我们有的人用好几辆废弃车拼凑出一辆好车。我呢，用我的废弃车做了个狗窝。”

我还从来没有和丹这样对峙过呢。通常情况下，我会直接同意他的观点。这一次，我想和他针锋相对一下，看看会有什么结果。

“破烂车和水牛尸体不是一回事。”

“就是一回事。”

“胡说八道。”

“胡说八道！”他爆发了，“我来告诉你什么是胡说八道！白人对待财产的态度才是胡说八道！”

“好啊，”我说，“说说看。”

他调整了一下自己在皮卡车座位上的位置，正好可以眯着眼睛看到我。“白人生活的全部就是要拥有东西。我看电视时，上面每一个广告都是说某个东西是‘新’的。这意味着我应该去买它，我现在有的都是旧的，它才是新的。新买个东西不需要其他理由，只是因为它是新的就要买。你们的方式教人不停地买、买、买。手上有的都不好，你还没到手的才是新的，更好的。

“从一开始别人就告诉你，‘这是我的，那是你的’；‘不要碰那个，不是你的’。别人教你要远离不属于你的东西，而不是教你离它远点，是因为尊重它。过去，我们门上从来没有锁。没人偷东西，如果有人饿了，他们可以直接到你家拿点吃的。就是这样自然。为什么没人偷拿东西？是因为尊重。

“你们在院子周围围上栅栏，出钱请人测量地面，看看你的邻居的篱笆是不是越界了一英寸。除非你们能得到一些回报，要不然你们什么都不会付出。一切都和经济利益挂钩。

“你们最厉害的人甚至对这个想法都不加掩饰。如果你想要某种东西，他们不会问你是否需要它；他们会问‘我能从中得到什么好处？’”

“丹，恐怕整个美国都是这样。”我说。

他用粗糙的拳头在空气中挥舞了几下。

“我知道。很多印第安人也开始仿效这样的做法。不是所有人，但已经足够多了。这是在毒害印第安人古老的生活方式，对我们来说，一切都是共享的。我们认为一切都是礼物，善良的男人或女人会分享这些礼物。除了勇敢之外，慷慨是最重要的品格。

“现在这种想法完全被颠覆了。我们也认为，好人应该得到回报，和白人的想法一样。可如果好人觉得给予比得到更重要，你难道不认为这个想法更好吗？

“我们不以贫富来衡量人，也不知道怎样去衡量。年景好的时候大家都很富裕，年景坏的时候大家都很穷。我们衡量的标准是看他如何去分享。”

“你说得对，”我说，“这也是我羡慕你们生活方式的原因之一。但是，这和破烂车有什么关系？”

“我正要告诉你呢，”老人说，“可是你急着打断我，听我说完。”

我坐回去，眼睛盯着前面的道路。丹坐着沉默了片刻，整理他的思绪。他仍然余怒未消。然后，他又开始说了：

“听着。看看我们现在的生活，我们有的印第安人有钱到不知道怎么花。他们的钱越来越多，一直放在那里。他们可能会买一辆新车，买一把不错的步枪什么的，但他们不会每周买一套新衣服，或是买一套奢华的房子。看看这个保留地，有些人的钱要比其他人的多得多。但是，他们生活仍然很简单，财产这个说法对他们来说太奇怪了。

“纳尔本，只有你需要某个东西时，这个东西才是重要的。如果我们不需要，它们就不重要。你会认为这个理论老掉牙了，讲的都是过去的事情，但它不过时。我已经考虑过这一点了。”

他指着我们经过的灌木丛生的山坡：“快看，你看到那辆自行车了吗？”

有一辆黑色的越野车斜着倒在地上，周围没见到一个孩子。

“你怎么看那辆车？”

“像是个孩子丢的自行车。也可能他放下车，到其他地方玩去了，说不上呢。”

“白人的眼睛，纳尔本，你用白人的眼睛在观察事物。男孩可能就是把自行车放在那儿，我是这样想的。看看我们的小孩子，他们可能会跨上自行车骑一会儿，然后就像这样丢在某个地方。你会说他们不负责任，他们其实是和他们的先辈们一样，觉得只有需要某个东西时才要用它，不需要了就转给别人用。

“韦诺纳的小儿子从学校回家，老师有时打电话说他把书丢在某个地方，有时说他没带铅笔。我真想告诉他们，他此刻并不需要那本书，如果他需要，他会弄到一本的，可他们不明白我的意思。他们就让他用大书包和大文具盒，把它们都装得满满的，也不让其他人碰它们。他们还想让他留着做好改过的试卷，他们想让他把一切都留着。

“难怪白人需要这么大的房子。房子不是用来住的，是用来存放东西的。我在一些房子待过，房子的壁橱和房间一样大，有太多的东西需要存储了。如果所有你们用来存放东西的建筑物和房间都用来住人，这世界上每个人都有地方可住了。”

“丹，在说水牛尸体和破烂车呢。”我存心激他。

“你真让我生气，纳尔本，”他说，“我知道你想干什么。”他俯身靠近我，压低声音说：“好吧，我要告诉你一个秘密。所有这一切——所有的汽车和其他东西——让我感到自豪。”

“自豪？”

“是啊。这说明我们并没有丢掉我们的传统方式。”

他脸上的愤怒消失了，取而代之的是平静的微笑：“我们得在这个世界上生存。欧洲人杀死了所有的动物，抢走了我们的土地。我们不能以我们的老方式生存了，我们要用你们的方式生存。我们认为，一切东西都有它的用途，用完了就会回归大地。我们有木碗 、木杯，还有黏土制成的东西。我们要么骑马，要么步行。我们用的东西都取材于大地，如果我们不再需要它了，我们让它回归大地。

“现在不少东西不能直接回归大地。孩子们乱丢易拉罐，我们乱丢废旧汽车。在过去，骨头勺子和牛角杯相当于现在的易拉罐，马或是水牛的骷髅相当于废旧汽车。我们可以烧了它们或是把它们就放在那里，它们就会回归大地。可现在我们做不到了。

“我们都按同一个方式生活，但我们生活的内容却大不相同。我们会学习你们的方式，但是，你看，你们对我们的理解也多不了多少。你们真正关心的是保持东西的干净。你们不关心它们如何使用，只要它们是干净的就可以了。你们如果看到一条土路旁边有个易拉罐，你们就会觉得比干净整洁的高速公路要差远了。看到森林里有垃圾袋绝对比看到一家干净清洁的大购物中心让你火冒三丈。

“这一切又说回到财产这个问题。你们想拥有一切，只要把它们堆放到带标签的房子或盒子里，就万事大吉了。我们拥有的东西不多，不要它或是用不上它之后就把它丢掉。

“如果我住在一所大房子里，房间里充满了各种东西，如果我有辆大轿车，书房里也放满了书，如果我拔掉了所有的鲜花和药用植物，让草坪看起来像一个地毯，就会有人来找我，问我很多事情，因为他们会觉得我是一个‘好’印第安人。所有这一切意味着我和白人一样，是个拥有很多财产的印第安人。这样就会让我在你们眼里显得我是个好人，这点很重要。承认这一点吧。

“每隔一段时间我就得去参加帕瓦仪式，戴上一些羽毛，这样你们才相信我是一个真正的印第安人。除此之外，如果我住在一所大房子里，拥有很多东西的话，你们会觉得我更聪明，更重要。白人就是这样认为的，你们都被训练成是会这样认为的。

“这儿，”他突然说，“在这儿拐弯。”一条有车辙的小路一直向上延伸着，通向一辆米黄色的拖车。“到格罗弗家了。”

拖车暴露在寸草不生的山坡上。一堆木柴井然有序地堆在院子的左边。每块木头都被砍得长短相同，按十字形向上堆积，每一层都与上面一层和下面一层垂直。

门廊右边的一小块地被清理得很干净平整。两个草坪躺椅分别放在拖车的墙脚处，与墙角的距离一样大。没有破烂汽车，没有引擎部件，也没有儿童自行车——只有格罗弗的老别克车在那儿，停车的地方用拳头大小的石块铺成一个完美的长方形。

丹瞟了我一眼，他的眼光狡黠地闪了一下。“这个该死的保留地印第安人。”他喃喃地说，“丢掉了他自己的文化。”

然后，他往后坐了坐，发出一长串笑声，像是草原的惊雷，从开天辟地之时传来。

/ 第七章 /

为牛仔喝彩

格罗弗坐在客厅棕色的旧沙发上看电视，正放的是关于牛仔的黑白电影。丹打开门，他甚至没有朝我们看一眼。

“嘿，格罗弗，”丹喊道，“你院子里怎么没有破烂车？”

格罗弗动也没动一下。“没狗啊。”他回答。两人哈哈大笑，好像他们经常开这个玩笑。

格罗弗从窗户向外仔细看了看太阳：“是吃午饭的时间了。”

他示意我坐到带有绿色花呢垫子的棕色木椅上，椅子和廉价汽车旅馆的椅子差不多，靠背向后倾斜，垫子是泡沫橡胶的。椅子都凹下去了，我慢慢坐上去。丹已经站在冰箱前面了。

我茫然地盯着格罗弗家电视看，图像模糊不清。一群牛仔骑着马，想尽快穿过一些不起眼的山艾树。他们倚在马背的前位，开枪时挥舞着枪，那阵势感觉是要把子弹从桶里全部扔出去。声道里的刺耳音乐、如雷的马蹄声和枪声回荡在拖车的墙壁四周。我真想伸手把声音关小点，可我不敢。

丹从冰箱里拿走一条白面包、半根玻璃纸包装的香肠、一瓶卡夫奇妙酱和一瓶番茄酱。格罗弗在电视机前的咖啡桌上放好了黄油刀和三个淡绿色的树脂盘子。丹摸索着，把面包袋上的红色小铁圈弄走，终于把袋子打开了。两人开始到处找食材做他们的三明治。

“纳尔本，你赶快吃一个，”格罗弗说道，“不然老爷子会把它们打包带走。”

丹咕哝一声说他肯定会这样做。他又把第三片香肠堆在他的面包上，然后用力拍了拍番茄酱瓶的底部，直到有一大团番茄酱落在香肠上。

“该死！”格罗弗说道，“我希望我到八十岁时还和你一样能吃。”他伸手把电视机的音量调大了一点。

“这儿，快看。很快他们就会骑到一个悬崖边，一个印第安人就会扑向他们。”

那群牛仔骑着马，轰隆隆穿过乡村，尘土飞扬，音乐震天。很快，镜头切换到某个岩石悬崖场景。音乐也特意变成了带有印第安味道的旋律，和着密集的手鼓鼓点。一群看起来很像意大利人的印第安人出现了，像个狮身人面像，站在裸露的岩石顶部。他们胸部赤裸，只穿了件背心，头上绑着大大的围巾。

“太高了，”丹说，“他们不会从那里跳过去的。”

他说的没错。印第安人看着一路喧嚣而来的牛仔们，用近乎喉音的印第安语交流了意见。他们跑到他们的马匹上——都是黑白斑的马——都从马背后面一跃而上，活像体操运动员跳上鞍马，又喊又叫地走了。

镜头又切回到牛仔这边，其中一个举起手来，其他人都勒住缰绳停了下来。“在那儿，”领头的牛仔指着，“科曼奇在那儿！”一群人涌到左边，向前紧追不舍，马蹄阵阵，枪打出的火星四溅。

“我的天啦！”我说，“你们怎么会看这个？不会让你们抓狂吗？”

“压根不会。”格罗弗说，“我小时候常去看这种电影，还为牛仔欢呼呢。这部电影我很可能看过了。”

“是的。”丹说，“过去在老电影院，所有人在看电影时都会喝彩和喝倒彩。放到印第安人时，我们都喝倒彩；骑兵来了，我们都喝彩。我真的非常喜欢约翰·韦恩[1]。”

我多次从年长一点的印第安人那里听过同样的说法，我真的很吃惊。甚至每次他们给我的答案都是一样的：我们真的没有觉得屏幕上的人是印第安人。我们和白人的孩子一样，给牛仔喝彩，给印第安人喝倒彩。

“那么说这种电影没有让你们感到不快啦？”我问道。

“很多事情让我不快。”格罗弗回答，“这还不是最坏的。”

“现在反而比过去更让我不快了。”丹补充说道。

我塞了一根橡胶状的粉色香肠到我的白面包里面：“为什么呢？”

“嗯，”丹说，“我们小时候并没有见过很多白人孩子。我们见到的孩子和我们都长得差不多。穷得叮当响，就在泥土里打滚玩。他们的父母可能比我们的父母好一些，但孩子们似乎都一样。我们从没觉得自己和别人是不一样的。牛仔和印第安人只是一个游戏而已，就像警察和强盗的游戏一样，其实和我们的现实生活没有任何关系。

“我想那时没人有车。我们也不怎么去大城市，每年只去一两次，也没有电视。直到战争结束后，士兵们都回家了，告诉外面的世界是怎样的，那时我们才知道，其他人和我们活得不一样。”

“是啊，”格罗弗说，“我就是那时候被打击得不轻。从朝鲜回来后，我队伍的其他战友都叫我‘酋长’，我还有点喜欢这个称呼。可我回国内在城里住了一段时间后，我第一次开始听白人谈论印第安人。他们说的那些东西简直是他妈的胡扯。也就是从那时起，我看到这些牛仔电影就很生气。

“你看，真正让我恼火的不是这些电影里印第安人长的样子，让

1　美国电影演员，曾获奥斯卡最佳男主角奖。他演绎的角色极具男子气概，个人风格鲜明，曾经成功地扮演了无数西部片中的角色，他以其强壮的体魄和沉默的性情给人们留下了长久的印象。

我恼火的是他们让我们在白人面前看起来——像一帮野人，只会骑在马背上，他妈的骑得飞快，还不停叫喊着。让白人觉得我们是怪物。”

丹吞了一大口三明治。电视里的枪声在那里噼里啪啦作响。

“你知道这些内容都是从哪来的吗？”他问我。

我恰好读过一些这方面的文章，但我想听听他的想法。

“你听说过水牛比尔[1]的“狂野西部演出”吗？”

“听过。”

“好，”丹说，“那么你也知道一些东西。水牛比尔到处巡演，从纽约到欧洲，到所有地方。他之前杀死了所有的水牛，美国也把我们毁得差不多了，他后来就设计了这个演出。他觉得他仍然可以在印第安人身上捞一笔。那时我们正好干掉了卡斯特，所有的报纸都把印第安人写成嗜血的杀手。水牛比尔认为人们想看看印第安人真实的生活。”

“把我们当成马戏团里的动物。”格罗弗插话道。

“对，”丹说，“只把我们当成动物。他东拼西凑弄了这个巡演，甚至坐牛也在里面出现过，虽然我根本不可能知道他为什么会出现在电影里。无论如何，他让印第安人骑在马背上，到处喊叫杀人，这其实是白人想看到的场景。

“各地方的人都去看那个巡演，甚至连英国女王也看了表演，我还知道有一些印第安人见到了总统。报纸上都写着呢，真是轰动一时。”

“是啊。”格罗弗回应他，“别人就是通过这些了解我们的——他们在水牛比尔演出里看到的和他们在报纸上读到的东西。”

“不止，还有其他的。”丹说，“还有那首海华沙的诗《在吉期加密的岸边》，到底他妈的什么是吉期加密？”

1　南北战争军人、陆军侦查队队长、驿马快递骑士、农场经营人、边境拓垦人、美洲野牛猎手和马戏表演者。有“白人西部经验的万花筒”之称，其组织的牛仔主题的表演也非常有名。

“我想是苏必利尔湖——在我家上游。”我说道。

“可能吧。”老人继续说道，“但那是白人对我们的另一个想法。穿鹿皮衣的印第安人偷偷穿过丛林，划着独木舟；穿羊皮衣的印第安人隐匿在森林里；我们部落则是彩绘的印第安人。”

“白人认为我们印第安人就是这样的。后来有了电影，又有了电视，他们也只是让我们看起来和白人想的差不多。有时在某个场景，印第安人穿着穗状羊皮上衣在丛林里穿梭——划着独木舟或其他什么的——下个场景他全身彩绘，身上只穿着小毛巾大小的衣服，骑着马在草原上驰骋，向白人射箭。这种胡编乱造的场景真是他妈的太让人恼火了。”

“看这儿！”格罗弗插话道。电视上长得像意大利人的印第安人穿着羊皮裤子，骑在黑白斑的马背上飞驰，有人在射箭，有人在挥舞着战斧。

“还好他们没有穿那些该死的小毛巾样的衣服，”丹说，“想想看，纳尔本。你家也在丛林边上，你应该知道它是怎样的。你觉得纽约人和加州人会跑到丛林那里吗？我敢说，如果他们也拍了一部关于你住的地方的电影，一定也是个笑话。”

“他们拍过了，”我说，“的确是笑话。”

“那想想我们。我们是印第安人，住在到处有水牛的乡下。我们看到的都是头顶上往返于纽约和加利福尼亚之间的飞机，他们不会停在这里，那些人才不想停在这里呢。”

“除了那个纽约女人。”格罗弗说。

丹点了点头，继续说：“情况一直都是这样。定居者要么留在东部，要么直接到加州，大部分印第安人就只能住在中间地带。我们住的地方是其他人根本不想住的地方，所以他们才让我们留在这里。

“可问题是所有的电影和书不是来自加州，就是来自东部某个地方，他们对印第安人压根不了解，除了他们想知道的事情，那个纽约来的女人就是其中之一，只不过她是个新版本。她现在回去后，很可能写这样的剧本，所有的印第安人说起话来都像智者。她会找读过印第安人演讲稿的人做编剧，然后让她剧本里的印第安人都那样说话。她甚至不知道我们演讲和平时说话根本不一样，她也不关心这些。

“你知道吗？她如果写剧本，男主人公一定得是个白人。印第安人给白人提供建议，让这个白人更完美，但整个电影一定是关于白人的，讲述他们如何在生活中运用印第安人的智慧，然后自己变得更有能耐。

“我不知道这部电影到底是什么内容，但我敢打赌，这一切都会拍成我说的那样。他们拍的电影都是这个套路。我们在录像机上能看到电影，知道它们的内容是怎样的。现在不会有野蛮人了。现在是睿智的印第安人——你知道的，和大地上所有其他东西融为一体——让白人变得更好，教给他们印第安人的方式，这样就把印第安人的价值元素添加到他们白人身上。”

“就像《与狼共舞》。”格罗弗说。

“是的，那部电影就是一个例子。”丹说，“它还是相当不错的。电影里面有一些真正的印第安人，他们的表现都相当不错。可说到底还是白人最聪明，他们才是主角。”

格罗弗去冰箱拿了一盒牛奶：“我在想那个纽约女人的电影会拍成什么样呢？”他问道。

“《清嗓子的印第安老男人》。”丹说。

格罗弗大笑：“哈哈，我就知道，肯定是我告诉过她的。我得仔细看看能不能在电视上找到它。”

“这才要命。”丹回答，“不管她拍了什么鬼东西，电视上都会播放。白人小孩和印第安小孩都会看到。看了后，他们会认为印第安人就那样。那个女人差点尿在她的裤子里，他们却去看她眼里的印第安人是什么样的，他们竟然还会相信这些内容。”

他最后往嘴里塞了一口三明治。电视上放的是一个女人把空气清新剂喷到垃圾罐里。他把盘子推开。“给我来点牛奶。”他说。格罗弗递给他一盒牛奶。他直接从开封处喝下了一大口。

他把牛奶递给我。“不，谢谢。”我咕哝道。

格罗弗转向我：“你的书一定不要写成那样，纳尔本。”

他的声音里没有威胁的意味，但毫无疑问他是很严肃的。

我摇了摇头。“我尿在马桶里。”我说。

丹举起了他的手，晃了晃头，像在责备我：“你得尿在地上，纳尔本。你得尿在土地上。”

/ 第八章 /

问斯匡托[1]要玉米

那晚我怎么也睡不着，下午与丹和格罗弗的谈话让我心神不宁。虽然他们对我一直很客气，格罗弗和我共处一室、共用一桌也让我感到很荣幸，可不知怎的，我们之间的距离感在某种程度上非但没有消失，反而越来越明显。也许是他们两个人之间太熟了，显得我生分；也许是更深层次的文化鸿沟，而我将永远无法跨越。

我所知道的是，回到汽车旅馆的房间后，我从来没有像今天这样感觉疏远和陌生。这是我第一次觉得自己和那个发怵的人类学家一样——假装自己是融入印第安人的观察者，当地人却觉得他是外人，勉强配合他完成任务。

我靠在汽车旅馆的硬枕头上，轻轻打开电视机。深夜脱口秀节目刚刚开始，每个主持人都在进行常规的单口相声表演。我看着他们在那里搔首弄姿——他们讲的笑话是关于时事和政治人物的，他们皮笑肉不笑，翻着白眼。

他们的幽默其实很牵强，观众也太吵了。他们的手插在口袋里，踮着脚晃来晃去，像那些自作聪明的大学生嘲笑比他们笨的人一样。

1 斯匡托是会说英语的印第安人，他除了做一名翻译之外，还把清教徒带到捕鱼的最佳地点，并指导他们如何种植玉米等农作物。

我关掉了声音，他们变成了哑剧表演，似乎离我有一百万英里远。

我一直在想丹说的我们头顶上的飞机形象，在海岸之间飞行。我也经常坐这种飞机，在午夜向下窥视黑暗中的一簇簇灯光，想着谁会住在这里，他们过着怎样的生活。

现在，我成了其中一盏灯光。

我翻到侧面，盯着窗外。苍茫天空之下，星光熠熠，我几乎无法辨认哪个是飞机闪烁的亮光。

我想象着飞机上有的乘客在打瞌睡，有的低头盯着地下漆黑的风景。我想向他们挥挥手，或给他们信号，让他们知道我们在这里生活，活得很好，这片土地不是荒无人烟，而是充满生命、故事和梦想。但是，闪烁的亮光不停地移动，很快消失在地平线，又只剩下满天的星星在闪耀。我翻个身，继续看我的无声电视。滑稽的男人仍然在那儿昂首阔步地走来走去，打着手势做着鬼脸。我出生在大城市，周围的文化也和主持人差不多，竟然也接受不了他们的闹腾和滑稽可笑，那么丹岂不是更加接受不了吗？毕竟丹出生在更加广袤的天地里，他是听着风的声音长大的。

但完全有可能——的确是很有可能——这一刻，丹看着大卫·莱特曼[1]宣读前十名名单，或看着娱乐节目，里面都是虚构的犯罪案，响着刺耳的警笛声，跟拍的摄像头晃来晃去，沙哑的声音歇斯底里地转播911电话。

我怎么会想起这些呢？我能弄明白到底是怎么回事吗？

渐渐地，我真希望自己不做这项工作就好了，我怎么做也做不好。不管我多尊重格罗弗，他永远在那儿监视着我，警惕地监测我的意图，我已经开始感到窒息了。

丹对我要求过多，可是他不能说清楚我到底应该怎么做。一会儿

1　美国脱口秀主持人、喜剧演员、电视节目制作人，其“大卫深夜秀”颇受观众欢迎。

说“把我写得像在哈斯克尔上过学”，一会儿说“不要把它弄得太白人化”。这些指示简直是自相矛盾。我唯一得到的最切实际的建议就是观察一条老癞皮狗的来来往往。

另一方面，我几乎都能听到编辑和出版商说：“老头太易怒了，脾气还坏。把他写得好点。还有，你就不能让他显得不平凡一点，更睿智一点吗？”

这个过程真是让我心力交瘁。我住够了汽车旅馆，总是听到纱门开关的声音、凌晨两点隔壁马桶冲水的声音。我的钱也快花完了，也很想念家人。没人确定会出版这本书，而且连我自己都不知道我们一系列的谈话和简单的日常生活能写成什么样子。

水牛尸体和破烂汽车的掌故简直是最后一根稻草。我不知道，丹是在逗我玩呢，还是在说真的。他说话时喜欢凑近我、放低声音，他这种样子总像是在演一出戏，在教导我的同时也轻松娱乐了自己。唯一可以肯定的是，他会判定我的理解是对还是不对。

我到这儿来，不是为了要做各种各样无止境的文化敏感性方面的测试，也不是要成为隐晦的私下笑话的笑柄。老人甚至都没有意识到我是在帮他忙，我和我的家人因此都付出了很大的代价。我愿意为他执笔写文章，可我绝不愿意做他的笑料。我当然更不愿意让我的一言一行都被他们评头论足，然后以此再决定他是否打算让我继续这项工作。

那一刻，我做了一个艰难苦涩的决定：我决定放弃回家。

也许是因为白天的压力，也许是因为夜晚的空想袭裹了我。不管是什么原因，做了这个决定后，我一下放松了下来。我带上已经写好的文章，连同一张解释便条寄给他。做这个决定我也是迫不得已，但我想从我的角度来给老人一个解释。要我和他面对面解释基本是不可能，我都可以预见：他听到之后脸上茫然的表情，转过身不看我，我的话还没说完呢，他就慢慢走进卧室，留我一人坐在桌边，好像我是个麻风病人或一片坏了的肉。

是的，如果我写一张条子给他，他可能会看扁我，可至少他会理解我的。他应该会忍不住看一下，这样他就能看到我想说的话了。毕竟，他也养活过一家人，在生活中也做过艰难的抉择，我想让他看看我内心的想法。

有可能未来某个时候，在我们两人的目标更加清晰之后，我们可以重新再来完成这个任务。或许他可以找个印第安人来帮他写文章，他能更深刻理解老人行为后的隐晦含义，并且不太可能被视为潜在的背叛者，别人也不会评判他的一举一动，看他性格是否单纯。我甚至自娱自乐地冒出了一个念头：除了少数印第安人和几个亲印第安分子，没有人会关注老人和他说的话，反正他的话其实不那么重要。

我从包里拿出一张纸。汽车旅馆房间里没桌子，我把一些枕头紧挨在床后面的墙上，用本基甸圣经[1]放在枕头上面当桌子。

“亲爱的丹，”我写道，“我真心诚意地想告诉您，您邀请我来写下您内心的想法，我感到莫大的荣幸。但一天天过去，我……”

我的眼角余光看到，阿塞尼奥·霍尔[2]在他头上挥舞着手，像是手上有个套索，在舞台上跳他的步态舞。我抓起遥控器想把它关掉，以免我看了之后又要分神。

我拇指在按钮上乱按，结果没关掉电视只是更换了频道。好像是亚特兰大勇士队，他们不是和洛杉矶道奇队就是和圣地亚哥教士队对阵，现在结果快要出来了。摄像头扫过球迷，聚焦在三个赤膊白人男子身上，他们马甲线非常明显，头上戴着羽毛头饰，手里挥舞着巨大的橡胶战斧。他们旁边坐着一个女人，带着一个两岁大的小女孩。

“马甲线们”拼命地向女人做手势，指着镜头。她抬起头来，

1　基甸圣经（Gideon Bible），是基督教的圣经版本之一。在世界各地的旅馆尤其汽车旅馆中多有放置。

2　美国著名脱口秀节目“阿塞尼奥”的主持人。

很兴奋，把睡着的小女孩的脸对着镜头，孩子的脸上画的都是红色和白色的条纹。女人把一个小橡皮战斧塞进小女孩的手里，抓住她的胳膊做砍的动作。不久，他们五人都面对着镜头，一齐拿战斧砍，小女孩还在睡觉，她母亲笑嘻嘻的，三个赤膊男人用他们结实的手拍打嘴部，模仿战斗时的呐喊。

我低头看了看我膝盖上的纸，不紧不慢地，我把它揉成一团，像扔球一样，沿着墙扔进废纸篓。

“明天见，老爷子。”我叹了口气，关了电视和灯。耳边唯一的回音是甲虫在纱门上飞来飞去的单调的嗡嗡声，还有头顶上方高处飞机飞过的低低的隆隆声。

如果我说我满怀喜悦和热情迎接下一个黎明，我肯定是在说谎。我现在除了感到疏远，感到愤怒，还有一丝羞愧感。

我很怕丹会知道我有离开的想法。与此同时，我已经尝到——哪怕只是片刻——不做该项目之后的如释重负的感觉。我脑子里想的都是我的妻子和孩子，想着我在回家的路上，即使在我洗澡换衣服的时候还在想着要回家。

我决定要和老人把话说得坦白一些：如果这是我的工作，那么必须我来做主——不是他，不是格罗弗，更不是那条老狗。很多事情都得做，不能做什么都靠运气。

我记的笔记太多了，方法和目的也不明确。昨天上山的时候，我的皮卡冒的蒸汽开始不太对劲，也早过了保养期。

今天，我要把一切都安排好。我要理清我的任务和老人的期望，然后带着我的笔记和磁带，带着更清楚的最终目标，出发回家。我要和家人待一段时间，找一名我信任的机械师检查一下我的皮卡，把事情都一一捋顺，然后按部就班地完成。然后，当我更清楚下一步该怎么做时，我就带着一系列具体任务回来，争取一下子把这个事情办好。

这是唯一的办法了。他们没一个人知道出版一本书要花的心思，他们也不知道掌控一个项目的必要性，这样你得到的结论才有意义。可现在他们就在那不停地吹毛求疵，不断地批评你说：“你为什么不这样做？”“你应该提到这一点。”

一切都说完做好后，我才能写书。这是我的书，我要为它负责。

我一定得掌控整个流程，我没有其他选择。

只花了几分钟我就收拾妥当。我已经习惯了轻装上阵，所有的东西都轻轻松松地放进绿色帆布飞行员袋里，它其实已经取代了行李箱。

我退房时，前台女子甚至都没抬头看我。她的眼睛一直盯着立在签到台壁架上的一台小黑白电视，胡乱在收据上写了几个字，写好后扔在柜台上，冷淡中透着恼怒，她甚至连我付的房费都没点一点。

我开车驱往丹的房子，想到我的计划就觉得很兴奋。昨晚深夜下了一场猛烈的暴风雨，下雨时间不长，但足以浇透草原，给其养分。大地散发出甜美的气味，像花蜜一样芳香，小草在风中摇曳，蜜蜂嗡嗡叫，蝴蝶翩翩飞舞，更显生机勃勃。我摇下车窗，深深吸了一口气。白蝴蝶徘徊在高高的草丛附近，在蔚蓝色天空的衬托下尽情地舞蹈。

这是一个值得细细品味的日子。

一路颠簸，终于开到老人房子前面。肥背从破烂的雪佛兰车下面爬出来，吠叫着，摇着尾巴。和平时一样，韦诺纳的车停在外面车道上。

我跳了出来，摸了摸肥背，走上台阶。我习惯在外面等着，直到有人请我进去。

不久韦诺纳出现在门口，通过纱门向外张望：“他不在，纳尔本。”她说。

“没关系，”我说，“我去爬会儿山，然后坐下来等他。”

“他不会那么快就回来的。”她继续说。

“嗯，要多久呢？”

“我不知道。”

这个消息把我吓了一跳："他去哪了？"

"他只是说，他要做个短暂的旅行。"

我摇摇头，真不敢相信自己的耳朵。他昨天晚上就可以告诉我啊，我那时就可以打包回家，省下一晚汽车旅馆的住宿费。而我却在那里痛苦地思索着到底要不要离开，他却没有任何苦恼，起床后就出门了，甚至连一声招呼都没打。

韦诺纳肯定看到了我脸上厌恨的表情。

"他没有告诉你今天再来。"她说。

我一下子变得怒不可遏。"该死，"我说，"我知道他没有告诉我今天再来。但是我是为他写这本书。我开几百英里的车过来，搭上我的时间和钱来做一本书，在他生命的尽头帮他寻求心境的平和，现在他一声招呼没打就走了，你却站在这儿告诉我没有权利不高兴。

"我真是受够了这种废话。无论什么事情，我都没有权利不高兴，但只要我绑鞋带绑错了，或者用错了某个副词，你和他或格罗弗就生气了。为什么我觉得重要的东西在你们眼里就一文不值？"

她的声音沉着冷静："也许我们厌倦了你们认为重要的东西。可能你们白人一来到我们这里时，我们就很厌烦你们，也许我们是受够了。没人要你们白人来这里；没人要你们给我们满是天花病毒的毯子；没人要你们杀死我们的先人，然后接管整个大陆，修建高速公路和购物中心。

"也许你开了500英里来看他，有什么了不起！他挣扎着保持清醒，为了给你讲你想听的故事，他还要回忆过去，你想象不到他忍受多少苦痛！

"你应该感谢他愿意和你聊一聊。长者愿意和你分享，这是一种荣幸，你简直都不懂得珍惜它。"

她转身走回黑暗的房间。

"嘿，韦诺纳，"我喊道，"你不能就这样走了。"

房子里传来的只有沉默。

“我知道你能听到我说话，我一定要把我想说的说出来。我真是他妈的受够了！我知道这是一种荣幸，我也很珍惜。但对他来说也是一种荣幸，有人愿意帮忙来做这件事。

“我有妻子，还有一个十几岁的女儿和一个小儿子，不在我身边，我每天都想死他们了。我睡在汽车旅馆肮脏的床上，屋里充满了隔壁房间醉鬼身上散发的威士忌臭味。我花着还没到手的钱，而且我像个该死的鹰一样被格罗弗和其他人监视着，确保我不会出错。

“我没有给任何人天花毯子。事实上，我想我住的那个该死的汽车旅馆房间用的大概就是这种毯子。我没有乘什么任何该死的平塔、拉尼娜和圣玛丽亚船[1]过来，没有从斯匡托那里拿过玉米，也没有和卡斯特将军[2]一起骑马来这儿。

“我只是一个正派的人，尽我最大所能帮助我尊重的一个人。我想要的回报只是一点点的尊重。”

韦诺纳的身影又出现在门口。她打开门，走到木制门廊那里，手里拿着一个破旧的牛皮纸信封。

“过来，纳尔本。”她说。

我走上台阶。她手里拿着一摞变硬发黄的旧照片。她递给我一张，是个小男孩，穿着军装和一双笨重的黑鞋子。他看上去像一个内战或美西战争的小士兵。

“你知道他是谁吗？”她问。“是我爷爷。”没等我回答她，她就直接告诉了我。

1 这三艘船是哥伦布率领的航海探险船队，后在美洲登陆。哥伦布在现今大多数地方被当作一种无畏探索未知世界的精神象征。但是对于美洲原住民而言，哥伦布的到来意味着对美洲原住民野蛮和残酷的大虐杀的开始。

2 卡斯特是美国南北战争中的英雄，在“西进运动”中杀死不少印第安人，后其部队被坐牛的部队歼灭，自己也身亡。

“你知道他穿的是什么吗？美国陆军制服改成的小羊毛西装。

“知道他为什么穿这个吗？因为他被绑架了，不得不离开他的父母，被带到一所寄宿学校，他们剪掉了他的头发，烧了他的皮绑腿和鹿皮鞋，这些都是他的母亲亲手为他做的啊。

“你知道为什么他的父母没去学校带他回家吗？因为他爸爸去抱怨警察把他的儿子带走送去学校，他就被逮捕了。

“你以为你什么都知道，纳尔本。但其实你什么都不知道。”

她递给我另一张照片，是一个大的白色木制粮仓式建筑：“你知道它是什么吗？”

“它看起来像一个宿舍，又有点像一所老式寄宿学校。”我说。

“这是他们让他跪在大理石上，抓住他的双臂放到两侧的地方。如果他们发现他在说他自己的语言，就像这样惩罚他达半个小时。也正是在这地方，他们让他和其他的孩子一起排队，张开嘴，让牙医用钳子拔掉他认为长得不好的牙齿，拔的时候还不给任何人使用麻醉剂。就是在这个地方，他开始尿床，女看守每天晚上在他的阴茎末端皮肤上裹上钓鱼线，他后来感染得很厉害，差点就死了。”

她把照片塞回了信封，折叠封好：“他再也不会按白人要求去做事了，纳尔本。”

她站直了身子，走进屋里。我看了看肥背，她正在那全神贯注地舔着她的屁股。

“上帝啊！”叹完气，我钻进了避风港湾——我的皮卡车里。

/ 第九章 /

大块头

我一定是冲出车道时开得太快，或是用力太猛，车开到主干道后，又开始闻到蒸汽的味道。热腾腾的雾气已开始通过空调通风口吹进驾驶室。“加油啊，宝贝，”我对着车说，“你能行的。”

可是它就是不行。开了半英里路之后，爆出一个响亮的嘭声，发动机发出很大的颤动声。驾驶室里一会儿满是烟，一会儿满是雾。

我跳下车，打开引擎盖。白色蒸汽简直像堵墙，把我吞噬。

“该死！该死！该死！”我怒吼道。肯定是头垫圈出了问题。这下没辙了，不抓紧去修车就会报废。我跳回驾驶室，踩下油门。充满水汽的烟雾大朵大朵地从排气管冒出来。发动机咆哮着，抖动着，并从引擎盖下喷出巨浪般的蒸汽。皮卡一点一点向前挪动，短短五里地，我开了超过一个小时。

我直奔保留地中心地带。当地汽车满载着印第安人超过我，鸣着喇叭，挥手让我靠边。令我痛苦的是，车突然滑下了一个斜波，快速越过几栋楼，我就这样开过了中心地带，心情真是跌到了谷底。

我开着车呼啸穿过中央大街，疯狂地在指示牌上寻找加油站或汽车修理厂。温度测量仪早就到达红色区域。孩子们骑在自行车上，在我周围转着圈，哈哈大笑，指指点点。一个小家伙骑到我前面，挥手让我跟着。我不知道他要去哪里，也顾不上去问了。

他急速拐到一个角落，用左手招呼我跟上。他在一座低矮破败的混凝土建筑前刹住车，建筑正面有一扇白色的车库门。一块风化的胶合板钉在入口上方，上面潦草地写道：“大块头汽车修理厂，专修跑不‘动’的汽车。”

我熄了火，靠惯性滑行到车库门前，到处都是灰尘。发动机柴油都漏出来了，咔嚓咔嚓作响，然后气喘吁吁地停了下来。

我坐在我的车里，想着该怎么办。不管大块头是谁，他一定得救救我。这辆皮卡是半步路也跑不了了。

骑自行车的小男孩跑进了店里。很快，门开了，他又跑了出来。他站在皮卡前，满怀期待盯着商店。看到一个人影在门口出现，我才从车里出来。起初我以为有辆车在店里面动来动去，可是门打开后，出来的是一个我见过的体型最庞大的男人。他体重肯定有四百多磅。他的头有篮球那么大那么圆。他留了一个碗盖头，头发乱糟糟的，皮肤栗褐色。就我所能看到的，就算他有牙齿的话，似乎也只剩几颗了。

一件肮脏的白T恤大得像把雨伞，从他的上腹部挂下来，倒过来看，又像一个面粉袋从他的腰带扣挂下去。从前面看，他腰身下摆部分的裤子已经看不出本来的样子了。

他穿着一双很脏的白色高帮网球鞋，没有鞋带。他走路时，双臂放在身体两侧，像是帮助他保持平衡。

“大块头吗？”我问他，尽量克制我的惊讶。

他看都没看我一眼，径直走到皮卡前，掀开引擎盖。

他把头探到滚滚蒸汽里，活像伸进了龙的嘴巴。他在里面拽了几样东西，然后砰的一声关上引擎盖。

“车不行了。”他说。

诊断并不精确，可还算准确。

“你能修吗？”

他慢慢弯下腰斜眼看了看通气栅板。

“什么牌子的车？”他问我。他说话时就像井里在打雷。

“尼桑。”我回答。

“没听说过。”说完，他转过身，动作简直和战舰转向无异，走回屋里。

我颓然靠在冒着热气的挡泥板上。心情比失败时还要糟糕，我简直有点绝望了。我知道我在这地方开这辆整洁的日本小卡车显得有点格格不入，可现在我回想起来，整个保留地，我就从没有见过其他外国小汽车或卡车。他们开的大多是巨大的福特车、70年代初的老式雪佛兰和破旧的小卡车，所有车看起来不是已经翻过车就是被大锤重击过。

我想到在整个保留地，有无数的汽车骨架在草原阳光下暴晒。我简直没有办法去和住在这里的居民讲述我的绝望，在他们眼里，汽车只是一次性的铁罐或一双廉价的鞋子。

我正准备爬回驾驶室，准备为它寻找谥号的时候，我听到身后一阵刮擦声。我转过身来，看到白色的车库门往上打开，里面空间黑洞洞、油乎乎的，在地板中间有个油腻腻的坑。大块头在坑后面隐约可见，边说边指着他的脚。

起初我并不知道他是什么意思，然后我恍然大悟，他希望我把皮卡开进车库。我爬回驾驶室，试图启动发动机。它响着，也努力着，但就是打不起来火。之前在我周围盘旋的那几个骑自行车的年轻男孩纷纷跑到卡车后面，肩膀顶在皮卡门上。我从车里下来，在驾驶员侧车门推车。慢慢地我们把车推到车库里，大块头在前面指挥，先是向左一点点，再向右一点，确保车轮胎不会掉进油乎乎的坑里。

车推进去后，大块头走到我站的地方。

“看过了，能修好。”

我扫了一眼我闪亮的黑皮卡，然后我看到油乎乎的长凳上堆满了工具、油性软管和脏乎乎的旧空气过滤器。我突然觉得自己就像那个穿价值连城的衣服的纽约女人。

“你确定？”我问。

“嗯。”

“要多久呢？”

“不知道。”

“比方说？几天？一周？”

“不知道。”

我本打算问要多少钱，但估计也问不出来。

“但是，你确定你能修好吗？”我又问了一次，更多的是想让他多说些话，而不是安慰我自己。

我到了座位后面一把抓住了我的飞行员袋子。我正要把车钥匙所在的钥匙环上的其他钥匙拿走，但我意识到这个做法太可笑了。这里没有人知道我住的地方，也不会关心。此外，它可能会给大块头留下我不相信他的印象，这是我最不愿意看到的。

我耸耸肩，朝这个体型巨大的家伙看过去，他手里捏着我皮卡的命呢。他摇摇晃晃走到商店后部黑黝黝的壁凹处，靠着一摞轮胎坐下，双腿张开，大肚子悬在外面。他在吃三明治，柔软的白面包上到处都有他油腻腻的手指痕。他手太大了，手指粗得像一根根火腿肠，三明治看起来就像苏打饼干那么小。

“我待会儿再过来看看车修得怎么样。”我说。

“好的。”他回答。

我转过身，从车库门走出去。有个人站在我皮卡的后面，映照在正午的阳光下，这个人弓着身子，头歪到一边：是丹。我如释重负般深深呼了口气，几乎是跑到他那里的。

“韦诺纳说你们出门旅行去了。”我说，一下子忘记了刚才因为他突然消失有多生气、多沮丧。

“格罗弗一定要做些三明治。”他朝格罗弗驳船大小的别克车那边点点头。格罗弗正开着车在街上转悠，从隆隆响的车里冲我挥了挥手。他戴着一顶很大的牛仔帽，上面还有绿松石缎带。肥背坐在后座，像一位警觉的祖母。

“猜到你需要我帮忙。”老人说。

我满脸困惑地看着他。

“看到你皮卡车冒烟了，老一代印第安人说那是遇险的信号。”他咯咯笑道。他绕着我的车慢慢转了转，一边摇头，一边嘴巴嘶嘶作响地打量我的车，好像它是一些刚死没多久的麋鹿或水牛，尸体上还冒着热气。

他的手指沿着车子的边缘轻轻触了一下。

“好闪亮，”他说，“做狗屋很不错。”

“好了，丹，”我说，“我现在可没心情开玩笑，我一定得把它修好。”

阴影里，大块头嘟哝了一声。

“大块头会修的，他很会修东西。”丹说。坐在车库后面的大家伙把三明治移到他的嘴巴，又一块厚厚的白面包吃完了。

“是的，但要多久呢？”我问老人。

“很难说。看大块头的啦，他很忙。”

我凝视着，在到处都是垃圾的黑暗中，笨重的身影靠着轮胎坐着，在那里大嚼三明治。除了我的车，我在房子里没看到其他车。

“啊？”我说。

老头对着大块头喊道：“修这个要多长时间，大块头？”

从后面传出来的声音慢慢的，低沉沉的：“不知道。”

我拽着丹衣服上的袖子：“问问他，是要一天还是一个星期。”我低声恳求他。

“你大概什么时间能修好呢？一天还是一个星期？”丹喊道。

只听到黑暗里有咀嚼声传出来。“都可能，”他终于说话了，“汽车不行了，早该买辆雪佛兰。”

/ 第十章 /

马尾辫和首饰

我闷闷不乐，一屁股坐到格罗弗绿色大别克车的后座上，肥背坐在我旁边，我们开车驶过山脊，向高速路主干道前进。我其实应该很高兴，有幸与格罗弗和老人来一次“小小的旅行”。但我满脑子想的都是我那辆精心设计的小皮卡，现在正放在大块头黑暗的修理屋里。脑海里两个画面不断切换，一幅是成堆的油腻腻的扳手，另外一幅是像医院一样洁净的日本修理厂，工人穿着白大褂，认真仔细地调整千分尺，并在带夹写字板上做着记录。

大块头简短的答复——“能修好”——一直在我的脑海里回荡。这大概和那些手里拿着钳子的寄宿学校的牙医差不多，撬开孩子的嘴，看到什么牙就拔掉什么牙。

我又往里坐了坐。毫无疑问，我再也没有机会看到我心爱的卡车了。事实摆在眼前：我以后得在灰狗长途大巴上坐上26个小时回家，车上满是啼哭的婴儿和戴头巾的可怜老妇人。我的卡车注定要成为一座绝望的纪念碑，立在尘土飞扬的大块头的车库后面，而快乐的印第安人则开着我的卡车上价值100美元的新轮胎到处乱跑，用我最近才买的200美元的磁带卡座来播放帕瓦节的磁带。我陷入了深深的绝望中。

丹和格罗弗在前面的座位上大笑。我的窘况——如果他们认为是窘况的话——丝毫没有影响他们大笑的兴致。我知道我这时不应该再纠结这件事，可我需要一点安慰。

“格罗弗，”我问他，“你认识大块头吗？”

“打他小时候，就认识他了。”

“你觉得他能修好我的车吗？”

“要么修好要么弄坏呗。”格罗弗回答。丹笑了。

格罗弗转过头，看着我颓然地坐在后排座位上。“嗯，大块头人很好，他肯定能修好的，修不好的话他会告诉你的。”他说。

“当然，如果能修好，他觉得没必要告诉你。”丹插嘴道。又一次，两人又爆发出一阵大笑。

我简直不知道他们在说什么，笑什么。如果是幽默笑话，我理解不了。如果是信息，对我来说也是无关紧要的信息。我只想回汽车旅馆去睡觉，再等整件事都结束。

“不要这样嘛，纳尔本。”格罗弗又说道，“忘记它。反正你现在什么也做不了，这趟小小的旅行对你有好处。你操心的事太多了。”

我意识到他是对的，但我还是摆脱不了沮丧的感受。一个小时前，我脑子里想的都是我要回家了。突然，我就坐在开往相反的方向的车里，行程目标都不确定。一个笨重的大家伙，吃着涂满黄油的三明治，用一套管钳拆散我那辆计算机设计的卡车。

不过，“小小的旅行”总是挂在他们嘴边，开始勾起我的遐想。好像这次出行是一次仪式活动，对格罗弗和老人来说很重要。也许我能学到更多的东西，比我想象中的还要多。我尽量让自己不去想我的卡车，格罗弗是对的：反正我现在什么也做不了。

格罗弗减速停车，然后把车开上了一条主干路。他就是大家会善意地称为“悠闲”的司机，车速很少超过每小时45英里。有十辆八辆车的车主鸣着喇叭，超过我们的车，格罗弗对他们毫不在意。还有其他印第安人开着野营车和旅行车飞快超过我们，车牌是其他州的，有的车后车窗上贴了上帝之眼，有的车保险杠上贴着旧贴纸，写着“帕瓦瓦力大”和“卡斯特罪有应得”等。其中有一辆造型极富动感的福特伊克诺莱恩房车，车顶上用金属丝绑着一块牛头骨，车子两侧用空气刷刷上了花哨的图案，图案的内容是弗雷德里克·雷明顿的作品：踪迹的尽头。

格罗弗和丹在用拉科塔语说话，别克车的旧轮胎有节奏地压过路面的接缝。我无所事事，他们说话我也插不上嘴，也没什么可想的，很快我就沉沉地睡去了。

不知道自己睡了多久，当我醒来的时候，阴影拖长了，山峦笼罩在一片浓浓的金色中，闪闪发光。“纳尔本，你醒的正是时候，”格罗弗说，“正好吃晚饭。”

他指着一个广告牌，显示下个岔路口有一家卡车休息站。“我们就停在那儿。”

他把笨重的别克车开到卡车休息站的停车区，十到十五辆车排成一排，停在停车场的后面。有的车发动机没关，轰隆隆的响声响彻金色的山峦。

格罗弗把车停在一辆爱达荷州牌照的绿色旧校车旁边，车窗户被厚厚的红色窗帘遮住，在车后门前几英尺[1]的地方，烟囱伸到车顶外。平台笨重，像过去政客的火车车厢上的阳台，焊接到车屁股后面，上面堆满了旧自行车、冷却器和帆布防水布。一张捕梦网[2]悬挂在车后窗的中央。

“要命。”丹说。

“我不担心，”格罗弗笑了，“你要注意了。是那该死的马尾辫。”他说。他用手摸了摸他灰白的平头：“你应该像我一样，把辫子剪掉。”

1　1英尺等于0.3048米。

2　源自18世纪，印第安人认为捕梦网能将梦过滤，用它来捕获美丽的梦幻，让噩梦随清晨的阳光而消逝。

丹只哼了一声。

这家餐馆毫无新奇之处，是个典型的没有任何明显特征的高速公路卡车休息站，一边是餐馆，一边是加油站。我们在加油站门口转了转。丹给咖啡壶灌些水让肥背喝，格罗弗和我进了餐馆。

一排小包间，紧挨着靠窗口的墙边，里面装饰着橙色的塑胶褶皱卷边，正对着停车场。中心区是一排排方形的桌子，铺着红白相间的格子桌布，活像闪亮的铬合金桌腿穿着裙子。柜台面对着烹饪区，从外面一下就能看到，做好食物之后，厨师就把热牛肉三明治放在盘子上，红色汉堡包和炸薯条放在红色塑料篮里，从里面递出来。

一些卡车司机瘫坐在柜台前，喝着咖啡吃些馅饼。大多数小包间都挤满了人，他们穿着褪色的T恤，戴着棒球帽。明显这个地方是为长途司机服务的，因为几乎见不到当地人。

“我们在哪儿？”我问道。路上卡车络绎不绝，我们肯定是在穿越某条横穿全国的主干线。

格罗弗只是耸耸肩：“我们才开了几英里远呢。”然后就不说话了。

坐在离门最近的小包间里的一家人，一看就知道他们是那辆校车的主人。男的面容憔悴，脸部凹陷，长长的马尾编成辫子，用珠饰和豪猪刺的发夹固定住。女的穿着一件T恤，一件坠地绳状印花长裙，她右手上戴了三个绿松石戒指。桌子对面坐着三个金发的孩子，年龄从三岁到十二岁不等。他们正在耐心地吮吸着番茄酱覆盖的薯条，在餐垫上画画。从他们包间经过时，里面飘出了香甜而浓烈的广藿香油的气味，夹杂着餐厅重重的汗味和炸洋葱的味道。

格罗弗和我在一间空的小包间里坐下，没人注意到我们，很快丹穿过入口进入餐厅。窗户外的阳光照进来，他眯起眼睛，适应了一下屋里的光线，最后看到我们坐在门对面的包间里。他向两边瞄了一眼，看到了那对夫妻，蹑手蹑脚向我们走来。

他摇了摇头，牙齿缝里发出嘶嘶声，坐在格罗弗的旁边：“看到那些人吗？”他向那家人那边点点头。

“老嬉皮士？”我问。

“是啊。你怎么看他们？”

很显然，这又是另一个测试，我现在可没心情做这个。

“如果我在人生中多向左边转几个弯的话，我也可能是个嬉皮士。”我说道。

老人只是坐着，没说话，他想让我多说一点。我本打算用我的沉默来应对他的沉默，但是又改变了主意。在这个问题上，发表一下自己的看法没什么大不了的。

“他们看起来很体面，”我继续说，“这对夫妇看起来似乎彼此关心，他们的孩子举止也端正。在一些大是大非问题上他们看起来不会惹什么麻烦——不会做出以社会进步的名义把他们的老祖母扔到大街上的那些事来。他们可能是二十世纪六十年代有梦想的人，无奈只是时机不对，但他们仍然坚信世界会更美好。他们还可能从家里搬出来，搬到了爱达荷州的树林里，盖了房子，种植一些蔬菜和毒品，不希望别人打扰他们。”

格罗弗点点头，咯咯笑：“纳尔本，真不赖啊，你应该去当个作家什么的。”

“谢谢，”我说，“我会把你的话牢记在心的。”

丹没有他这般轻松俏皮，他一直盯着桌子上看，好像不想别人看到他，显然有事情让他焦虑不安。

我知道我不该问他原因，可我很好奇到底是什么事让他这么烦心。我朝格罗弗望了望，他却坐在那儿，无动于衷。最后我终于忍不住问了。

“哪里不对劲了？”我说。我知道问了一个“白人”的问题：我认识的印第安人没人会试图进入别人的内心世界，窥探别人的内心想法。但是我既然不得不坐在那儿，问一下又没有什么大不了的。我还从未见过老人这般惴惴不安。

“我不想和那些嬉皮士说话。”丹说。

“你为什么要去呢？”我问。

“因为他们总是想。”

“想和你说话？”

“是啊，他们是效颦者，想成为印第安人。”

“你为什么这么想？”我打破砂锅问到底。

他又朝那对夫妇方向点点头：“看看她身上戴的首饰，他马尾辫上的豪猪刺。他们是效颦者，想参加印第安人举行的帕瓦仪式，一路跟过来的。可恶。”

“你不喜欢在帕瓦仪式上看到白人吗？”我问他。高速公路上出现不少挂其他州车牌的印第安车辆，我确信某个地方有帕瓦仪式，我当时还想当然认为我们的目的地就是帕瓦仪式。我突然担心我的出现会冒犯到其他参与者，我可不想让别人觉得我和校车上的那家人是一类人。

“没有，那没问题。我喜欢白人来参加我们的帕瓦仪式。但这些效颦者不同，他们就想成为印第安人。”

扎马尾辫的男子在座位上挪了一下，他好像要准备站起来了。丹把头埋得更低了，好像遮住了自己的眼睛，他就能变成隐形人。

“你怎么一副事不关己的样子呢？”我对格罗弗说道。

“他们从来不和我说话。”他回答说。

“但是他们和丹说话？”

“是的。”

“为什么？”

“因为我是个印第安刺头。”格罗弗咧嘴一笑，手在他的平头上摸了个来回。“他们不想跟我说话。”

老人接着话茬说了下去。

“他们一看到我的马尾辫，就认为我是他们的灵魂知己什么的。格罗弗的平头短发让他看起和其他老家伙差不多。”

“嗯，”我说，“这么说是长头发给你找麻烦了？”

“一直是啊，长发带来的麻烦最多。和白人不一样，我们一直都有留长发的习俗，因为长发是自然的一部分，它展示了我们的骄傲。如果我们生活中发生了一些不好的事情，或者如果我们做了不光彩的事，我们就剪掉它；如果我们想再次展现我们的骄傲的话，我们又会留起长发。我们的族人一直保留着这个老传统。

“刚开始，白人要我们剪掉头发，然后他们送我们到寄宿学校，这还只是个开头，后面又要我们做这做那。我们不少人适应了留短发，比如格罗弗，然后就一直留短发。但是另外一些人想继续保留老传统，所以就又留起了长发。”

他俯身低声耳语，好像在怕那个扎马尾辫的枯瘦男人听到：“但是你知道，白人开始兴起嬉皮运动，所有的年轻人都开始留长发，在脑后束个马尾，或者用大手帕一裹。我想他们是想证明他们有这方面的自由，我们也能理解。

“虽然我们也留长发但是和他们的目的不同，可这些嬉皮士看到我们的长发，以为我们也是嬉皮士。他们来到我们的保留地，再和我们来个嬉皮士式的握手。见鬼，我不知道有多讨厌那些嬉皮士式的握手。他们接着会谈论佩奥特掌和大麻，想成为我们一员，觉得我们和他们是一类人。

“他们感觉自己就像是迷惘的小孩，我们同情他们在自己国家感到这么迷惘，但我们从不认为他们和我们一样。

“问题是，他们却认为他们就是和我们一样。他们看到了我们留的长发和用的烟斗。他们开始穿戴印第安衣服和首饰，然后开始阅读关于印第安宗教的书籍，紧接着，他们就想去参加佩奥特掌仪式和净汗室仪式[1]，在那里跳太阳舞。

“现在，那边的家伙就是他们其中一员，我一眼就能看出来。如果他过来，肯定会给我一个该死的嬉皮士式的握手，然后要我和他不停地说，说，说。他甚至都不会看格罗弗一眼。”

“我告诉过你，把马尾辫剪掉。”格罗弗大笑。

“我才不会为该死的嬉皮士剪掉我的头发。”老人抱怨道，“我跟你打赌，他整个夏天都在追随帕瓦仪式。纳尔本，你应该去看看我们的帕瓦仪式。有时，某个嗑过药的白人男孩或某个穿长裙的白人女孩突然跑过来，然后在宽大的入口中间跳舞，他们甚至都不知道他们在做什么。

“他们有时甚至戴上老鹰的羽毛，”格罗弗插嘴道，“印第安人一般不能戴老鹰的羽毛，除非你在战场上赢得了它，或者是某个老兵给了你。一些效颦者戴的老鹰羽毛比杰罗尼莫[2]的还要多。”

“该死，”丹说，“我甚至看到有效颦者在狂欢时戴着整只老鹰头的标本，一整个老鹰头啊！”

“为什么没有人告诉他们你们不想让他们在仪式上跳舞呢？”我问道。

“这不是我们处理问题的方式，”丹说，“每个人都为他的内心负责。如果这个白人心存善念，那么他想跳舞就跳呗。”

“还有另外一件事。”格罗弗又插嘴道。

“什么事？”我说。

“切诺基祖母。”格罗弗回答，这两个人咯咯地笑了起来。

我眼角的余光瞥到扎马尾辫的男人起身，走到收银台去付钱，女人和孩子们跟在后面，不久我们就听到了他们汽车发动机的轰鸣声。

1 印第安人一种具有宗教意义的桑拿浴仪式。

2 印第安人阿柏切族首领。

丹明显放松了不少。

“我看他对你没兴趣呢。”我说。

“是的，也许我错了，”老人说，“他大概是个社会工作者，准备去格罗弗家呢。”

他声音变得很愉快，眼睛也闪着光。

“既然我们谈到这个话题，索性说完吧。”他说，“还有一部分人我也不喜欢，这些有钱人开着大露营车和进口汽车，过来买印第安人的东西。在圣达菲，每年都有一次这样的交易市场，那些有钱的白人过来大把大把花钱，花的比我们整个保留地的钱还要多。走的时候后备厢装满了各种东西：捕梦网啊，盾牌啊，绘画啊，任何印第安的东西。他们越有钱，就越想要印第安的东西。你真该去看一看：开奔驰的家伙们带着数不清的祖母绿首饰，女人们则浑身挂满了银首饰。”

“啊，那没什么大不了的，”格罗弗又插话道，“我不介意那些人过来买捕梦网和上帝的眼睛。它给我们印第安人一个赚钱的机会，这些物品都有力量，也许会给白人带来好运也不一定。”

“只要我们不把神圣的东西出卖给他们。”丹说。

格罗弗同意。“这是真正的问题所在，”他说，“卖神圣的东西。”

“和我说说这个吧。”我说。

丹向远处看了看，摇了摇头：“现在不行，一谈到它，我就很难过。我还是把嬉皮士和有钱人这段说完。他们怎么称呼那些有钱人，纳尔本？”

“你指的是哪些人？”

“你知道的，这些人认为他们仍然是嬉皮士和激进派，但其实他们是想有很多钱。”

“你的意思是‘雅皮士’？”我说。

“嗯，嗯，就是这个词，雅皮士。我们吃东西的时候谈这个更好，也许以后我会讲一讲印第安人出售我们神圣的东西。”

很显然，在这个问题上我不能操之过急。我得在时机成熟时再来问他。但是现在，这两个男人想聊什么就随他们去吧。

女服务员过来拿我们点的菜单，格罗弗坚持要我们点一个双层熏肉芝士汉堡和一些薯条。“我以前来过这里，”他说，“这两样做得不错。”我不想得罪他，也点了油腻腻的汉堡和薯条，紧接着又要了杯牛奶咖啡来中和一下。

格罗弗和丹靠在座位上，拿出香烟。现在那个不相干的扎马尾辫的男的走了，他们更有兴致去讨论白人买印第安人的首饰和工艺品。他们觉得“雅皮士”这个字眼特别有趣。

“你简直想不到这些雅皮士到我们那里之后是一种什么情况，纳尔本。”丹说，“嬉皮士还不算太坏，他们如果不强求我握手，也没那么讨厌。他们大都心眼不坏，而且真的是在追寻一些东西。但那些雅皮士就不一样了，如果我说我的牙齿能卖，他们肯定会买。”

“问题是你要有牙齿啊。”格罗弗说。

两人哈哈大笑起来。

“你知道吗？纳尔本，”丹接着说，“如果我不迅速找个地方藏起来，他们一旦看到我的长发，马上希望和我合影，或者和我一起拍个视频。你能想象吗？他们过来和你合影是因为你的样子和他们不同，他们觉得这是对别人的一种恭维吗？”

没等我回答，他继续说道：“该死，我们简直被当成动物园里的动物。话虽如此，如果他们人不错，我也会答应他们的要求，大多数印第安人都会。这样做我们也没什么好损失的。这也表明了白人内心深处想变成印第安人。过去多年来一直是这样，但这样的做法就是奇怪。

“试想一下，在这种情况下，你会怎样呢？如果印第安人来到你面前，要求在你家房子前和你合个影；如果他们让你去房间里面穿上你最具白人特色的衣服，这样你在照片上就更像一个白人了。”

“我会很惊讶。”我说。

“嗯，多年来这些事一直在我们身上上演。我祖母那个年代就有这回事了，她那时甚至还挣了一些钱。她就坐在毯子上，白人给她拍照，拍完后给她五分钱。他们还用她的照片制作了一些明信片，我家里还有一些，可制作明信片的人一个子儿也没给她。

“现在情况还是如此。随便去一个印第安市场或帕瓦仪式，如果有白人在场的话，他们一定会说我们的文化是多么的精彩，然后立即就想和我们合影。他们甚至不会给我们五分钱呢。

“现在白人在学校也来这套。他们冠冕堂皇地称之为什么文化课之类的，但本质是一样的。他们掏钱请印第安人到学校去谈谈我们的文化，孩子们回家后就会说学校来了一个印第安人。这和明信片没区别，简直就是用硬纸板剪出一个印第安人的模子，然后白人就说他们见过印第安人了。”

丹说这些的时候，格罗弗会意地点点头。他把香烟摁灭在我前面的烟灰缸里，香烟刺鼻的烟雾一下子冲到我的脸上。“我真希望这些被租到学校去的印第安人能说一说他们的车发动不起来，或是他们和自己的孩子怎样对付不来。”他说，“可如果他说的是这些，所有人都会发飙，说，‘我们想听的是印第安文化，我们才不想听这些东西。’”

“对啊，”老人说，“他们想听到的是我们印第安人常说的大神和神圣的土地。他们其实都知道这些，他们就是希望由我们印第安人亲口说给他们听。

“所以我看到白人佩戴印第安人首饰就觉得好笑。在大多数美国人眼里，印第安人就是这样，我们的首饰成了美国文化。我们的职责就是要色泽鲜艳、五彩缤纷。”

“异国情调？”我脱口而出。

“对极了，异国情调，这个词好，白人就是想从我们身上得到这个。我们负责让他们充满异国情调，比如首饰。什么时候你们白人想变得与众不同、独树一帜时，我们印第安人就应该立在一旁帮你们达成心愿。比如让印第安人到课堂上去宣讲印第安文化，在墙上挂个纳瓦霍[1]毯子，读黑麋鹿[2]写的书：让他们觉得自己内心也住着半个印第安人。”

格罗弗津津有味地吃他油腻腻的奶酪汉堡，但明显他听丹说话也很入迷。他使劲咽了一下，然后插话道：“我仍然不认为这是个坏事，”他说，“学校里的孩子很高兴，我们族人觉得我们的文化对他们白人文化有贡献，甚至可能会教白人把捕梦网挂在床头，让我们上他们的学校。”

老人点点头。“是的，我知道，”他说，“我只是不想让别人认为：和我们合影或是让我们到学校去谈我们的文化就等于知道了我们的一切；买个捕梦网或是参加一个帕瓦仪式之后就能成为印第安人，给别人五分钱就能买到他这个民族的文化。”

“就算扎上了马尾辫，你也成不了印第安人。”格罗弗加了一句。

他们咕哝着，赞同对方的观点，然后又把注意力转回到自己的红色塑料篮里的汉堡包和炸薯条。我无声地、有节奏地敲击着咖啡杯的杯沿，凝视着窗外。绿色校车已经消失在远处琥珀色的阳光下。

1 美国印第安居民集团中人数最多的一支，散居于新墨西哥州西北部、亚利桑那州东北部及犹他州东南部。

2 北印第安奥格拉拉苏族人，身兼猎人、战士、行医圣者、先知多种角色，1863年生，卒于1950年。1930年起，美国诗人约翰·内哈特对其进行深度访谈，将他伟大的灵视经验转化成《黑麋鹿如是说》一书。

/ 第十一章 /

出售神圣

我们重新上路时，太阳快要落山了。丹给肥背留了一小块他吃剩的芝士汉堡，她就像过节一样高兴，蹲在我旁边的座位上舔着油腻腻的汉堡上的番茄酱和洋葱。

开着车，我们都没有说话。只有肥背不停舔食的声音，更显出草原夜晚的静谧。

我惊叹壮丽景象给我带来的安宁感。这里看不到参差不齐的边沿，也看不到被分割的七零八碎的地块。穹顶之下，万物在辽阔无边的大地上伸展着，非凡无比，平缓柔和。

我想起我曾经在俾斯麦遇到过的一位老农民，我问他是否去过东部。“没去过，”他回答说，“不习惯那边的树。”

在草原宁静的暮色中，我才真正明白了他的意思。

格罗弗和丹坐在汽车前排，没有说话。我已经有好多年没安静地开车了，我一般都会播放收音机或录音带，用音乐和交谈来填充空间。有时不得不安静地开车时，我总觉得少了点什么东西。

现在，坐在格罗弗的老别克车里，黑暗将我包围，重新尝到了童年时安静旅行的快乐。我瘫坐在后座上，听到轮胎吱吱作响，还有老旧V-8引擎盖下持续不断的颤声。肥背爬过来，她的头枕在我的腿上。外面的天空已经从金黄变成橘色，再至灿红，颜色开始逐渐加深，变成天鹅绒般的紫色。我的皮卡车、我的优柔寡断、我的满腹牢骚和满腔愤怒似乎都已烟消云散了。我已在印第安人的地盘上，也开始用印第安人的时间观念在旅行。

格罗弗和丹一定也觉察到我心境慢慢变得平和，但他们什么也没说。过了一会儿，他们开始用拉科塔语低声吟唱，歌声哀怨。他们唱着，歌声像是他们身体的一部分，和从嘴巴里呼气一样自然。我浑身打了一个寒战，这两个男人，一个将近八十，另一个小他一辈，一起唱歌，在夜色中我们穿过高低起伏的平原。他们的歌声既发自肺腑，也来自这一片广袤的土地。我真是想不出还有哪些声音更适合填满我们旅行的空间。

突然，我被一种难以抑制的情绪左右，想要哭诉。不可名状的情愫扑面而来，想要得到释放。它是美丽，它是忏悔；它是孤独，也是快乐。我无法解释清楚，这感觉和我第一次听到巴赫的《B小调弥撒曲》感觉一样。美国平原的《圣哉经乐》《阿格尼迪颂乐》和《启应祈祷乐》在两位老拉科塔男人的歌声里和别克V-8嗡嗡的震颤声里得到了最好的诠释。

我把头偏向窗口，这样他们就不会看见我在啜泣，可我知道他们知道我在哭。他们的歌声里也有哭诉，但他们的哭诉是大地的哭诉，比我的啜泣更加博大，更加神圣，更加深沉。

最终，丹不唱了，在座位上转过身来。他一直没看我，他像个牧师坐在那里，看起来既像是在忏悔，又像是在祈求上帝赐福。他的声音显得很郑重其事。

“我下面要开始我的‘小谈话’，”他说，“我希望你好好听。”

我把手伸进口袋，按下录音机键。

“我说出这些话实在很为难，因为我要说一些族人的坏话。我不喜欢这样做，我们是不应该说自己族人坏话的。但我要说的是那些正在伤害我们的人，把我们所受的教导完全不当一回事。

“我指的是谈论那些卖神圣东西的印第安人。”

丹深深吸了一口气，看来他是打算要好好谈一谈这个话题。

“我说的这些印第安人把我们的文化到处贩卖给白人。他们取了某个印第安名字，说要给白人举行仪式，然后收钱。他们让白人去净汗室蒸汗，或给他们举行烟斗仪式。我还听说有些人为白人举行了命名仪式、佩奥特掌仪式，把本不该外传的故事告诉别人。

“这些人犯下了不可饶恕的错误，他们自己也明白，但因为某些原因，他们不以为然。

“我气的不是那些想和别人分享我们文化的印第安人，我气的是那些在出卖我们祖先神圣真理的印第安人。跳舞给别人看或是把传奇故事说给别人听没问题，这样可以帮助别人。我觉得白人需要听到这些东西，这样才能更好地了解我们。可如果某个印第安人收了人家的钱卖掉了自己的印第安名分，让买名分的人觉得他们是印第安人，我认为他做得不对。

“我常常在想这个问题，感到很苦恼。我们知道，白人的欲望是无止境的。他们想用掉所有东西，变成他们自己的一部分。即使他们在身体上不能拥有某样东西，他们也想在精神上占有它。现在我们印第安人就面临白人这样的欲望：白人想要在精神上占有我们。你们想吞并我们，这样你们就能名正言顺地取代我们。这真是和以前大不一样，以前是你们想让我们成为你们，但现在你们对自己都不满意了，所以你们想吞并我们。你们想得到我们的宗教仪式和生活习俗，然后就可以说你们的精神是富足的。你们想变成白种印第安人。

“如果这个能发生，那么在创世之初就应该是这样的。我们不能给你们属于我们自己的东西。这样做的话，我们就会失掉我们的本色，因为我们不能再拥有它的价值了。

“这些印第安人出卖了神圣的习俗，甚至有些人还虚构了仪式，假装出卖了我们神圣的习俗。他们出卖了最有价值的东西，简直是在荼毒我们的族人。”

他停了下来，陷入了沉默，仿佛在整理自己的思绪。他就那样静坐了一分钟，才又开口说话。

“首先要了解这点，因为这点很重要。一个东西一旦是神圣的，它就是无价的。比如不管是白人口中的天堂或是印第安人嘴里的仪式，如果你能买到它，那么它就不是神圣的。而一旦你开始把它卖掉，无论是出于什么理由，你就把神圣的东西变成稀松平常的东西。

“我们印第安人不能再失去我们神圣的东西了，我们已经所剩无几了，剩下的只有我们内心的坚持和神圣的仪式。土地没有了，被那些被白人扶植成酋长的假印第安人出卖了。我们神圣的物件也没了，被人类学家把它们收集放在博物馆里。现在竟然有印第安人为了赚钱，把我们的仪式也拿来卖。

“如果连仪式也没有了，我们所剩的就只有我们内心的坚持。因为没有了仪式，我们的内心有话却说不出来。我们会变得像白人那样，不敢大声说‘上帝’这个词，然后到处去买其他人的神圣仪式。我们的心中将装满苦痛，却有苦说不出。

“我不希望我们印第安人沦落至此，我希望我们拥有的东西是无价的。如果我们连这些东西都丢掉了，我们的孙辈还没出生就等于死掉了。

“我要说的就是这些。”

他说完后，他再次转身坐回到自己的座位上，自始至终没有看我，也没问我是否同意或者觉得他的话有价值。整个说话过程，他的声音都很低沉，我不得不身体向前倾，感觉像是在聆听某个秘密或是祷告。

窗外变得几乎漆黑一片，只能看到大地的影子，一片寂静。远处一道细细的光束照亮了地平线，天空上演了一场星星的交响乐。

格罗弗什么也没说，丹也没再说话，甚至连肥背也没有再舔东西，安静而满足。我像个孩子一样坐在那里，敬畏于大地的广阔，迷失在一个难以名状的思想和感情世界里，像一个水手在内陆海上随波逐流。

/ 第十二章 /

欢迎来到我们的土地上

黎明和鸟啼如约而至，轻柔甜美。我不知道自己什么时候睡着了，格罗弗在我睡着的时候一定开了很远。

羽毛般的云朵镶着橘色的金边，在天空中向东方飘去。我们的车停在某个乡村小山的坡上，比我们昨晚的落脚点更向西。陡峭的岩石上没有任何植被，看来我们快要到山区了。我们现在的落脚点仍属于高原地带，昆虫的嗡嗡叫声和呼啸的风声让这个地方有了些许生气。

我从车后座我睡觉的地方爬起来，老爷子、格罗弗和肥背都起得比我早。我早就听到车门一会儿开一会儿关的声音，但是还想继续睡，不想黎明不到就起床。

丹蹲在车子前面，腰靠着车，正在观赏日出。他背对着我，香烟如彩带一般在他头上缭绕。我真佩服他能这样一动不动好几个小时，他蹲在地上，既保持警惕又显得放松。

我嘴巴里怪怪的皮革味把我拉回了现实，此刻我非常想来杯咖啡，再冲个澡。

格罗弗在车旁生了一小堆火，用几块石头垒成一个支架，上面正煮着一壶咖啡。奇怪的是他身上的衣服又干净又整齐。他身上的白T恤看起来就像刚洗过熨过一样，袖子都向上卷了两道，露出他健壮的二头肌。他用木棒拨火的时候，他右胳膊上的老鹰文身在火光下晃来晃去。他看见我坐起来了，示意我过去。

“咖啡，纳尔本。”我打开车门，他向我招呼道。咖啡便宜，它强烈刺鼻的味道像刀片一样划过高原早晨清冽的空气。格罗弗塞给我一杯咖啡，然后躺在地上。

“今天天气不错，纳尔本。”他说道。

“的确不错。”我回答他。天气的确很好。

从我们停车的小山坡上正好能俯瞰到一望无际的草原。我们脚下绵延的土地上一派生机，有车子，有帐篷，还有人穿着鲜艳的有羽毛配饰的衣服走来走去。

我像一个扎营在悬崖上的人，然后像俯瞰中世纪战场一样审视着这个场面。下面人的所有活动目的性都很强，生机勃勃。篝火点起来，缕缕青烟飘向空中。色泽鲜艳的尼龙帐篷紧挨着圆锥形帐篷和车载两用货车。

场地中间用老旧的杆子围成一个大圆。有人在调试扩音器，一会儿发出尖厉刺耳的声音，一会儿发出粗犷的吼声，可我怎么也找不到电源在哪儿。不时能听到有人发出洪亮的笑声，不久又被鼓点声和歌声比下去了。

“帕瓦仪式。”格罗弗说道。

我点点头。我偷偷地四下张望，想看看绿校车在不在那儿。还好没找到，我如释重负，松了一口气，喝了一大口他给我的咖啡，真是难喝得要命。

“海军调配的。”他自豪地说道。

“了不起啊。”我说道，不想明说咖啡是好还是不好。

格罗弗顽皮地笑了笑。

山下喜庆的气氛让我充满期待。我以前去过印第安帕瓦仪式，但那些场面很大，更成熟些。而眼前这个要私密化一些：这里看不到小摊小贩，也没有人转来转去，缠着你买东西。

“我们要去参加吗？”我问格罗弗。

“不知道呢，”他说，“你问老爷子吧。”

丹一直蹲在那儿，我走了过去，他看起来很漠然也很满足。

“这就是我们要来的地方吗？”我再次问道。

他没回答我，但他小心翼翼摆了摆他粗糙的手，指向地平线。

“看那儿，纳尔本，”他说道。我端详着早晨薰衣草颜色的天空和远处起伏的山峦。“这是我们族人最在乎的东西，我们的大地母亲。”

“这地方很漂亮！”我赞美道。

他掐灭了他的香烟：“这不仅仅是一个地方，地方是你们白人的说法。她是有生命的。我们站在她身上，我们是她的一部分。”

我沉默不语。他用这样一个富含哲理的说辞迎接早晨，仿佛是在传达山峦的想法。

“感受她的呼吸。不要再为我们去哪儿而担心，忘记你们白人的理念。”

“我在努力，”我说道，“我正在努力调整来适应。”可我想知道我们大概的安排是什么——我们要做什么，要花多长时间，我的卡车能不能修好。“我应该可以的。”

他转过来面对我。

“你又没说实话了，”他说，“听我说，我想教你些东西，但你没在听。你一直在担心你的车子，车子没什么大不了。大块头要么能修好要么不能。如果不能的话，你可以坐其他车回家，你可以新买一辆卡车，每天都有卡车新造出来。不要再担心你的卡车了。感受日子，听一听大地的声音。大地永远都在这儿，但是每天都不一样，瞬息万变。今天就只有今天的模样。”

“我知道，”我说道，“不仅仅是卡车的问题。”

“我刚才说的你根本没听进去！”他打断我。他的声音有不容置疑的权威，既不是安静的沉思，也不是勃然大怒。

“我在努力，”我说道，“我也想享受这次行程。今天天气很不错，昨晚也很美。但是我想念我的家人。我想对要做的事能有个规划，我需要大致了解我们到底要做什么。”

“嗯，”他说道，略带讽刺，“你当然需要了。”他显然话里有话。

他吸了一口烟。“纳尔本，”他说，“你观察过水流过地面吗？”

“观察过。”

“它流到哪儿？”

“向低处流，避开障碍物。”

“要花多长时间呢？”

“看情况而定吧。”

他把烟吐到早晨纯净的空气中：“那么我们的行程也要花那么长的时间。”

我正准备提出异议，他抬起手，挥手示意我安静。

“你把时间看得太重要了。”他指了指我的手腕，“我觉得你和我们初次见面那会儿不一样了，你现在没戴手表。”

“手表重，手腕有些累。”我回答他，觉得这样回答显得很愚蠢。

“它们是很重。它们让你认为每分钟都比一天要重要。”

“我还是想知道我们要去多长时间，我想给家里打个电话。”

老人费劲地把身子移到脚趾头那里然后站起来。他慢慢地走到山崖边，转过身来面对我。他那只不好的眼睛似乎在紧盯着我看。

“你还是没有弄懂我的意思，对吧？”他问我。

“我的确不知道，你告诉我吧。”我回答道。

他那只不好的眼睛一直紧盯着我，目光既让人紧张不安，同时又像盲人的目光一样空洞炽烈。“世间一切都是安排好的，纳尔本，”他说道，“任何事情都不是偶然发生的。”

我没有说话。

“万事皆有因果。你来这儿是安排好的。是时候你不去担心你那该死的卡车了，是时候弄清楚你为什么要来这儿了。”他轻拍着手要我过去，“到这儿来。”

我站起来，慢慢走向他。他像个动物一样站在那儿一动也不动，我像个无知的孩子一样走近他，不知道自己该怎样做，也不知道我能做什么。我想不去看他的脸，但是不敢。他面无表情，平静后面却隐藏着一种愤怒。虽然我比他高半个头，我仍感到自己渺小，也有些害怕。

“听我说，纳尔本。”他低声说道，脸凑到我面前，靠得太近，我都能感受到他的呼吸，“造物主交给你一项任务，也给我一项任务，这可不是说着玩的。是他选择你来完成这个任务的，你要好好把它完成。”

我紧盯着他小而锐利的眼睛，我感到自己一下子卸下了防备。

“我也想，”我说道，“可是我不知道要怎样做。真的不知道。我不确定自己能否胜任这项任务。”

“能不能胜任你说了不算，你只管做就行了。我要你来帮帮我。”

听完那句话，我感到整个世界都在我的脑海里打转。“帮帮我。”他刚才这样说，这是我最想做到的，可同时又觉得自己是最不称职的人选。我这个白人和丹这个印第安人一起努力共事，我最害怕的情况是——虽然我竭尽全力帮忙，可到头来会像其他白人那样给他们带来难以弥补的伤害。

尽管这样，他还是说了“帮帮我。”我突然理解他眼睛后深藏的愤怒。我仿佛听到了成千上万死人的哀号声——女人的，孩子的，老人的，他们跑不快，机关枪就在他们身后扫射；我好像看到多年来众多的印第安醉汉向我乞讨，在城市的人行道上用力拽我，浑身的廉价酒味，抓住我的肩膀问我要钱，眼睛布满血丝，瞪着我；我仿佛看到战败的酋长，厌倦了战斗，向傲慢的士兵举手投降，请求他们放过自己的族人。

“帮帮我。”——这大概是他最不情愿说出口的话。各种画面在我的脑海盘旋，我为自己有白种人血统感到莫大的耻辱。他本不需要找我来帮忙，完全可以去找他的族人。他说理出色，像这大地一样亘古不破。是我们外来人，是我们白种人，是我们先辈把他们变成这样的，站在我面前请求我的帮助。

我看着那坚定漠然的双眼，一只眼睛白色浑浊，一只眼睛黑色深邃，眼神坚定，智慧深沉，充满了愤怒和骄傲——就像风拂过我的皮肤一样，我清晰地感受到这些。但他的表情一直保持不变。他站在我面前，安静不语，带着警觉，等待着我的回答。

我喉咙里几乎发出颤抖的声音。“我会帮忙的。”我说道，“我很想，真的想。”然后几乎是不假思索，我低声说道：“原谅我。”这些话像石头一样穿过我，它们像病魔一样纠缠住我的灵魂，突然间烟消云散，多年来的折磨苦痛也随之消失。我来这儿的原因——不是来给予帮助，而是来乞求宽恕的。

“原谅我。”我又说了一遍。忏悔我不知名的罪过，忏悔我想离开的念头，忏悔我所谓的正义感和优越感，忏悔我的白种人血统。

老人依旧面无表情，但他内心某个地方柔和下来。他向格罗弗做了个手势，格罗弗正慵懒地坐在别克车上，摸着咖啡杯的边缘。“再听我说些话。”老人说道，声音突然柔和起来，“这儿发生的事远比你知道的要多。印第安人遇到过一些不好的事，我们不知道是什么原因。我也不知道你是好人还是坏人，但既然你来了，你愿意试一试，我想你就是好人。我想也许你就是上天派来帮助我的人。但是你得不去心烦那些不重要的事情，努力去弄明白上帝想要你做什么。”

我真想落泪，气氛这时明显缓和不少。可老人的眼睛却不肯轻易放过我，它要的不是我的忏悔，而是我的力量。

我眼角的余光瞥到格罗弗在后备厢里翻找东西，不久他抱出来一个大家伙，外面裹着五颜六色的毯子。他把东西搬到我们这里然后放到地上。

“纳尔本，坐下。”丹说道，他指了指距离我们站的地方十英尺开外的地方。

我走了过去，坐在一片茂密的草丛中。

丹和格罗弗开始解绳子，里面是一面鼓，直径足有两英尺宽。鼓的两面都是用兽皮制成，骨架子看起来像是用中空的树干制成的。兽皮交叉，穿过树干。

格罗弗把毯子铺开垫在鼓下面。他又从一个单独包好的包裹里拿出两根两英寸厚四英寸宽的木棒，把它们放在毯子上。木棒中间有切口，格罗弗以合适的角度把它们交叉，就会形成一个“十”字形状。他又拿起四根树枝，把它们嵌入两根木棒末端的小孔里，这样支架就立起来了。

他慢慢弯下腰搬起鼓，态度非常虔诚，像是在做一个仪式。他拽起鼓边缘的生皮圈，把它系到支架的木棒上，鼓的另一边还有一个生皮圈，他也把它系紧到木棒上，这样他就把鼓固定在木棒支架上了。弄好了鼓，他就走开了。鼓立在那儿，架在地表上，在微风中低声吟唱。

丹向前走几步，从口袋里掏出“阿尔伯特王子”香烟。他指间拿起一撮烟叶放到鼓面上，每个支架上放了一根香烟，最后鼓最中间也放了一根。

格罗弗递给丹一个皮包，也裹在毯子里。老人手伸到皮包里面，抽出一根长棒，棒子两端都用带衬里的皮革包裹着。老人把包递回给格罗弗，他郑重地接过它，从包里面抽出一根镶满珠子的棍子。

早晨温暖的风吹起了烟叶，像撒种子一样飘向四方。

他们两个人面对面坐在鼓前面，敲出一阵低沉有节奏的鼓点。开始时几乎听不见声音，淹没在晨风和山下印第安人仪式的声音里。渐渐地鼓点声音越来越大，鼓点也越来越密。丹开始高声号唱，格罗弗也跟着唱起来，他的声音和着丹的声音，像夏日的空气一样纯净有力。

我静静地坐着，看这两个男人在那边围坐成一圈唱歌。肥背在草地上滚来滚去，轻轻推攘着我。太阳在我们身后冉冉升起，羽毛般的橘色云朵飘走，天空一片青蓝色。

两人敲着鼓唱着歌，持续了五分钟左右。然后和开始时一样，又迅速结束了。丹站起来顺着山脊走下去，格罗弗轻轻地把鼓仔细地包裹好，搬到车里去。我站起来，远远跟着他。

格罗弗把鼓放回后备厢后，他走到咖啡壶那边给他自己倒了杯咖啡。他斜着眼睛冲我笑了笑，示意我过去。现在可以说会儿话了。

“纳尔本，再来一杯咖啡，”他说道，“你需要咖啡。”

我拿了杯子，倒了一杯“海军调制”。“我能问一下刚才那是什么歌吗？”我试探着问道。

格罗弗用手挠了挠头：“这首歌是丹很早以前写的，他说这是他祖父歌曲中的一首。”

“你能告诉我这首歌的歌词吗？”

“我想可以，他就是为你写的。歌词是这样的：

我的内心满是愤怒
我的内心满是愤怒
如草原的火在我内心燃烧
我让怒火如烟般向天堂飘
大地在哭泣
大地在哭泣
我们不要让她落泪
怒火不能止住她的眼泪
此歌献给我父辈
我把歌唱给我父辈

“一说英语歌就变味了。”

“我认为歌词听起来很美。”我说，“你说他是为我写的，这是什么意思？”

“我知道你要来了，就为你写了这首歌。”一个声音从我背后传来，是丹。他应该在我和格罗弗说话的时候就过来了，现在正站在我身后。

“你什么时候知道我要来呢？”我问他。

“我想说话时我就会把它写成一首歌。我到山里去和我的祖辈对话，他们在风中传给我这首歌。他们赐给我这首歌。他们在风中把这首歌赐给我。他们说我内心积压了太多愤怒，却说不出口。他们说如果说话的人的心中光有愤怒，听他说话的人不会诚心去倾听。他们告诉我白人中也有好人，这些人想弥补过失，他们不再是我们的敌人，不管不顾对方的人才是我们的敌人。收起你的愤怒吧，他们告诫我。我们的大地在哭泣，我们不要让她再流泪。这些就是他们告诉我的。他们还说有人会来到这里，然后他们赐给我这首歌。”

我不知道说什么好。我啜了一口咖啡，盯着杯子发呆。但是丹又开始做其他事。他拿出一个小的皮口袋，把手伸进去像是要去抓东西来捏一捏。他眼睛闭着，边哼边唱，听起来又像是一首悲伤的曲子。

他从袋子里掏出一些东西，撒在燃火用的木炭上。

我瞥了一眼格罗弗。“香草，”格罗弗轻声说道，“上帝喜欢它。”

空气中充满了香草燃烧后的浓烈香味。我放下咖啡杯，静静地坐着。丹继续往火里添加香草，他似乎不在意我就在旁边坐着。突然他不撒了，注意力转向我。

“我想是时候让你明白你来这儿的目的了，小兄弟。”他开始说道，“是时候让你知道我为什么要告诉你这些事情。”

“小兄弟”这个称呼让我受宠若惊。

“造物主赋予我们天赋，他没有让我成为一个圣人，他只是让我成为一个普通人。可是他赐予我其他天赋，我能把事情看得很透彻。他让我拥有了白人的眼睛。”

“我父亲常说起我的天分。我从寄宿学校回家后告诉他我看到的事情，他就知道我有这个天分。‘你能理解白人’，他说，‘你让我明白他们内心的想法。这其实是个危险的天分。稍不在意，你就有可能变成白人。但是如果你不走歪路、不急不躁，你的天分将利于我们族人。’

“我从未忘记父亲的话，我每天都在琢磨这些话。有几次，我差点要说出我的想法，但我还是选择等待，时机还不够成熟。我只能看看书写写文章。我既拥有印第安人的眼睛，也有白人的眼睛。我一直在耐心等待，没有说出我的想法。

“现在我觉得时机到了，可以和你们白人谈一谈了。”

他向我靠近了一步。

“纳尔本，你知道吗？你们白人喜欢绕圈子。你们有一阵子讨厌我们印第安人，过一阵又会喜欢我们。现在你们喜欢我们，这苗头不错。

“但我们一些族人认为这阵子很快就会过去，到那时候，你们就会因为赌场和我们置气，为我们想保持土地纯净而生气。他们说你们一直都想要我们拥有的东西，这一点从未变过。他们说你们最终还是会和我们为敌。

“但另外一些人说这一次不同了，你们白人真的想倾听我们的想法。他们认为你们现在很迷惘，想让我们来帮你们指点迷津。

“我也是这样想的，这也是我为什么开口谈论这些问题。我多年来一直记笔记，朋友们都笑话我，他们说我是个印第安疯老头。我告诉了他们我父亲和我说过的话，时机成熟的话，我的笔记就会派上用场。

“我把每天记的笔记当作礼物呈献给造物主，我知道他能用得上。那次我读完你的另一本书，我就知道你会帮我用上它们的。

“听我说，我们印第安人和你们白人话说得不多，一直如此，这是有原因的。我们说话时，你们白人根本不听，你们只听你们自己想听的内容。有时你们假装在听然后做出承诺，没多久就不信守承诺。这样一来我们双方就没有理由再说下去了，我们印第安人也就闭口不言了。直到现在，我们还告诫我们孩子‘和白人说话一定要小心，他们会偷用你的话来反驳你’。

“这个告诫很明智，可是并不好。我们保持沉默并不是件好事。但我们已经学会了不信任你们白人，这一课并不是我们自己想学的，是你们逼得我们不得不学。

“你们白人刚来到我们族人中间时，你们不知道我们是什么样的人，你们不知道我们是不是恶魔，不知道我们是否单纯自由，你们甚至不确定我们是不是人类。我们欢迎你们来到我们的土地上，给你们食物，同你们一道抽烟，我们用自己的方式教导你们。

“我们相信你们内心善良，试着和你们分享东西，但是我们的信任没有得到回报。不管我们给你们什么东西，你们总是想要更多的东西。西班牙人想要我们的金矿，法国人想要毛皮，英国人想要土地。可是你们永远不会满足，你们总是想从我们身上得到更多东西。

“我们从你们眼里看出来你们没有在听我们说话，渐渐地我们就沉默不语。

“纳尔本，在你眼里我也看到了一些其他东西，我们希望它们走开，虽然它们不全是不好的：有些是好的，比如你的家人；有些不好，比如你的卡车。它们给你带来不必要的负担。可能还有贪婪在里面，我不确定。但是我希望它们都能远离你，不管是好的还是坏的。现在，你必须得清空它们。

“我现在这样和你说话并不是件容易的事。我不是个领袖，没人推选我出来替他们说话。我只是个普通的老头，看东西看得透彻而已。有一些印第安人可能会生我的气，其他人会理解我的做法。他们终究会明白我做这件事的意义，会尊重我。他们知道我是为我们的子孙后代努力。

“我现在也在求助你，纳尔本。你一定要帮帮我们的子孙后代。你用不着害怕，觉得自己渺小，你已经来了，现在也不能回头了。”

他说完后又转身面对火堆，他把手伸进口袋，掏出一个小袋子，从里面抓了一把东西撒在火堆的木炭上。空气中弥漫着和香草不同的气味。“鼠尾草，”格罗弗低声说道，“妖魔鬼怪都讨厌鼠尾草。它们害怕它，不敢靠近它。老爷子在告诉你很重要的东西呢，纳尔本。你可要好好听哦。”

丹身体晃来晃去，叫人昏昏欲睡。“再听我说一会儿”，他说，“我还有一些话要说。”

“是我打电话让你来的。过去我们族人不会给你们白人打电话让你们过来的。我们族人在等着你们自己来，因为我们不知道怎么应对你们白人。我们有些人想和你们打仗，有些人想和你们共同生活，没人知道哪种想法是对的。白人过去对我们做过的坏事太多了，你们骗走了我们的土地，杀死了我们的族人，也不倾听我们的任何想法。

“但现在你们的人又来了。虽然我们很想让你们滚开，但是不能这样做。白人过去骗走我们的土地肯定是有原因的，但只有上帝知道原因，我们只能做我们认为最恰当的事。

“我觉得和你说一说是最恰当不过的了。

“所以我欢迎你来帮我。我们族人曾经欢迎过你们白人，可你们给我们带来毁灭性的打击，你们用你们的宗教、疾病、威士忌酒和枪炮来毁灭我们。

“我现在欢迎你，不把你当白人看。我给你打电话让你来我家，你就来了。我伸出手向你表示欢迎。瓦卡唐卡大神，他无所不知，无所不晓。我们一起努力吧。”

说完后，丹向我伸出手来，我也站起来向他伸出手。他的手握住我的手，像老虎钳一样紧紧握住。虽然这只是一次普通的握手，意义却深远得多。他整个身心都在这紧紧一握中。它象征着一个约定，一个决心，一份承诺。

我们站在那儿，手紧紧地握在一起。我已习惯于问候和日常介绍时那种敷衍了事的握手，此刻我真想抽出手来。但老人不松手，他就这样一直握着我的手，直到我们双方都明白其中的含义。

“欢迎你，”他说道，“欢迎你来到我们印第安人的土地上。”

/ 第十三章 /

塔坦卡[1]

我们后来没去帕瓦仪式。上车之前，丹和格罗弗谈了很长时间，丹最后决定，我们“小小的旅行”得换个行进方向。

“纳尔本得给家里打电话，”他告诉格罗弗，“他得把心思捋捋顺。”他的语气里没有抱怨，也没有表现出迁就我和生活圈子的无奈。我们现在互相体谅，一起努力。

格罗弗严肃地点了点头，把车开到了狗尾草丛里一条模糊不清的路上。“抄近道。”他只给了这么个解释。

汽车猛然一跃，哐啷一声落在杂草丛里。草地上几乎看不到有车驶过的痕迹，但格罗弗开得很自信。有一次他开车路过一个深坑，车的排气管都磕在了泥泞的地上。他只嘴里咕哝了一句：“悠着点，老爷车。”然后继续向前开，也没有停车检查车有没有损坏。

车子就这样摇摇晃晃，一路颠簸穿过丘陵和山谷，我坐在车子里既紧张又害怕。格罗弗似乎无视地形的危险。车磕磕碰碰向前开着，车的前保险杠穿越草丛，像一艘船在大海里航行。

车速不快，我们稳步前进。不久我们就看不到道路和房屋了。土地如退潮的潮水般涌向地平线，格罗弗自己开得非常享受。

1　拉科塔语，意为水牛。

肥背适应不了这些颠簸不平的路段，开始不住地打嗝、咽口水和舔嘴唇。“把她的头推到窗外去。”格罗弗提议。

“吃那些芝士汉堡弄的。”丹插嘴道。

“我想是洋葱吧。”我坐在她旁边，从她嘴巴里闻出来的。肥背喉咙里发出一声长长的、悲哀的吼叫声，哀伤的眼睛盯着我看。

“快停车吧，格罗弗。”我说，“肥背快撑不住了。”

格罗弗只是笑了笑，把车开到另一条尘土飞扬的路上：“这会儿就算停车她也不会舒服多少，她很健壮，能撑住的。”

“你说得倒轻松，”我大喊着，弹簧的嘎吱声和车盘的叮当声很大，我得让他听到我说话，“你是坐在前面的座位上。”老狗叫着，把她的头悬出窗外。我把我旁边的车窗摇下，一半希望肥背能一下子吐出来，一半是想呼吸高原早晨甜甜的温润的空气。

昆虫的嗡嗡声，混杂着车的叮当声和狗的打嗝声。

“喂，你是想打电话给家里的老婆子吗？”格罗弗越过他的肩膀向我喊道。

“我想我最好打一个，”我说，“她以为我很快就能回去。”

“你要找一个印第安妻子，”格罗弗说，“她们从来不问你任何问题。”

“你啊，不怎么尊重女性的权利。”我责备他。

格罗弗把双手从方向盘上举了起来，像是哀求老天放过他。

“女性权利，你们白人男人才不太了解女性权利呢。”他说，“你们所有的女人都想穿上裤子，做男人做的事，她们把这叫作平等。”

“比你说的要多一点。”我说，“况且，这也是一种平等。”

“如果你问我，我觉得这他妈的一点价值也没有。”格罗弗哼了一声。汽车颠簸了一下，像是编排好了来强调一下格罗弗的评论。

“停下该死的车，”丹命令道，“我的膀胱没有马那么大。”

格罗弗停了下来，肥背跳出窗外冲进杂草。丹推开车门，蹒跚着走向一百英尺外的树林。

格罗弗坐在他的座位上。“我们到站了，纳尔本。如果你需要的话，你最好和他一起去。”

“我有钢一样的膀胱。”我回答说。

格罗弗打开车门，走到外面。宁静的景色淹没了我们。实际上，这里也不是绝对的宁静，而是演奏着一曲由嗡嗡叫和吱吱叫等各种小声音组成的交响乐，只不过刚才被沉闷的汽车轰隆声盖住了。但现在所有的声音都完美地糅合在一起，没有锐利的边角音，也没有穿插的杂音。如同空气中的香味，难以抵制，令人陶醉，似乎无处不在。

停车后，视野很宽，看得很远，我感到震惊。“你知道我们在哪里吗？”我问格罗弗。

“那边是太阳，”他指着天空，“所以那是西边。”

“我们是从那边出发的。”

“这样就够了。离这不太远应该有一条路，如果我没算错的话。”他大致向远方的山那边指了指。

“你是说真的吗？你在这个偏僻的地方乱开一气，指望能在远方找到条路？”

“是啊，为什么不呢？”

我觉得不可思议：“遇到溪谷怎么办呢？路上有深坑怎么办？你不是在开拖拉机，轮胎可能随时会爆，我们就得坐在无人问津的荒山野岭……”

“这里不是无人问津，纳尔本。这是印第安人的土地。不要因为你没有看到房子和道路，就认为我们在他妈的什么无人问津的大海上。”

我留意看了看我周围的土地。事实上，它看起来真的有点像一片海洋：这些平原曾经是大海，海水退去后，留下了连绵起伏的山地。柔和的、连绵起伏的，后来变成了洼地和山谷。景观的形状较女性化，纹理则不然——地形上优美的动作最后定格成一个雕塑般的模样。闭着眼睛都能想到骑士形单影只，或深蓝色的天空下，一群野牛穿过这温润的风景。

“也许是我内心的白人思想在作怪，格罗弗，但我一般认为有车才有路，这地方更像是骑马的乡下。”

“你没听到别人叫我的车为‘舒卡看’吗？”

“我还以为你们在说什么破烂车呢。”

格罗弗狂笑一阵：“‘舒卡看’的意思是‘马’。你们白人买的汽车叫什么小马啊、小驹啊、野马啊什么的，我们把汽车称作什么马的时候，你们还往裤子里尿尿呢。老舒卡看才是真正的马。”

老人还没有从溪谷那边的树丛回来。“说到尿裤子，”我说，“你觉得丹没事吧？他已经走了很长的一段时间了。”

格罗弗摘了一根狗尾草开始剔牙：“他没事的，他有时喜欢在某些地方待上一阵。”

“要多久啊？”

“我不知道。你要赶时间去其他地方吗？”

“我去找找他。”

格罗弗不置可否地耸耸肩。我朝溪谷走去，寻找老人。

直到越过一个山坡，我才看到他。和往常一样，他带着警惕蹲在那儿，旁边有一簇树木，树本来在一条小溪的尽头，现在小溪已经干了。他没有转过身来，但显然觉察到我来了。他又用右手伸到后背，做了几下手势让我小声一点，像管弦乐队的指挥家指挥乐队某个部分停下演奏。我轻轻地走过去，到他旁边后，他示意我坐下。

“看那边。”他说。

溪谷另一边的山峦在午后的阳光照耀下变成了金色。云朵在头顶上遮住太阳，形成的影子像一只大翅膀的鸟儿掠过山峦，然后前移。

一眼望去，正好是一片洼地，诗情画意般的景观，几丛黑灌木和几棵粗糙的树点缀其间。

我蹲在他身旁，凝视着地平线。

“看到了吗？”他说。

“什么？”

“看。”

风吹着野草，波涛汹涌。我们的视线里能看到零星的风滚草在那里摇过来摆过去，除了这个，其他什么都没看到。

“看那边的灌木丛。”

我紧盯着他指的方向。有一团巨大的黑色东西紧贴着远处的山边。从我所在的地方看过去，说不清那是一丛灌木还是一棵小树，迎着风，长得不高。我又多盯了几秒钟，灌木丛似乎在动。然后，下一个瞬间，它又动了一下，绝不是植物被风吹的那种动，这种动是自己有目的地在动，而且很有力量。

“塔坦卡，水牛。”

我眯起眼睛，为了看得更清楚。慢慢地，这个大动物的头动了一下，显现出水牛的身形。

“太不可思议了，”我说，“我都没看到它。”

“你不应该看到它，塔坦卡不想让你看到它。”

虽然听起来很神秘，但是我没有评论，接受了这种可能性。“塔坦卡比你知道的更强大，纳尔本。”

水牛又变换了方向，慢慢地沿着山移动。

我想起有一次在他家附近，他没开口就“喊”来了肥背。

“丹，”我说，“我想问你一件事。没有任何不敬的意思，但我真的很想知道。”

“问吧。”

“你真相信有水牛能左右我们想法这种神秘莫测的说法吗？”

“神秘在哪一方面？”

“你说它不想让我看见它。”

“这和神秘不神秘没关系，这是科学。如果蜥蜴不想让你看见它，它会怎么做？”

“我不知道，藏在岩石下，或与周围融为一体什么的，我想。”

“很正确。那么，水牛如何与周围融为一体呢？”

“隐藏它的轮廓？”

“欺骗你的眼睛。它知道你怎样能看到它，知道你能看到轮廓，知道你能看到动作。所有的大型动物都知道这些。”

“所以它们觉察到危险的时候会原地不动？”

“如果它们想了解你，它们也会原地不动。有时你认为你在看着它们，其实它们也在看着你。”

“它现在在看着我们吗？”

“我不确定，但我想它知道我们在这里。”

“但它不害怕，它怎么知道它不必害怕我们？”

“我告诉过你，它是一个强大的动物。”

“但是我们可能手里有枪。”

“我说的‘强大’不是这个意思。我是说它有能力，它能预测事情。”

我又多问了一句：“你是说它知道我们是否有枪？”

丹有点烦了：“我没说。我只是说它能预测事情，它知道自己需不需要害怕我们。”

“通过气味吗？还是某种超自然能力？”

“可能吧，我也不知道。你是怎么知道你是否喜欢某个人呢？”

我笑着耸了耸肩，明白他的意思了。

“喂，纳尔本，你养过狗吗？”

“当然。”我回答说。

“猫呢？”

“现在有一只，橙色的拉斯蒂小东西。”

“那狗和猫有不同吗？”

“当然，彼此不同。不同于其他的狗和猫。”

“它们各自知道的东西也不一样。”

“是的。”

“那么为什么你很难明白塔坦卡是不同于其他动物的呢？”

“我与水牛接触不多，不了解。”

“好吧，我们印第安人都很了解水牛。水牛给我们食物，给我们衣服，给我们住所，我们需要的一切几乎都来自它。我们像兄弟姐妹一样和它们生活在一起，对它们的了解比你们对狗和猫的了解要多。我告诉你，它们很有力量。”

远处，水牛继续在吃草。显而易见，它对我们毫不在意。

“我不是有意不敬。”我说道。

丹朝我挥挥手：“我知道，你想学习嘛。白人喜欢通过提问来学习。来吧，我们回车里。”

我们用力站了起来。老人慢慢地走着，摇摇晃晃。他每走一步都很小心，眼睛一直盯着脚。我想伸手握住他的胳膊，担心这样做不是尊重他，而是羞辱他。我差点要问他是否需要帮助，话咽在喉咙，说不出口。

然后，我猛然意识到：如果他看他前面的地面都很吃力，他怎么能看到山脊上的那头水牛呢？那大约半英里远。

“你怎么能看到那头水牛呢？”我问他。

他转过头，点了好几次头，好像对我这个问题很满意。“我没有看到它，纳尔本，”他说，“是它自己让我看的。”

格罗弗像个在廉价香烟广告里的牛仔一样，躺在车罩上，双腿在脚踝处交叉，双手叠在脑后。牛仔帽斜垂在他的眼睛上，阳光闪耀着，掠过他帽子的银色缎带。

“纳尔本，你把他救回来了？”他从帽子底下问我。

“差一点，”我回答说，“如果我不去，他就要变成一头水牛了。”

“万幸他没有变成水牛，要不然车里可塞不下。”格罗弗说，自己挣扎着坐起来。

丹哼着低沉的小曲，走向汽车前座。肥背在咬扎在她后脚掌中间的毛刺。丹慢慢弯下腰，关节炎让他弯腰很不易。他“啧啧”咂着嘴，吸引她注意。她不咬了，看着他。然后，在老人什么也没说的情形下，她滚下去背躺在地上，后脚伸向他。他很熟练地用手指扒开她的脚掌，伸手拔掉毛刺。肥背弯腰起来，舔了好几下他的手，然后她的舌头开始舔脚垫上的伤口。丹轻轻拍了拍她的颈背，打开车门。

整个过程很短暂，但是充满了爱和理解。格罗弗曾告诉过我要多观察肥背，这能帮我写好书，也许他说这话时的意味远不仅于我当时的理解。

/ 第十四章 /

用两只眼睛观察

几乎整个下午，格罗弗继续在人迹罕至的山中绕行，我觉得简直不可思议。偶尔他会发现一条旧路，顺着它行驶一会儿。有一两次，我们驶过沙石路，却没拐到大路上行驶，格罗弗如涉水一般冲过这些路段，然后又驶入草地。我不知道他在做什么，也不明白怎么这样开车。他反正就那么一句话“抄近道”。

丹向我保证我们走的路径没错：“除了要去的地方，他也不知道去其他地方的路啊。”我不知道他是在说笑话还是在陈述一个事实。

我敏感地意识到，我们此行是有目的的，可这个目的显得很随意，还要碰巧才能达成。格罗弗在前座下存放了热气腾腾的大香肠三明治，他让我吃一个，我没吃。他耸了耸肩，吃了两个。丹在仪表盘柜子找到一些番茄酱和蛋黄酱，裹在三明治里面，心满意足地含在口中，细细地嚼着，然后咽下去。肥背坐在后座上，有些眼馋。“对胃不好。”我安慰她。

黄昏时分，影子开始拉长，我们来到一条向山上延伸的碎石路。让我惊讶的是，格罗弗开过去，一直向南开。

“安妮。”他说。光一个单词我什么也不知道，但是丹立刻点头表示同意。

“好，”他说，“好久没见到那个老婆子了。”

我现在心里大大轻松起来，我们现在行驶的好歹是条路啊。我过去开车过程中遇过太多的小状况了，爆胎啊、警示灯突然亮了啊，所以现在我们行驶在车辆较多的道上，我心中很是安慰，一旦出了问题随时可以解决，小状况也不会演变成大交通事故。

这条脏脏的碎石路和高速公路没法比，可至少现在我很笃定，知道了行程的目的，也知道了目的地在哪儿，不像过去整天都漫无目的地开在荒无人烟的小道上。

丹转过身，看着我，咧着嘴笑道："现在高兴了吧？"

"我以前也高兴啊。"

"是的，但是你喜欢车开在路上。你第一次开车到我家房子后面的山上，我就看出来了。路到哪儿，你的车就开到哪儿。"

"就像我对格罗弗说的，汽车和道路有点密不可分。"

"印第安乡下不是这样。"他笑道。

"此外，这样的路更能找到电话，"我说，"我还在想着要打个电话呢。这个安妮那儿有电话吗？"

格罗弗哈哈大笑："纳尔本，你他妈的以为我们在什么地方？美国吗？他们才不把电话线架在这里，连电线都没有。"他的话音里略带一丝愤愤不平。

"就我而言，这样也不错。"丹补充道，"这种生活方式更好，人们更幸福。在我小时候，我们就是这样生活的。我们都要互相帮助，因为我们必须这样做。人人几乎都一无所有，我们只有通过分享才能得到。如果有人到你房子里来，这意味着他们真的想见到你，你一定要款待他们。"

格罗弗靠在座位上，叹了口气："是啊，我们年轻时就是这样，荣誉与尊重。我们都知道荣誉的重要性，现在真他妈的不知道这世界到底怎么了。"

一辆小卡车从对面方向呼啸而过，格罗弗和对方司机互相挥了挥手。

丹继续谈论这个话题："你应该想想这个问题，纳尔本。"

"什么？"我脱口而出，我正想着道路和电话呢。

"自由和荣誉。"

听起来像个军事口号。"是什么意思？"我说，我对这个话题不太感兴趣。

"这个很重要，"丹强调，"我想让你把它录下来。"

我记得他的鞋盒子里装满的字条，有不少是参考别人对自由和荣誉的看法。我翻了翻我的行李包，掏出录音机。

"好，"他说，"可以开始了吗？"

"可以了。"我其实没准备好，这会儿我只想坐着想想心事。但显然，丹要开始另一个"小演讲"了。我调好小录音机的音量，放进去一盘新磁带。

"这个问题我想了很久了，关于白人为什么不理解我们这个问题。我想我知道原因。"

"说吧，说出来听听。"我说。

"我想这是因为你们白人最看重的是自由，而我们印第安人最看重的是荣誉。"

"这就是为什么白人会更愿意去倾听黑人的声音，而不听我们印第安人的。"他说，"黑人和白人一样，也想要自由。白人剥夺了黑人的自由之后，白人对黑人感到很愧疚。你明白我在说什么吗？"

我心不在焉地点点头。

"但我们印第安人一直都是自由的，现在也是自由的。我们一直都比白人更自由，即使是你们白人刚登陆的时候也是这样。那时，你们白人穿着链条制成的衣服，我们印第安人什么都没穿，但可笑的是你们却想给我们带来自由。

"白人总是把权力看得高于一切，纳尔本。一旦有人爬到那个权力顶端，他就会剥夺其他人的自由。你们白人刚来到我们的土地上时，其实是想逃离那个权力顶端的控制。但他们仍然把权力看得高于一切，所以在这个新国家很快又有新的人爬到权利顶端。你们就是这样被洗脑的。

“教堂里，有人站在最上面。学校里是这样，政府是这样，公司也是这样。总是有人站在最上面，这个人就有权判定你是好还是坏，就是他们来统治你们。

“难怪美国人总是担心不够自由，你们的自由太他妈的少了。如果你不保护它，就有人把它从你那里抢走。你必须时时刻刻都要捍卫它，就像一条狗守着一根骨头。”

“说得很不错。”格罗弗插话，丹也会意地点点头。

“你们来之后，压根不理解我们的方式。你们想找到那个统治我们的人。你们想把我们限制在一定范围的篱笆里——我们的土地有多大，我们的政府能管多少。你们的世界是个牢笼，你们也认为我们的世界也是这样。虽然你们讨厌牢笼，但是你们相信它们有用。它们左右了你们的世界，你们又要用它们来左右我们的世界。

“我们长者从一开始就注意到这点。他们说，白人生活在牢笼里，如果我们不注意，他们也会让我们生活在牢笼里。

“所以我们开始留意。所有的东西看上去都像牢笼：身上穿的衣服像牢笼，房子住起来像牢笼，你们在院子周围筑上篱笆，它们看起来也像牢笼，一切都是牢笼。你们甚至把土地变成牢笼——正方形的小牢笼。

“有了这些牢笼之后，你们就让政府来保护这些笼子，可政府不例外也是牢笼。法律都是规定你们不能做什么，你们唯一的自由就是在笼子里可以自由自在。可你们纳闷为什么自己不快乐，没有自由。是你们自己做了这些牢笼啊，你们却纳闷自己为何没有自由。

“我们印第安人从不这样想，每个人都是自由的。我们没把法律或土地变成牢笼，我们相信荣誉。我们觉得白人看起来像个盲人在走路，撞到笼子边缘时，才知道他走得不对。我们靠内心力量来指引我们，不靠外部的东西。这个内在的力量就是荣誉。对我们来说，知道什么是正确的比知道什么是错误的更重要。

“我们观察动物，看到了什么是正确的。我们看到了鹿如何骗过更强大的动物，还有熊为了让自己的孩子更强壮，如何严厉地教它们奔跑。

“我们看到了野牛如何站着不动观察，直至弄明白周围的情况。我们看到了每个动物都有智慧，然后试着学习它们的智慧。我们会看它们如何相处，如何抚养它们的下一代，然后我们会照搬它们的智慧。我们不去追寻错误的东西，相反，我们总是去学习正确的东西。

“正是这种追寻，而不是什么规则和篱笆，让我们一直没走错路。我们想要为自己和家人赢得荣誉。我们希望别人说，‘他是个好人，他像熊一样勇敢’或‘像狐狸一样干净’。我们拥有自由，所以我们没必要去追寻它。我们寻求荣誉，荣誉就是责任。追寻自由的人只是在逃避责任，所以他格外软弱。

“自由，只有在其他人试图给你套上枷锁时才显得重要。我们没有枷锁，所以我们不需要自由。”

丹停下来，好让我消化他说的话。

“你能理解这个吗？你们白人看任何东西都从自由这个角度出发。我们一直都有自由，你们什么有价值的也给不了我们。你们只能把自由夺走，然后还给我们牢笼般的自由。

“比如你们就是这样做的：抢走了我们的土地后再分配给我们。你们把我们印第安人所有的土地都抢走了，再把它们一小块一小块地分给我们，‘你们现在可以做农场主和牧场主了’。可是，我们不想去种地，也不想去放牧。我们是在没办法的情况下才会去种地，但我们不想别人来规定我们去种地。

“我们没有种地，你们就生我们的气，也不理解我们，‘你们已经获得自由，拥有自己的土地，可以种地了，’你们说，‘可你们什么事也不做。’对我们来说，你们所做的一切就是要把我们关在牢笼里。

“如果你把一只动物从树林或大草原上带走，让它待在一个四周都有篱笆的房子内，这是给它自由吗？不，这一切都是在剥夺它的荣誉，因为如果它接受了，它就没有自由了。

“可这就是你们对我们的所作所为。‘不接受这个笼子就得死’，你们这样告诫我们。你们夺走了我们的荣誉，给了我们你们所谓的自由，甚至你们也知道这根本不是什么自由。只能让我们自由地生活在你们上锁的笼子里。

“我其实是这样想的：白人是在嫉妒我们。要不是你们的宗教信仰，从你们踏上这片土地的那分钟起，你们会过着和我们一样的生活。你们也知道我们是对的。你们开始穿我们的衣服；你们开始吃我们的食物；你们学会了像我们一样狩猎；甚至在与英国人打仗时，你们的战斗方式也和我们一样。

“你们来这个国家是因为你们真的很希望和我们一样。但你们来了之后，你们害怕了，你们原先逃离了牢笼，却又想着再设同样的牢笼。如果你们当初听我们的，而不是想着改变我们或杀掉我们，这个国家该有多么好啊。”

“嗯，嗯，”格罗弗晃动着手表示同意，“说得真他妈的对极了，丹。”

丹身体坐直，眼睛向前。他知道刚才说得很好。他抬高了下巴，双臂交叉在胸前，既显得骄傲，也显得平静。

“谢谢你，丹。”我说。

“如果你愿意听，我还可以再多说一点。”他提议。他像一个在音乐会上表演的钢琴家，表演得游刃有余，如果有观众听得热切专心，他会很高兴再弹一首。

“我很荣幸。”我说。

“我该说什么呢？”

这真是一个奇怪的开场白，我竟然一时语塞。我想问他个大问题，可一时半会儿什么也没想到。“什么东西对你而言很重要？”

“有很多东西，纳尔本，下次我会一一告诉你。”

然后我们默不作声了一会儿。

“我想我应该谈一谈文字，也就是你们的语言。这个也一直让我很烦恼，我想我应该卸掉那些烦扰我的包袱。老人以前这样告诉过我。”

他又开始一本正经演讲起来了。他又变成了一位孤独的演说家，宣讲着他多年来悟出的真理，听众只有一个老友、一个白人和一条睡着的拉布拉多狗。我默默地向上帝祷告，祈祷我在折扣商店买的小型磁带录音机能正常工作，把他的话全录下来，我以后可以把他的真理传下去。

“纳尔本，你会讲外语吗？”他问。

“不太会，”我回答，“我的德语和意大利语马马虎虎，但绝对算不上好。”

“那你应该知道讲外语有多难。”

“我是觉得很难。”

“每个人都觉得难。你能用这些语言表达你的需求吗？”

“不能，如果我碰巧知道，我会表达出来，但很可能不对。”

“你愿意阅读用这些语言写的合同吗？”

“不愿意。”我大概知道他想说什么了。

“你愿意让一个你不信任的人告诉你这些合同的内容吗？”

“肯定不愿意。”

“我们的条约就是这么来的。用我们不懂的语言写了很多张纸，让我们不信任的人读给我们听。然后由收受贿赂的印第安人签上名，或者这些印第安人是受到了威胁不得不签。如果条约里有任何对印第安人有利的条款，政府马上派律师去改变条款，即使闹上法庭，法官也完全按照政府的意思来解释条款。

“但你知道这些，对吧？”

“知道一些，”我说，“我想大多数美国人都慢慢了解这些条约是不公正的。”

“也许会‘了解’，但不会‘弥补’，但这些都不是我想说的。这些条约就像一头巨大的熊在攻击我们，每个人都能感觉得到。我想说的是蛇，那些卑鄙龌龊的人。

“嗯，我要再多说一点。我希望你能考虑考虑我接下来说的话。”

他深深吸了一口气，又开始说了。

“我从小一直说我们印第安语言，直到上学才开始学英语。他们直接把我们赶到教室，用英语上课。我们不得不学。

“我记得当我第一次听到英语，感觉它太滑稽了，好多词啊！老师能一直不停说上一个小时。任何事情她都能讲上一阵。她甚至都不用动一动手，就那么一直说。有时我会坐在那里看着她，看她嘴巴里冒出的词语。有次，另一个男孩告诉我，他觉得她一天里说的词语好多啊，和天上的星星一样多。我永远也不会忘记他的比喻。

“我学了英语后，发现英语真是花样百出。同一件事，你能用一百种不同的表达方式。印第安人觉得最好的方式就是能把事情准确地表达出来。学了英语后，你得学会用一百种不同的方式来表达同一件事。我以前从未听过这样的事。我一直观察白人说话，他们的词语也让我感到惊讶。有时同一件事，他们会用不同的方式说上一遍又一遍。他们像一个猎人，在森林里到处跑，希望能撞到某个猎物，而不是静静地坐在那守着，直到抓到猎物。

“大部分时候我对此并不介怀。但我不喜欢你们用语言来伤害我们或其他人。现在我来和你讲一讲你们用语言伤害我们的例子。我不知道你是否想过这些例子。

“第一个词是关于战争的。只要白人赢了，这就是一场胜利；只要我们赢了，这就是场大屠杀。有什么区别？不管谁输谁赢，地上都堆满了尸体，孩子们失去了父母，无论尸体是印第安人的还是白人的。但是，你们白人操控了语言，你们杀人就没问题，我们杀人就不行。你们是‘打赢’；我们是‘屠杀’。我甚至不知道什么是‘屠杀’，但它听起来像是死去的妇女和孩子，她们的喉咙被割破了。如果我理解得没错，那么应该是白人屠杀我们的人数远超过了我们杀害他们的人数，可我很少听人说起白人的屠杀。我不喜欢人们只在我们杀敌时用这个词，它让我们杀敌显得比你们更残忍，也让我们印第安人显得比你们白人更坏。

“还有另外一个词——暴动。每次我们印第安人实在忍受不了不公正的待遇，想夺回我们的权利，这时你们总会用这个词来形容我们。这样的话，你们也应该称呼你们的革命战争为‘暴动’。但你们不会，你们怎么不用这个词呢？那个政府从你们手里夺走自由，你们站起来反抗它。可你们称之为‘革命’，就好像地球会转到更好的地方去。

“我们这样做了，就被称为‘暴动’，好像我们‘造反’之前一切都很平静有序。嗯，也许我们应该使用更落后的词‘镇压’，因为我们总是被你们镇压。如果历史书这样写，我觉得更好，‘后来印第安人又被镇压下去了’，而不是‘后来印第安人又造反了’。这样写的话会更接近事实。

“看，白人就是用英语这样形容我们的。你们现在都不用枪了，就拿它当武器来对付我们。

“还有那个什么“敌对行动”。你们过来反对我们，你们是‘组建一支军队’；我们出去捍卫我们的家庭，我们就是‘开始敌对行动’。还有什么“嗜血”啊，“野蛮”啊，这些词我压根都不用提了。

“这些都是过去发生的事了，你们甚至很可能认为它们不真实。

实际上，它们就是真的。

“一天，我的小曾孙放学回家，告诉我他们在学习美国历史上的西部边疆。我问他是什么意思，他告诉我文明就在那里止步了，我差点告诉他不用再回学校上学了。

“看看啦！他们竟然这样教他，只有白人到过的地方才有文明。这代表着在线的另一边，一切都是未开化的。哼，我们就住在线的另一边呢。我们也有政府和法律。我们印第安人表现得远比来我们土地上的白人更好，我们认为我们至少和白人享有一样高的文明程度。可我的小曾孙从学校回到家后，却这样谈论西部边疆和文明，感觉像是我们根本不存在似的。

“每次你们一谈到边疆，你们就说我们无关紧要。我查了下这个词。它指的是已知与未知之间的界限。每次你们用这个字眼，你们就说我们来自未知世界。你们就是这样教你们的孩子和我们的孩子历史的，说印第安人住在线外广袤的、危险的、空旷的地方，线内的人懂法律、有文化。好像我们印第安人与野猫和毒蛇一样—— 一些未知的东西，让这个世界充满危险。

“瞧，你们都没注意到这些吧。你们教给学生什么是边疆。你们说那边的土地有多荒凉，有多空旷。即使在我们眼里，土地一直都是满满当当。你们谈论着文明，认为我们根本未开化，就因为我们没想用卡车拖上大椅子、木箱子，然后穿越沙漠。

“你们是这样教的，美国起源于到达马萨诸塞和弗吉尼亚的一些船只。船上的人下船了，不得不在一片充满危险的空旷荒凉的土地上开辟出一条道来。他们到达平原后，驾着马车队穿过山脉和沙漠，像小溪一样穿过大地。一旦他们道路开辟成功了，就有更多的人跟随他们，沿路建了很多东西，他们本来像小溪，随着更多的人加入，他们变成河流，流向加利福尼亚、俄勒冈和华盛顿。好像这个地方原本什么都没有，是你们把它填满了，历史就演变成你们如何填满这个地方，以及在填的过程中发生的事情。

“你可以说我不是那样想的，但你们就是这样做的。我看过孩子们的历史书。他们首先到达东部，然后向西部进发，所有的人都是从东部到西部，好像历史就是这样的。

“想一想书上都是怎么教我们的孩子的。它教他们从白人角度来看待过去。它教他们这样了解这个国家：美国起源于那些船只，他们下船后驾着马车开辟新大陆。对我们来说情况不是这样。我们觉得，这片广袤的土地上到处都有人住。然后有人来了，他们在东部的海岸登陆，还有人从南部上来了。他们开始推赶我们。后来又有一些人顺着北部的河流过来。所有这些人都在互相争斗。他们都想从我们手里抢东西——皮毛、土地、黄金。他们要么直接抢走，要么让我们卖给他们。他们都有枪。如果我们不相信上帝是一个叫耶稣的人，他曾在沙漠里生活过，他们就会杀了我们。他们就是这样不停地骚扰我们。

“很快他们就在东部的某个地方建立了政府，说所有土地都是他们的。不仅是他们住的地方，到处都是，他们去过的地方甚至他们听过的地方都是他们的。如果他们让一个人去一个地方，在地上插一面旗子，他们会说从他出发的地方到插旗子的地方都是他们的土地。他们把我们往后推，让我们彼此牵制。过去我们互不干扰，各自为安，现在不得不争夺狩猎的土地。

“我们不得不和你们白人做交易，或与你们争斗。食物不够吃，一切都开始土崩瓦解。我们丢掉了埋葬我们先人的土地，被赶到了小池塘大小的土地上。我们就像是在海里游泳的鱼，现在被赶到小池塘里游泳。

“你看，对我们来说，美国历史就是大海怎样缩水成小池塘的，不管这些土地是不是从我们手里抢走的。我们的历史与十三个殖民地没关系，与向西前行的带篷马车也没关系。你们从各个方向蚕食我们的土地。同样的事实摆在我们面前，结果我们和你们的想法却完全不同。你们把历史建立在‘边疆’和‘文明’这样的词语上，这些词都是你们思想的化身，你们可以用在句子里。这些句子后面的思想演变成武器，抹杀我们的过去。

“我想我们大部分印第安人就这样栽在你们手里，我们没留意你们使用的字眼后的诡计。我们不明白你们为什么要给任何东西都取个名字，以此证明这个东西的存在，这个东西有了名字之后，它和名字之间就画了等号。你们称我们为野蛮人，在别人眼里我们就是野蛮人。你们称我们住的地方为蛮荒之地，在别人眼里我们住的地方就很荒凉危险。你们甚至都不了解我们，你们就用语言随便来定义我们。你们现在还这样做，你们甚至都没意识到这一点。

“我希望你们能更为谨慎地使用词语。我们的孩子不太懂我们古老的语言，因此英语帮他们塑造了世界观。可现在你们词语表达的世界观不对，他们教给我们的孩子和你们的孩子一个错误的世界观。

“我小时候，有位老人告诉我，我应该把词语看成一块块漂亮的石头。他说我应该先把它捡起来，好好观察它，然后才使用它。这样我才算是尊重它。

“我想他提了一个很好的建议。你们白人的词语太多了，它们缺乏足够的尊重，你们总是想着还有其他词可用，所以你们一般都是想也没想就把它们扔出去。

“我想你们需要当心一点。这些词语就像石头一样，即使它们很漂亮，但如果你们随意把它们扔了，它们也会伤害到别人。

“我现在讲完了。”

他说话时，我什么也没说。看着丹，就好像看着一个人进入恍惚的状态。他似乎并没有从一开始就想好了怎么说，而是一边说一边形成自己的思路然后驾驭它，就像一只鹰在迎风翱翔。整个说话过程，他都是闭着眼睛。

我回想我读过一些关于塞内卡首领“红夹克”的演讲的书，说他如何在青年时代练习演讲，这样有朝一日，他能成为杰出的演说家，为他的族人发声。

丹也是这样做的，在私下里做，没想过有没有观众，没想过是否能得到奖励。他在为自己的祖先说话，表达他族人的感情，我则成了他的传声筒。我感受到他们给予我的荣誉和责任，浑身一阵战栗。这不再是儿戏，也不是一次简单的文学采风。这为的是反映真实情况，为的是留存，为的是所有沉默不语的人，为的是那些不知道如何表达的人。

格罗弗沿着尘土飞扬的马路开着车，点头赞成丹的话：“说得很好，屯喀什啦。”他用对老人最高崇敬的词，这些词用来指长者。然后，他对我说，“我希望你能学到一些东西，纳尔本。”肥背气喘吁吁地在她的座位上动来动去。

我突然觉得我们像是在内陆海上漂流，又像是在大平原冒险旅行，有老先知，有领航员，有一个抄写员，背景后还有一条超现实的狗在解说并发表评论。“你很幸运，能听到老人的演讲。”格罗弗继续说道，“老爷子过去一直都是闭口不谈的。”

“能听到这些东西你很幸运。”同样的话，韦诺纳在走廊上训斥我的时候也说过。他们敬重这位老人和他的知识，虽然他们从没直接告诉过老人。他们希望我也一样敬重他，敬重他的知识。

“我要让别人听到你的声音，丹。”我说。我说得太正式，自己都感到吃惊，但此刻却觉得很合适，很自然。丹只是点点头。我又冒昧地问道：“你是怎么学会表达这些事情的，丹？”

老人慢慢地说，“好吧，我来说给你听。”

“我小时候，一个有灵力的老人看过我的眼睛，说我看东西很特别。他说我有一只印第安人眼睛和一只白人眼睛。他告诉我的父亲，我必须学会用这双眼睛去看东西。‘你一定要运用你的天赋。’他这样告诉我。

“我父亲很聪明。他知道我一定得听老人的。所以他告诉我，我必须学会用两只眼睛去观察，即使别人嘲笑我也没关系，我必须一直用两只眼睛去看，后来我就学会了用两只眼睛看东西。

“上学后，我并不开心。我每晚都躲在被子里哭。男孩子是不该哭的，我感到很羞愧。我回家过暑假时，告诉祖母我一直哭，我也不知道是为什么。我和她说我不像其他男孩一样勇敢，她说我说得不对。她说有些特别的人，他们承受了其他人的痛苦，这样其他人就变得勇敢。‘也许你就是一个特别的人，’她说，‘你是个聪明的孩子。学会说话会对你有好处。’所以我试着去发言。大部分孩子都不敢发言，因为一旦他们说错了，老师就会打他们。这样一来，他们觉得不发言更好。但我记得我奶奶说过的话。

“我告诉老师我想学英语。她给了我两本书，一本是林肯总统的书，另一本是关于罗马的书。两本书里全是演讲稿。她让我每周学一篇，放学后背给她听。

“我刚开始看书时，看到里面的词语太多了，我都不想学了。好在我没有，我试着去学习那些演讲。大部分的词我都不认识，因此我只学了它们的发音。老师说这样也不错。她说，我以后会有我自己的语言词汇，但词的发音听起来像音乐一样，每个人的感受都是一样的。

“我学会了这些演讲，到今天我还记得里面的内容。

“我认为它们是世界上最伟大的演讲。直到一位长者听过我的演讲后，我才知道也有印第安人很会演讲。他告诉我印第安人中也有伟大的演讲家，他说黑麋鹿和坐牛都是伟大的演讲家。他用我们自己的语言给我讲了一些印第安人的演讲。‘这个天赋很好，’他说，‘能够演讲。’

“我知道了怎样用两只眼睛去看东西。在印第安人演讲里，我听到了与白人演讲里一样的声音。我听见人走路的脚步声；我听到了鸟和动物的声音；通过词语本身和词语给人的想象空间，我听到了大地的歌声。我知道我可以通过倾听动物来学习演讲，和我从书中学习演讲一样。

“从那时起，我不再害怕发言，我学习并掌握了语言。我用一只印第安眼睛和一只白人眼睛四处观察，用印第安语和英语把观察到的说出来。我的天赋没白浪费。”

突然，他停了下来：“纳尔本，你的天赋是什么？”

我不知道该怎样回答这个问题：“我……不知道。”我结结巴巴地说。

“那让我来告诉你。你诚实，你没有生活在谎言里。你觉得自己没必要成为众人的中心，让别人都听你讲，你更愿意听别人说。”

丹这样描述我的个性，我着实吃了一惊。

“可是你是个胆小鬼。”

这句话真是让我心头一震。“你害怕别人生气。韦诺纳告诉过我，她说只要我一生气，你就愿意为我做任何事情。”

我一惊，却不由自主地笑了，他准确的洞察力真令人恐惧。

“你看任何东西都这样透彻吗？”我问他。

“我们印第安人能活下来不是没原因的。”他说，“现在，我希望你能明白这点。别人会生气你写的东西。他们生你的气，也会生我的气。但我不在乎，我不是个胆小鬼。”

我温和地抗议道：“这话有些苛刻了。”

“让我说完吧。你不能害怕。生气也会是好事，你有时生气就是这种类型。因为看得太透彻，所以生气。我也这样生过气。长者提醒我们警惕这种生气：一定学会控制这种怒气，它才会是好事。但生气也会是种坏事。万事只按自己的方式来，不这样就生气，这种生气就是自私的生气。这种生气太孩子气了，你千万不能因此而退缩。如果你退缩了，你就是个胆小鬼。你明白吗？”

“明白。”我说。

“好，”他斩钉截铁地说道，“如果你不再害怕别人无端地生气，你就能更好地利用你的天赋了。”

格罗弗想强调这一点。他一直都是一位忠实的守护者，确保我能全方位理解我的任务：“他是说你要把你看到的写下来，也要把你听到的写下来。你是火种的守护者。”

丹点头表示同意：“火种的守护者不会是懦夫，他们携带着火种前进。”

/ 第十五章 /

亮闪闪的汤

不久就能看出附近有人居住。远远看见一个小圆点，车开近了才发现是邮局的一个邮箱，设在一条坑坑洼洼的土路边上，路顺着小山蜿蜒上去。大约一英里远的地方，两个白人男子戴着牛仔帽，在马路边上赶着十几头牛。其中一个人在前面开着一辆拖拉机，后面的那个人骑着一匹棕色的大马。格罗弗放慢车速通过他们时，他们向我们挥手微笑。

“这个城镇合你的口味。”格罗弗说。

“什么意思？”我问。

“白人小镇，公地小镇[1]，你会感到很自在。我们停下来吃点东西，你可以打电话了。”

他对小镇的描述让我感到迷惑不解，但后来远远地看见小镇后，我明白他的意思了。这不是个“保留地”小镇，没有随意摆放的拖车，没有一排排窗户破烂的房子，院子里没有破烂车，也没有人在尘土飞扬、坑坑洼洼的土路停车场上偶尔做些买卖。相反，虽然从远处看过去，小镇若隐若现，但它和几千个点缀在美国中部平原和草原的乡镇聚集地并无二样——不大的建筑群骄傲地站立在平地景观上，小

1 美国历史上政府分发给定居西部者建农庄的土地。

镇两种高高的建筑物——水塔和教堂的尖顶，代表了它的城市化和居民的精神追求。

虽然它位于保留地中部地区，但这是个白人城市；1887年的道斯法案把保留地切割成一块块大小为160英亩[1]的土地，分配给印第安的个人，试图让他们种地，实现土地的私有化。但很少有印第安人懂得种地，他们更不了解土地私有化的微妙之处。不久，通过法律途径、诈骗手段，以及合法或不合法的销售协议，白人殖民者几乎吞并了这个国家保留地里面最好的土地。此外，分配给印第安人每人160英亩土地之后，剩余的土地则被开辟为白人的公地。虽然理论上来说，公地仍在保留地的界限内，但它已经完全与草原或平原上的其他城镇一样，白人在那里定居发展。要是旅行者没有注意地图或道路标志，无意中开进这种小镇，他或她绝对不会想到自己开进了保留地，除了为数不少的印第安人在做生意，那里没有其他任何保留地迹象。

虽然离小镇还有一英里远，我彻底惊诧于这地方和我上周待的地方有多大差异了。这里有一种隐性的秩序感。道路铺上了柏油。离小镇越近，居民就越多。商业区和住宅区的划分很明显。指示牌虽然令人反感，但是很专业，整齐划一。甚至在概念和布局上，还使用了数学理论。

车驶过白底黑字的高速公路标志，上面写着“商务区”，格罗弗打开车的转向灯。强有力的“咔嗒、咔嗒”的节拍声，仪表板上闪着清晰的绿光，似乎都在昭告着我们要驶入新的区域。听到转向灯响起的声音，本来是懒洋洋躺着的肥背，突然跳起来，爬到我身旁的座位上站起来。

车从高速公路开进小镇主干道上。商业区不大，只有两个街区那么长，它旁边的街道只有一个街区那么长。在小镇的尽头你可以看到

1　1英亩约等于0.405公顷。

一小片住宅区，有个直角街道，覆盖在浓浓的树荫下。

我看了看这些小店面。一家名叫“蔻丝蔻”的杂货店，一家名叫“西莱克斯”的饲料站，一座空空的两层砖砌建筑，过去可能是个酒店。这是一个乡下小镇，过去满足于自给自足，现在住的都是开皮卡车的老人，喜欢到当地的咖啡馆交换各自的故事听。

这里平静，井井有条，让人感觉很舒服，但衰落无处不在。它和“印第安城镇”不同，那里太穷了，任何东西都显得不够优雅。这个小镇则一切中规中矩，过去肯定风光过，有跑车经过，复活节的早上，穿着块状图案西装的男人领着穿得干净整齐的一家人去往教堂。

现在这里却静悄悄的。除了一所低矮的煤渣砖建成的银行和一个位于高速公路交界处的便利店，其他的建筑物似乎至少都有五十多年了。

“喜欢这儿吗，纳尔本？”格罗弗问。

“这里像是定格在某个星期日下午。”我说。

“不过有电话可打呢。”

格罗弗把车慢慢开到空荡荡的大街上，停在一座破败的转角楼前。尽管房子外面停着三四辆车，我一开始认为它已经废弃不用了。可后来一个戴着牛仔帽的老人推开了金属卷闸门，走了出来。他眯起眼睛看着天空，像刚从黑暗走出来，现在努力适应光线走到大街上。

“这地方不赖，格罗弗。”我说。

“有电话呢。”他回答。

我们停下来的那一栋房子几乎没有任何识别标志。原本的陈列窗都覆盖着白色的胶合板，只留下两个小圆窗户，和卫生间窗户大小差不多，对着大街。一块黄色的塑料牌挂在金属卷闸门上，牌子上写有黑色凸起的文字，描述得很简单：“咖啡馆、手工馅饼。”我不知道这个描述有没有经过深思熟虑，或者这个牌子只是从几百里外的某家餐厅供应公司随便买来的。

我又看了看牌子上毫无特色可言的字体，缺乏个性化的招牌让这个地方更显得破败。当然，有人可能会用这样的招牌，如“马记”“艾氏”或其他什么的。现在这个招牌让人觉得是店主精力不够，也不抱多大希望，不想费神展示任何个人的风格。即使是大块头修理所的招牌，虽然字母歪歪扭扭，意思也晦涩难懂，却传达了更多的个人趣味和积极主动性。

格罗弗走到车外，向门口走去。现在我们出门在外旅行，他就担当了领导的角色。丹慢慢地走在后面，伸长脖子，好奇地四处观看，和他在溪谷和山坡上表现出来的警惕完全不同。就好像他是在这里旅游，周围都很陌生，但他泰然自若；而在山上，他是一个沉默的观察者，知道周围的一草一木，细心选择其中的景象、声音和气味直到他可以建立一个有意义的模式。

肥背闷闷不乐地坐回她自己的座位上，我安慰她，如果她乖乖待在这里等我们吃完饭，我保证给她带一大份剩饭剩菜。她轻轻哼了一下，闭上了眼睛。

进了餐馆我才明白刚才那个牛仔为什么会眯起眼睛，餐厅的内部和廉价的酒吧一样黑黢黢的。一进门，三张柱脚桌被推到一块，形成一个长长的宴会式座位区。六个老人坐在一起，戴着卡车司机帽，吸着烟。他们那边的墙上贴着一张复印的白纸，上面写着“奶牛来来去去，但此地的水牛永不消逝。”

女服务员有二十好几了，是个白人，对周围漠不关心。她坐在厨房门口的一个酒吧凳子上，在听着西部乡村歌曲，歌曲是从小的手提式录音机里放出来的。她心不在焉地绕转着一缕染白的金发，从鼻孔里面喷出一缕缕烟。

格罗弗示意我们坐到吧台的对面。我们挑了一张正方形的棕色桌子坐下，四把都是黄色塑料做成的椅子。

那女人放下烟，朝我们走来。从她脸上你似乎可以猜到以下的内容：曾经醉生梦死过，也有过很多孩子，交往过很多男人。多年前错过了同一个陌生人私奔的机会，现在接受了她的生活，她厌世，玩世不恭，没有丝毫的自怜自哀。

她站在我们旁边，一只手放在臀部，口香糖随着音乐的节拍嚼来嚼去。“咖啡？”她问我们。

“纯的。”格罗弗说。

丹点点头。

“我也是，”我补充说，“我还想加点牛奶。”

“奶油？”她以为我说错了，纠正我。

“不，我想加牛奶。”我说。她冷漠地耸耸肩，在记事本上划拉几个字，转过身，走到一个带有两个玻璃罐的烤盘旁。她抓起一个玻璃罐，擦盘巾上放着一排倒立的白色的餐厅杯子，她拿出三个杯子，把它们掸了一下。

她砰地把杯子放在我们的桌上，给每个杯子倒上分量不等的咖啡。咖啡顺着壶的边缘滴得桌子上到处都是。

“牛奶呢？”我提醒她。

她没有回答，转身走了。

“你最好有些风度啊，纳尔本。”丹说。

“如果她带着根擀面杖出来，我立刻就跑。”格罗弗说。

“你为什么不试试那些用在韦诺纳身上的甜言蜜语？”我向格罗弗提议道。

“不行。这位可是个平底锅女人，稍不如意就用锅打你的头。”

“反正你又不是第一次挨打。”丹说。两人咯咯笑着，抿了一口咖啡。

“该死，太难喝了！”我简直要窒息了，有一层油膜样的东西漂浮在棕色液体的表面。

“你以为你喝的是雅皮士喝的那种咖啡啊？”格罗弗说。

“过去我喜欢喝，”我说，“自从喝过你的之后，口味就变了。”格罗弗的咖啡让我意识到这一天我们跑的可真远啊。汽车行驶了多少里程我不清楚，但是这种越野的颠簸，路线也毫无踪迹可寻，我感到我们似乎行驶在其他国家。

女服务员砰的一声把半杯牛奶放在我旁边的桌上。“还要点什么？”她问道。

丹和格罗弗都点了馅饼，我点了汤。我想起了肥背。

“你们这有骨头卖吗？”我问。

“骨头？”她重复道，好像这是她听过的最愚蠢的问题。

“骨头，比如汤里面的骨头。我们在车里还有一条狗饿着呢。”

“有罐头骨头。”她回答说。

“这下你没辙了，纳尔本。”格罗弗笑了。

我们身后，门吱的一声打开了，一束阳光照进房间。一阵响亮的笑声打破了咖啡馆的安静气氛，紧接着是重重的脚步声，卷闸门被猛力关上。脚步越来越近，一对印第安夫妇站在门口。男的刚三十岁出头，他有一头乌黑发亮的长发直到肩下，趔趄着走过来。那女人瘦得像一根芦苇，穿的牛仔裤太紧了，感觉随时都要裂开。两个人都喝醉了。

格罗弗和丹没有理会他们。他们一门心思在想着馅饼呢，这场景对他们来说司空见惯。

这对夫妇一直在大声交谈着，即使在这个黑暗、安静的咖啡馆里，他们也没消停。那男人拖了一把椅子坐到丹的对面。

“嘿，老兄。”他舌头都有点伸不直了。

丹冲他点点头。女服务员站在厨房的入口处，双手叉腰。坐在长桌子那边的六个人开始窃窃私语。

女人躺在椅子上，对她的同伴嚷道：“快给我拿杯该死的咖啡。”男人已经歪歪斜斜走到自动售烟机那里，大声读道：“未成年人是被法律禁止的……”

“我要一杯咖啡。”

他有些恼怒，一拳打在售烟机的顶部："就他妈的一分钟。我在拿该死的香烟。"

他在口袋里胡乱摸索着。

"嘿，老兄，"他对我说，绕过格罗弗和丹，"你有硬币吗？"

我快速扫了一眼丹和格罗弗。因为某些原因，我觉得应该由他们来回答。格罗弗轻轻摇了摇头。

"没有，伙计，对不起。"他说。

"哦。"他又蹒跚着走回到他的桌子边，好像忘记了他为什么去那儿。

女服务员决定出面了，她带着威严把香烟灭掉，走到那对躺在座位上的夫妇旁。

她一上来就直接问道："你们有钱吗？"

"有啊，有钱。"男人说。

"拿出来看看吧。"

"他说我们有钱，"女人插嘴道，"给我们来点该死的咖啡。"

女服务员用愤怒的眼神打量着她："听着，亲爱的，如果你有钱，我就给你端咖啡喝。但是，在我看到钱之前，我是不会给你上咖啡的。"

"噢，让她见鬼去吧。"他嘟哝着。他在桌子上笨拙地挥动手臂，塑料挤压式番茄酱瓶被打翻到地板上滚起来，"我们出去吧。"

他们俩站起来，蹒跚着走向门口。一束光线又照了进来，然后啪的一声关上门，他俩嘈杂的谈话消失在街道上。

我闷闷不乐地坐在那里，盯着我的咖啡杯。我很尴尬，但我不知道为谁尴尬。我觉得自己像是见证了某个种族缺陷，而这是我一直想避免的。虽然毫无逻辑联系，因为那对夫妻行为不端，他们成了一幅让人恶心的讽刺漫画，连带丹和格罗弗都因此而蒙黑，我目睹了他们的共同弱点。

白人男子的桌子那边明显有相同的感觉。他们开始一齐关注我们这边的桌子，还不时谈上一段醉鬼或印第安人什么的，声音足够大，我们都能听到。我甚至一度清楚地听到这个短语“草原黑鬼”。我看着丹，看他有何反应，他似乎没在意。

“酒对我们真是个坏东西，”丹说，“我认为这是白人带来的最坏的东西。它让我们印第安人发疯。”

“的确是让刚才那两个人发疯。”我说道，想把这个缺点就限定在刚才那两个人身上。

“我们所有人都因为它变得疯狂。”他说。

“你为什么这样认为呢？”我问他。

“我不知道。这是造物主给我们的一个考验。”

“你喝过吗？”

“很多年前，然后一个带烟管的人把我带回神圣的圈子，现在我不再喝酒了。”

“我在海军服役时喝了很多酒，”格罗弗说，“我现在还去匿名戒酒会。”

那一张桌子上的白人老头似乎已经平静了一点。刚刚的小插曲，这下他们都有故事告诉他们的老伙计了，现在房间对面两个印第安老头和一个白人让他们再也提不起兴趣了。

“刚才那样的酒鬼是不是让你难堪呢？”我问。

“让我感到羞愧。”丹说。

“只有当我周围都是白人时我才感到烦恼，”格罗弗说，“我不喜欢他们看到我们的兄弟那样。这让我们看起来很脆弱。”

“我们的确脆弱，”丹说，“在酒精面前就很脆弱。就像白人一样脆弱，想要拥有一切。”他转向我。“但这些脆弱也是种优点，纳尔本。它们是优点，就像坚强是我们的优点一样。脆弱能让我们坚强，因为它们让我们自己站起来。”

女服务员端着馅饼和汤过来了，她像庄家发牌一样把它们一一掷过来。

格罗弗小心翼翼品尝着他的馅饼，嘟哝着说好吃，然后用叉子的末端把它锯成小块。我的汤泛着难看的石油般的光泽，若从不同角度看，汤一会儿是蓝色的，一会儿是绿色的，一会儿又是红色的。

“麻烦不在酒，”丹继续，“酒是一种挑战，让我们变得坚强。问题是它把我们变成弱势群体。”

“如今美国人人都是弱势群体，”我说，“这是我国一种新的消遣方式。”

“真是狗屁不通，”丹异常激动地说，“那是你们白人的方式。你们生活不顺利，就会责怪你们父母、你们的工作和其他的东西。你们还说自己被毁了，花很多钱来让精神科医生告诉你为什么你自己不用为你的生活负责。

“我们不需要这些，这不是我们的方式。我们不需要一些社会工作者或政府教授来告诉我们什么是错误的，我们需要去大神那里寻找力量。”

“大神有时也需要帮助啊。”格罗弗说。

“才不需要一群该死的社会工作者和顾问的帮助呢。该死，要不是因为我们，社会工作者早就无事可干了，整个保留地经济都建立在脆弱的基础上。”

他瞥了一眼那边桌子旁的白人，丹的音量和气势又激起了他们的兴趣。他们假装在吃甜面包喝咖啡，可丹一开始说话，你就可以看到他们的帽檐朝着我们。

“看到白人把我们变成了弱势群体，我真的很生气。我每天都看到我们成百上千的族人排着队变成弱势人群，因为自己处境艰难就去责怪社会，责怪白人。”

“嗯，事实也不尽相反，不是吗？”我问他。

“是这样的，但事实是糟糕的。弱势群体是软弱的，我不想软弱，我要像我的祖父们一样坚强。我父亲习惯在冬天每天早晨走到河边，在冰上凿一个洞去取水，即使是零下四十摄氏度他也觉得没什么。他只是做了他必须做的，他很坚强。

“现在，别人告诉我们族人，我们是社会的弱势群体，因为白人早就用上了自来水。那又怎么样？在你们来这里之前，我们没有自来水，我们一直去零下四十度的河面凿冰取水。我们从来没觉得自己是弱势群体。

“但是后来，社会工作者过来告诉我们，如果我们没有你们有的东西，我们就是弱势群体。弄得现在很多印第安人都相信这一点。”

格罗弗三下五除二干掉了他的馅饼，又盯上了丹没吃的那块。

“你可以喝我的汤。”我向他提出。

“他是要我的饼。”丹说。

格罗弗伸手去拿老人的盘子：“你不能一边说话一边吃东西啊。”他说，“你肯定一时半会都在这说话。”丹似乎未置可否。

“白人的方式不同于印第安人的方式。你们有的东西，我们没必要都要。我们有我们的方式，我们的祖先遗留给我们的方式，我们所要做的就是遵循这种方式。遵循你们的方式就等于说你们更坚强，我不认为你们更坚强，我认为你们更脆弱。

“如果我们能从你们那里学到一些东西，有助于我们更好地遵循我们祖先的方式，那么我们就应该学习这些东西。如果我们可以从你们那里得到一些东西，有助于给我们的人提供更好的生活，我们应该得到这些东西。但我们没必要事事看着你们，说如果你们有的东西我们没有，我们就变成了弱势群体。这其实就是把你们的方式强加在我们的头上。我们应该用我们认为正确的方式生活，并且尽我们所能地帮助对方。”

“这是一种美好的情操……”我开始说道。在我还没来得及说更多之前，丹打断了我。

“它远胜于情操。事情本来就应该这样。你们刚来到我们印第安人的土地上时，我们就认为我们应该互相帮助。我们想着与你们分享，交换观点和知识，互相学习彼此的优点。

“我们倾听你们的声音，但你们从不倾听我们的声音。你们所做的就是从我们手里抢东西。”

另一桌的几个老人已经不再装模作样假装对我们的谈话不感兴趣了。丹的声音已经大到咖啡店任何一个角落都能听到了。

“嘿，老爷子，冷静下来。”格罗弗低声说，“你现在跟那些酒鬼一样吵。”

“随他们去。我老了，就让他们认为我是个疯子好了。”

“他们可能是对的。”格罗弗说。

丹意犹未尽，滔滔不绝：“要是过去我们不听你们的就好了，我们现在就不会有醉汉了，不会有酒精，问题也不会有现在这么多了。白人来之前，我们没有这些问题。是他们把我们弄得像一群该死的印第安人，披着毯子，在贸易站四处晃悠等待施舍，这才刚开始呢。现在，我们在政府办公室门前晃悠寻找食物券。”

女服务员坐在凳子上，靠着墙，一脸茫然地哂笑。另一桌的男人们都放下咖啡杯，毫不掩饰他们对丹的兴趣。一天中能有两则这样的插曲真是太出乎意料了，这下他们一整个冬天都有话可谈了。

丹没有停下来。他脑海里的思想火花一下子迸发出来，嘴巴也跟得上他的思路：“你知道我们为什么听早期传教士的吗？因为他们坚强。他们和我们一样睡在地上。他们不会在地板上铺床，试图把自己同自然隔离开来。你可能不信，但他们理解我们的生活方式，也喜欢这种方式。他们知道我们和大地离得很近。从我们的角度来看，他们最出色的就是让他们的宗教和我们很合拍，就像一只手刚好能套进一个手套。

“直到后来其他人来了，真正的麻烦才开始了。那些喝醉的人，他们自己看不到真相，也看不到我们的。那些要地板房子的人，会在地板上支起床，床上铺上床垫，这样他们离大地越远越好。这些人从不知道我们是谁。

“现在一百年过去了，你们让我们在地上铺上地板，地板上支起床，远离自然，让我们吃玻璃纸包装的食品。你们告诉我们，如果我们没有这些东西，我们就是弱势群体。可你们自己却出门去露营，睡在地上，还说你们过上了印第安人的生活。这只是你们用另一种方式来掠夺我们的文化而已。你们拼命让我们因为没有拥有的东西感到难过，你们却把我们拥有的东西认作是你们自己的。”

“他妈的快吃馅饼啊，要不然我就吃了。”格罗弗说。他的眼睛里闪着一种幽默的光芒，他的声音却流露出紧张的情绪，他不想丹在白人面前把事情说开。丹才不管呢，他只把格罗弗的话当成了耳边风。

“想想那个叫梭罗的家伙，我读过他的一些书。他出去住在一个小木屋里，面对一个池塘，他莫名地就成了你们心目中的英雄。如果我出去住在一个小木屋里，面对一个池塘，很快就会有很多该死的社会工作者来敲我的门，吵得我不能睡。

“然后他们会在该死的笔记本上乱写一气：‘不主动，没有自尊。’他们会写报告，获得补助，开始一系列的政府计划，说它是为了帮助我们。

“这就是当初给我们分配土地时他们的想法，说是想帮助我们。他们把我们的保留地分成一块块的，告诉我们必须得种地。我们没种地，就说我们懒。我记得梭罗也不是个农民啊，他就在那鼓吹什么事都不做有多了不起，哼，他自己还不是去朋友家吃的晚饭。他不想种地，却是个英雄。我们不想种地，我们就是懒，然后派个社会工作者过来。”

女服务员真是烦透了，刚才那两个鬼叫的印第安人已经足够烦了。

她把票据从点单本上撕下来，然后走到桌子旁：“还要点别的吗？”

“好，我想再来点咖啡。”丹说。

格罗弗惊讶得睁圆了眼睛：“该死，我们出去吧。”

“我需要咖啡把我吃的馅饼冲下去。”丹说。他这样一说，真是搞不清他是说真的还是在开玩笑。女服务员自己做了个奇怪的鬼脸，没针对任何人，接着去拿咖啡壶。

丹把他的注意力转向我：“看，纳尔本，我希望你了解这点。白人不知道他们想要什么。他们想要大房子和各种东西，然后他们又想亲近大地。他们盖了小木屋，出去打猎，去野营，说这可以让他们靠近大地。但他们认为只有在他们拥有其他东西的情况下，这样生活才没问题。而我们印第安人呢，我们住在小木屋，出去狩猎，就不好了，因为我们没有其他的生活方式，也没有大房子可住，没有体面工作可做。我们不需要像白人一样过两种生活。梭罗这个家伙之所以被看成英雄，就是因为他过两种不同的生活。要不然，他只不过是一个流浪汉而已，他们会派社会工作者到他家去。”

丹的逻辑越来越错综复杂了，我都不知道他的道理能不能讲得通。我只是点着头，盯着我泛着彩虹般光泽的汤。格罗弗头歪着，搭在肩膀上，对面的老人正在互相谈论这个印第安“疯子”说的话多么睿智。女服务员站在远处拿着咖啡壶，音箱里传来塔米·威内特大声的演唱，拖音很长。

突然丹的声音变得很小，就像一个人在分享一个秘密：“这个就是你要记住的。”我能看到那边餐桌上的男人伸长了脖子，想在塔米的哀号声中辨别出他的话。

“白人觉得印第安人只有两种类型：醉酒的流浪者和高贵的印第安人。过去，他们认为我们都是野蛮人。但时代变了，他们的看法也变了，现在我们要么是醉鬼，要么是高贵的印第安人。相比之下，我更希望白人认为我们都是醉鬼，至少他们是把我们当人看。这样，他们谈论的就是他们看到的印第安人，而不是他们想象中的印第安人。如果他们遇到我们当中有人没喝醉，他们就得和我们打交道。

“那些认为我们都是智者的人才根本不关心印第安人，他们只是关注印第安人的信念。这其实是另一种方式，白人掳走我们原本的人性，让我们变成一个符合他们需要的幻想。

“你想知道怎么才能和印第安人一样生活吗？靠近大地生活；丢掉一些东西；互相帮助；与造物主交谈；更安静一些；倾听大地的声音，而不是总在地上建东西。

“不要为你的烦恼去责怪别人，不要试图让别人去做他们不想做的事情。”

他坐回椅子上，仿佛表明自己终于说完了。“好了，我饱了。”他说。

“早该饱了。”格罗弗抱怨道。

我只是点头，算是表示同意。丹刚才一番激烈的言辞，有内在逻辑也好，没有也好，我听得直发晕。那边桌子的几个男人，怕我们注意到他们对这个话题很感兴趣，努力装出一副他们在谈自己的事情的样子。

“喜欢那份汤吗？”女服务员略带讽刺地问我，她注意到我的汤一口也没喝。

“闪闪发光呢。”我回答。这是第一次，她向我笑了一下。她拿起我放在桌上的钱，然后走向收款机。她很快就回来了，把一个棕色的大袋子放到桌子上。

我困惑地看着她。“给狗吃的。”她说，然后眨了眨眼睛，走回她的凳子那里，再也没看我们一眼。

/ 第十六章 /

陌生人

我让格罗弗把车停在便利店门口，我好进去打个电话。刚才那个咖啡馆里也有电话，就挂在墙上，离那六个戴卡车司机帽的男子大约只有两英尺远。可我想他们听得够多了，用不着再听我向老婆解释：我目前回不了家，皮卡被大块头拆得七零八落，我这会儿正和两个印第安人和一条有关节炎的狗待在一起，我们开着一辆老别克车翻山越岭。

我回到车上，格罗弗和丹谈兴正浓，丹时不时地爆发出爽朗的笑声。

“你刚才比白人还能说啊。”格罗弗说道。

“给那些老混蛋们一点谈资啊。”

“对，他们这会儿说不定就在谈你这个老混蛋呢。”

丹咯咯笑着默认。

“都处理好了吗？”我坐到车里，关上门，格罗弗问我。

“差不多吧。”我回答。刚才和家人聊得有些不开心，虽然没明说，但是我听得出来他们在生我的气，希望我能回家，听到我说现在回不了家，他们就很伤心。我儿子也在电话里，吧啦吧啦地和我分享他小伙伴的故事、收到的玩具和要去参加的生日派对。我妻子很想给我鼓励，但我听出她声音里生硬的距离感。她肩上的担子太重了，我要是在家就好了。

“你就别去管它了，纳尔本。”格罗弗说。

他说得这么轻率，我真有点生气。我真想独自待一会儿，排解排解我的忧愁。丹什么也没说。

车又开回主干路上。不知道什么原因，格罗弗又向东开去。我们现在走的路线完全杂乱无章，没有目的。可我现在不在意路线了，我现在心里想的都是家里的事；格罗弗要做什么，我没兴趣知道。别克的八个气缸在不停地颤动，我们三个人再次陷入了沉默。肥背在那里胡乱地啃着一根骨头，就是那个女服务员给我们的。

就这样一句话也没说，车子行驶了近一个小时。我就一直盯着外面高耸的山丘和远方的景色发呆，儿子的声音一直在我耳边回响，挥之不去。

这次“小小的旅行”已经慢慢形成一个例行程序：格罗弗决定怎么走；丹决定车停在哪儿，停多久；我和我的小狗伙伴坐在后面，记记笔记，观察观察，看看窗外的平原。

渐渐的，我想家的愁绪慢慢消散了，景观的微妙力量再一次帮我冲走了愁绪。地势起伏不平，远处的地平线都对我有催眠作用。我蜷缩在格罗弗车宽敞的后座角落里，外面绵延弯曲的土地彻底把我催眠了。

整个下午的时间就这样慢慢耗掉了，没人在意车的节奏，也没人谈论什么。或许我睡着了，或许仅是走了一会儿神。但是，听到丹突然说“进去”后，我一下子从座位上跳起来，就像一个人在睡梦里惊醒一样。

格罗弗一下子放低了车速，我胃里一阵翻腾。原来是因为我们在下山，山坡很长，不陡，车子费了好大劲才停下来。我们现在慢慢绕着圈滑入河谷。我可以看到远处河对面的景色，河流平静，流向远方。

丹突然发话是因为一块浅黄色的广告牌，上面手绘了蓝色、黄色、绿色和白色的钻石状几何边界，上面写着“坐牛归葬纪念碑”。

“进去。”丹又说了一遍。

格罗弗立刻照办，老别克向右拐了一个90度的弯，蜿蜒行驶在盘山公路间，车子顺着公路一会儿上一会儿下。

“我希望你能进去看看。”丹说道，语气中带着权威。他在座位上坐得笔直，像是要准备“立正”。“坐牛是个伟人，纳尔本。他后来放弃只是因为他不想看到他的民众挨饿。他和疯马[1]都是非常杰出的领袖。”

我对坐牛了解不多。在我受过的白人式的教育里，他只不过是位酋长，有着高贵的面容和异国情调的名字，历史快速阅读中如果有美国边疆时期的题目，就会考到他的名字。我记得，他好像也参与了水牛比尔的“狂野西部演出”，在我看来，他这一举动多少有些贬低自己作为一个自由部落领导人的身份。

“他是一位伟大的领袖。”我含混地说道。

“条约就是一堆废话。”丹大声嚷了一下，好像他的回答是很合乎逻辑的。

“他们说应该给我们土地。但你怎么可以给别人他们早先已拥有的东西？所有这些条约的目的都是把印第安人民捆绑到白人的法律上去。坐牛看穿了这一点。他才不会签署任何这样的文件，文件声称要给他东西，可这些东西他早已经拥有了。他心里明白，只要他签署了文件，他就得放弃一些东西，所以他绝不会签字。”

远处一个人，形单影只地走在路上。

“看起来像个印第安人。”格罗弗观察后说道。

“应该载他一程。”丹说。

车开近后，我仔细端详了这个男子。他年轻，纯印第安血统，约

1　北美洲原住民苏族的首领，军事家。他在美国西部地区抵抗白人的入侵，以作战勇敢著称。

莫三十岁，和运动员一样动作敏捷，轮廓分明。他穿着牛仔裤和T恤，一件黑色皮革夹克搭在他的右肩膀上。他走路时步伐轻快随意，一个步子跨得很大。

车开到他旁边后，格罗弗放慢了车速，丹示意他坐到车后座上去。男子弯下腰，朝车里看了一下，然后抓住门把手，很快侧身坐进来。

他上车后，朝丹点点头。除此之外，什么话也没说。他身形健壮结实，洁白的T恤几乎是紧紧地裹在外面，牛仔裤上系了一根皮带，皮带上镶了一颗巨大的椭圆形绿松石和一粒银扣。

他看了我一眼，然后把手伸到搭在他肩膀上的外套的口袋里。他掏出一盒“好彩”香烟，默默地递给我。

我一下子慌起来。我不抽烟，可万一他递香烟是表示感谢和尊重呢？

我最终还是没要。

他把烟盒伸到前排座，丹从里面抽了两根出来，递给格罗弗一根。格罗弗点点头，悄悄地把香烟放进嘴里的角落。尽管如此，没有人说一句话。

沉默让我感到惴惴不安。前一秒，丹还在那儿兴奋地谈论坐牛，不出意外，他一定会谈上好长一段时间。可现在，车上多了个陌生人，大家都不说话了。我们在印第安式的安静里行进——卸下伪装，自然平和，沉默无言。我觉得自己完全像个局外人。

我从眼角打量车上的新乘客。他有着这片土地上最帅气的面容：皮肤是褐色的，油光铮亮，近乎红木色；他的手掌宽大圆润，看上去像是悬在他健壮的前臂上的斧头的前面部分。虽然很瘦，但他身上的每一块肌肉都很突出，仿佛烈日和无尽的劳作已经榨掉他身上多余的脂肪。但是尽管他体型很粗犷，他的举止却有些文雅甚至有些女性化。他既有大猫般的体态，也有大猫般的敏捷。

他留着二十世纪五十年代的发型，从衣服前面的口袋里掏出一把梳子，精心地梳理自己乌黑亮泽的头发。然后，他的大手非常熟练自然地拢成方形，放在头发上，圈起额头前的头发把它弄成方的向上翘起的卷发。

他的脸绷紧着，也能看出皱纹。他一微笑或一眯起眼睛，眼睛周围就出现了皱纹，虽然坐在车里，他脸上也没什么表情。他伸手挠了挠肥背的头，设法让她闻不到他的手。显然，他经常和动物在一起，也不惧怕自己不熟的动物。

格罗弗饶有兴致地顺着蜿蜒的道路继续前行，他庞大的别克车特别适合开在美国乡村公路绵延起伏的弯道上。

“要上山去墓地吗？”我问新乘客。我希望这句闲聊能弥补一下我对他的怠慢，我刚才没接过他的香烟。丹一下子在他座位上坐直了。

“刚出来到这儿呢。”他简短地回答道。丹一动不动地坐着。

我坐回自己座位的角落里。丹显然因为什么事感到不舒服，而这个陌生人的回答只有短短几个字，说明他可能是不想多谈，也有可能是本身就不健谈。格罗弗这时只顾着在蜿蜒的山路上开车，他没工夫帮我解围。

我缩在座位的角落里，盯着窗外。一句简单的攀谈，此刻变成一只黑蜘蛛，悬在汽车的中央。我到底说什么了？做什么了？就那么几个字，为何一下子会变得那么意义深远？

“到这儿就好了。”那人说。格罗弗停下车，男子和他上车时一样，轻快地下了车。没说“谢谢你”“再见”，也没有任何其他形式的寒暄，但是整个过程中没人觉得受到威胁，没人觉得不安，也没人觉得有任何敌意。

“白人的通病。”别克车启动后，丹呵斥我。

“只是出于礼貌，”我气恼地回他，“我问他要去哪里。”

“不，你还问其他的了。你问他是不是要到墓地去。有些事情不是你想象的那么简单，纳尔本。”

“比如？”我说，有些不知所措。

丹怒气冲冲地问我："你知道坐牛身上发生了什么事吗？"

"不知道。"我承认道，但我没觉得这个问题和我明显的失礼之间有任何关系。

"他被该死的保留地警察杀死了，那群披毯子的印第安人就害怕失去他们的口粮。"

"那时候，他们叫'咖啡冷却器'。"格罗弗插话，嘴里还叼着那根未点燃的香烟，"这个名字很适合你，纳尔本。"

丹却笑不出来："坐牛不会签署那条约。他知道白人会把我们所有人都变成披毛毯的印第安人。要不是那些该死的披毛毯印第安人……"他从牙缝里挤出了"哼"的一声，怒道："如果他们那时听坐牛的，和他并肩战斗，我们绝不会签署条约放弃黑山。"

我想说，就算不用这种方式，他们还是会用其他方式夺走黑山，但这时候我不想反驳丹，不知道后果会怎样，他这会儿已经出离愤怒了。

"他是一个真正的首领，纳尔本。他不恨白人，他只是喜欢印第安人民。他明白如果我们和瓦西组扯上关系的话，我们自己就会变成白人。

"你知道他是怎么评价那些住在白人机构的印第安人的吗？"

"不知道。"

"我记得那个演讲，是我年轻时学到的，我也学了这个演讲的英语版本。他是这样说的：'我不希望自己被关在一个畜栏里。我看到所有住在机构里的印第安人，他们既不是印第安人红皮肤战士，也不是白人农民——他们非狼非狗。'"

他从座位上转过来面对我："你明白我的意思吗，纳尔本？"

"不明白。"我回答。我仍然在气恼，我一个出于礼貌的行为却饱受他的指责。

"我们现在果真沦落到这步田地。我们听了白人的话。现在，我们非狼非狗，坐牛是对的。"

“那么，这都与我们顺路带的那个家伙有什么关系？”我试探问道。

“那些警察想逮捕坐牛，耶茨堡这里很多人都和那些警察是亲戚关系。”丹说，“他也正是在这地方被埋伏的，事务官派印第安警察去抓坐牛。坐牛的族人只不过是想下去看看幽灵舞是怎么一回事。但政府不想让他去，怕他会闹事。他们只想让坐牛做个该死的农民，不要参与其他任何事情，他们派印第安警察去逮捕他。警察开枪击中坐牛的头部，一群懦夫。然后坐牛的队伍也向那些警察开枪，杀了他们一帮人。所以在你知道你是在跟谁说话之前，你不应该谈论这件事情。”

“一百年之后还这样？”我惊呼。

“这其实和南方白人看待内战一样。有时镇里某地方发生了某些事情，在这个地方你就不要提这些事情。”

我摇摇头：“你们顺路带了那个家伙，然后不跟他说话，就因为他可能是死了有一百多年的警察家的亲戚？”

“的确是这样。”他严厉地说，“我不在乎你能不能理解这点。对于印第安人来说，家庭很重要，家族更是如此，并不会因为人死了，发生的事情就一笔勾销。尊重过去是件好事，不会因为它们翻篇了就当过去了。

“还有，我们不会和白人一样，哪怕只有该死的一秒的安静时刻，就想方设法要谈一大堆话。”

“好吧，你说的有道理。”我说，不想让他继续进行进一步的论证。我把注意力转向了格罗弗：“我是说真的，格罗弗，丹是不是有些反应过度？”

格罗弗通过后视镜看着我：“老爷子知道不少事情，我没他知道得多。我只记得有一次，我到耶茨堡去买墨西哥玉米薄卷饼，那儿有一个塔可约翰的分店。不过，你闭上嘴不说话没啥坏处啊。”

我脑海里面立刻浮现出这样的景象，人们阴沉沉地站在塔可约翰的店前，冷冷地盯着和他们一起排队的可疑的人，心里盘算着过去这人的祖先可能给自己先辈带来的伤害。我很想说，也许他们应该设两个窗口——一个卖给坐牛的亲属，另一个卖给警察的亲戚——但这话似乎不是得体与否这么简单。

“你不明白，纳尔本。”丹说，他还在滔滔不绝，“这就是为什么我想教你些东西。每个印第安人都表现得好像他们以坐牛为豪。‘他是一个伟大的首领，他干掉了卡斯特。’所有的印第安人都会这样告诉你，但是这话只是对白人说的。人们的内心深处都记得是怎么回事，尤其是老年人。如果年轻人不记得了，他们应该去学习。这可比他妈的你穿哪种网球鞋重要多了。”

我什么话都没说，但丹却不想就此罢休。

“你爷爷是怎么死的？”他问我。

“我不知道，”我回答，“他刚去世不久。日子过得很苦，酒也喝得太多了。”

“那么，如果他想要去教堂，却被击中头部，朝他开枪的家伙还得了奖牌，你会怎么样？”

“我会认为这事太荒诞了。”

“你会生气吗？”

“会，会因为发生的事情生气。但对朝他开枪的那个人的孙子，我很可能不会生他的气。”

“嗯，印第安人不会忘记。”

“也不会原谅。”我喃喃自语。

丹还是听到了：“这与原谅无关，它事关荣誉。我想告诉你这点。原谅会让你自由自在，让你只想着你自己。荣誉使你坚强，它把你和你的过去捆绑在一起。坐牛仍然活在他族人的心中，他们这样表达对他的尊敬。他的族人为这些人的行为感到不齿，坐牛赤身裸体地被这些人从他的床上拖了出去枪杀，然后头被割下来示众，这样瓦西组的事务官就会给他们一枚奖牌。

“他的族人在开火后不得不跑到松树岭去躲避。印第安的警察都驻扎在这里，是他们朝坐牛开枪的，就是那群披毯子的印第安人。现在，他们好像忘了过去，大谈特谈坐牛是怎样怎样的伟大，可他们过去却乐意朝他的头部开枪，这样他们就得到口粮了。”

我惊叹于丹鞭辟入里的分析，过去和现在编织在一起，在他的想象中形成无缝体验。他是对的；美国南方和内战、维希法国[1]和抵抗运动[2]，与他现在说的印第安警察和整个印第安民众如出一辙。有的涌流就应该待在水底下，有的骨头就不应该被挖出来。即使是他过于谨慎，近乎偏执，但至少对他而言是有意义的。

我回头又看了看那个陌生人。他离我们很远了，我能看到的只是他一个小小的身影，我们的汽车拐弯的话，马上就看不到他了。他仍然在路上走着，步伐迈得很大，很有节奏，他一直顺着我们开车的方向向前走着。

1 第二次世界大战期间，德国占领下的法国傀儡政府。1940年6月德国侵占巴黎后，以贝当为首的法国政府向德国投降，1940年7月政府所在地迁至法国中部的维希，故名。

2 二战期间，法国人民抗击纳粹德国对法国的占领和傀儡维希政权。

/ 第十七章 /

领袖和统治者

坐牛的纪念碑是个方尖塔，高踞在一个岬角上，俯瞰着密苏里河。它骄傲地矗立在万里无云的蓝天下，举世无双。虽然这个说法听起来有些偏颇，但奇怪的是，这座高贵的独一无二的纪念碑，似乎很适合孑然屹立在这个要征服他们的国家。

它前面是一个方形石柱，上面有一尊花哨的、刻得比较粗糙的半身像，看上去像是个中学生的作品。我想这大概是某个自学成才的印第安艺术家想用谦恭的方式来表达自己对坐牛的敬爱。

既然这时候我主动给出的评论对我不利，我就把想法埋在心里。我不停地提醒自己铭记一位好朋友的建议，他这样建议他叽叽喳喳十岁的女儿："你脑子里面出现任何想法，并不意味着你一定要把它说出来。"

格罗弗和我在纪念碑前静静地站着，丹自己随便走了走。"这个雕像和那个疯马雕像是一个人刻的。"格罗弗说道，他指着半身像。

"你是指山上那座雕像吗？"我问他，难以置信。

"是的，同一个人。"

格罗弗指的是一名波兰移民，他叫科夫斯基，白人在拉什莫尔山一侧雕刻四位总统的头像以作纪念，他希望能帮助印第安人以同样的方式来纪念自己杰出的领袖。他自学成才，骄傲非凡，具有钢铁般的意志，他开始在黑山北部雕凿出巨幅的疯马雕像，面对着圣地。他已经过世了，但他的儿子继续他的工作。情操非常高尚，任务异常繁重。但是，一想到那座如山般大的雕像质量和这座半身像的质量差不多，我有些不寒而栗。

我还没来得及细细去思考这个问题，丹就回来了，站在我们旁边。

“你知道为什么在这里吗？”他问。

“什么？雕像吗？”

“不，整件事。”

我承认我不知道。

“坐牛被打死后，那些披毯子的印第安人简直他妈的怕死了，他们甚至不敢为他举行一个体面的葬礼。士兵们就把他放进松木棺材里，扔到洞里去，他身上竟然还裹着那条满是血的毯子。我听说甚至还有人把一些化学物质撒在他身上，这样他的尸体会腐烂得更快些。印第安人应该以他为荣，结果这些人却往他身上撒化学物质让他腐烂得更快。

“他们给那次行动中被枪杀的警察们举行了一个盛大的军事葬礼，所有的披毯子的印第安人哭着哀悼他们，把他们埋在天主教墓地。然后，他们偷走了坐牛族人的所有东西。这一切都发生在耶茨堡那里。

“坐牛的族人不想把他留在那里，他们想把他带回他出生的地方。我记得听到这个说法的时候，我还是个孩子。后来，就是几年前，他们（耶茨堡人）决定淹没耶茨堡所有地方。修个水坝，然后淹没它。坐牛的亲戚才不会让他们淹没坐牛的坟墓，他们把他的骨头偷出来，带到了这里，把他葬在他自己的土地上，让他的灵魂得到自由。”

丹把手伸进口袋里，拿出了陌生人给他的香烟。他手指间滚动，直到烟草被捻出来。他走到方尖碑那里，在它的四面各堆上一小堆。格罗弗也一样做。然后，他们手举起一些面向天空。他们松手后，风吹着烟草四下飘散，最终，他们手里一些烟草滑到地上。

我们默默地走回到车里。肥背躺在后车轮形成的长长的影子里，头枕在爪子上。我们都上了车，顺着盘山公路向下开去。我们顺路捎带的陌生人早已不知所踪。

丹苦苦思索着。我听得到他嘴巴里面在低声嘟哝着什么，接着他开口了。

“我希望你能理解这一点，纳尔本。我想你还没完全弄明白。坐牛是个领袖，是个真正的首领。因为他伟大，人们才跟着他。他从未赢得过任何选举，也没有受任何政府官员的任命。通过这样的途径成为的领袖并不是真正的领袖。”

“你是说那些警察不具备真正的权威。”

“的确是这样。他们是警察只是因为政府说他们是警察，政府给了他们制服和工作。它和我们过去的体制截然不同，在过去，你得到这个工作是因为你所拥有的荣誉。”

“不幸的是，白人就是按照这套体制运作的。”我说，虽然不是十分确定。

“这个体制运行得太他妈的不好了，”他答道，“至少对印第安人来说是这样。我们自己有运行良好的体制，可白人来了，带来了选举和法律，现在我们就要沿用这套运行不好的体制。他们不应该来扰乱我们。”

“那么，为什么这套体制运行不好呢？”我问他。我很好奇，想听听丹对政府的想法。

“噢，这太复杂了，不好解释。”他说，“你得了解过去很多的事情才行。”

“我不知道，说说看啊。”我说，“我很感兴趣。”

他疲倦地叹了一口气，举起了他的两只手，像在比较两个不同重量的物体。

“有领袖，也有统治者。我们印第安人更喜欢领袖。如果我们的领袖不能领导我们了，我们就远离他们。如果他们领导得好，我们就追随他们。

“白人永远无法理解这一点。你们的体制通过法律选举出统治者，即使他们不是领袖。我们不得不接受这套体制，因为你们让我们印第安人制定宪法，成立政府。但是，我们不喜欢这个体制，也不认为它正确。

“日历怎么能决定一个人能当多长时间的领袖呢？这真是太疯狂了。只有人们信任他，只有他是我们领导的最佳人选，他才会是我们的领导。你也只有在人们都跟随你的时候才是领导。

“在过去，我们需要一位武士时，我们就让这位武士成为我们的领袖。可是战争结束后，我们需要一位治疗师来领导我们，他就成了我们的领袖。或者，有可能我们需要一位很好的演讲家或深刻的思想家来做我们的领袖。

“勇士知道他的时代已经过去了，他自己也知道他不再是我们的领袖，需要他的日子已经过去了。能为自己的族人服务，他很自豪，也知道是时候自己该靠边站了。如果他拒不下位，人们就会直接离开他。他不可能自己让自己成为领袖，只有在他按人民希望的方式去领导他们的时候他才是领袖。

“这就是为什么坐牛是一个领袖。族人需要他，族人也跟随他。他很勇敢，也很聪明。当他不得不战斗的时候，他知道如何去战斗。而且他对白人了如指掌，族人看到白人欺骗不了他，所以就跟随他。

“这就是为什么美国政府这么恨他。不只是因为他设计干掉了卡斯特，其他人也能做到。主要是因为他是一个领袖，他的族人听他的，他又不听美国政府的，他只听从族人的需求。”

我点头表示同意。

丹继续说道：“如果族人不想追随他的方式了，这也没关系，他们可以追随其他的，高尔就是这样。他与坐牛和疯马一起打败了卡斯特。但他认为，如果他不希望所有的印第安人都被白人杀死的话，他不得不与白人一起共事。于是，他离开了，去追寻他的方式。我认为他不对，不过这是他的选择。如果大多数人决定不跟随坐牛的话，那么他就不会一直是领袖。但是人们仍然跟随他，他就一直是个领袖。”

“听起来有些理想主义啊。”我说。

丹显得有些疑惑不解。“完美。”我修正道。

“它不完美，但他妈的肯定行得通，”他继续说，“这就是我们印第安人的方式。一个人不会因为得到了选票就成了一位领袖，他成为领袖是因为人们追随他。老师也是一样。”

他举的例子似乎有所指。我想着是他想起了我在红湖区教印第安孩子，我太愚笨了，不能理解为什么一百年过去了，心中仍然愤恨不平，不能以平常心来迎接一个陌生人。“一个人成为老师，不是因为他被推选或是获得了证书。他们之所以是老师，是因为他们掌握知识，得到别人尊重。如果他们懂的知识不多，他们不能成为老师。或者，如果我们没必要去了解他们懂得的知识，我们也不会去找他们。现在，你们派老师过来，让我们的孩子去那里上学，我们甚至都不知道老师懂得哪些知识。我们甚至也不知道他们是不是好人，能不能培养我们孩子的自信心。我们只知道他们是老师，因为他们已经学习了教学的相关课程，别人给了他们一纸凭证而已。你明白我的意思吗？”

“明白。”我说道，还差点加了一句，“比你知道的还清楚。”

“我们想知道他们是什么样的人，他们心中有什么知识来和我们分享。如果说他们有证书所以让他们来教书，这就像把一个花哨的包装包在盒子外面，可我们不关心包装，只想知道盒子里面有什么。如果是个空盒子，即使有花哨的包装纸，仍然是一个空盒子。

“我们就是不喜欢有人站在我们前面，无论这个人是老师 、政府人员，还是其他什么人，告诉我们该怎么做。我们自己会认定谁是我们的领袖。他们不能说自己是领袖，然后自己就变成领袖了，法律也不能让他们成为我们的领袖。

“那些警察枪杀坐牛后，他们很害怕。他们像是小孩子，他们担心如果没按冒牌的领袖说的去做，会受到惩罚。他们怕自己得不到食物，所以，他们按照冒牌的领袖——法律制定出来的领袖——说的去做，尽管他们知道这样做是不对的。

“有很多故事说这些警察在打死坐牛之后是如何哭泣的。可如果他们认为这样做不对，他们当初就不应该向他开枪。他们应该听他们真正领袖的话，而不是法律选出的领袖的话。他们不明白领袖和统治者之间的区别。”

像往常一样，丹的逻辑在千山万壑间迂回行进，最终到达目的地。

“我理解人们为什么跟随坐牛。”我说，“但他也是一个酋长，你们族人难道不应该追随酋长吗？”

“酋长也不一定就是人人都得跟随，”丹回答，“他们必须赢得别人的尊重，至少在印第安人中是这样。如果你的父亲是一名酋长，你可能也会是一名酋长，但如果你是个懦夫或不是个好人的话，你的族人只会远离你，你就成了你自己一个人的酋长。要想成为一个酋长，你必须得是个领袖。

“你知道的，条约有很多问题。很多时候，我们真正的领袖是不愿签署那些条约的。可是你们政府需要一纸凭证，所以他们就找其他的印第安人，只要他肯签署那张凭证，他们就让他成为领袖。也许这个人也是我们的族人，但他绝不是我们的领袖，除非我们大家都认可他。他没有权利去签署那纸凭证，就好比大街上某个人不能随意签署一纸合约，然后就把你的房子给卖了。这些人都是假的首领，他们是法律制定出的酋长，是由白人扶植出来的印第安人，由他来代表我们所有的印第安人说话。

“但真正的印第安领袖不会代表所有人说话，他会先倾听所有人说话。他可能会把长者聚在一起，或者召开酋长委员会，方式取决于这个部落的习惯。

“然后他们会倾听每一个人，每一个人都可以说出自己的想法。如果有人不喜欢做出的决定，他们可以离开。如果酋长做出决定后，大多数人都不同意的话，他们会再立一位新酋长。他们直接把自己的圆顶帐篷搬到这个人附近，这个人就成了新的酋长。

“我宁愿我们一直实行这种老办法，让最聪明的人聚在一起讨论。如果部落里有人懂的知识比其他人都多的话，他就会被推选出来。

“可现在你们却让我们换个方式。你们告诉我们，我们必须要选出一位领袖来代表我们，而且我们所有的一切都要他来代表。这个人应该是什么都很精通，因为他得为一切负责。即使在有些事上我们不想他来替我们说话，可按照你们要求我们制定的宪法上的规定，他一定要替我们说话。

“事情本不应该这样。优秀的领袖等待族人的召唤，族人不再需要他们之后，他们会放弃自己的权力。自私的人和傻瓜则会把自己摆在第一位，想一直掌控权力，直到有人把他们抛弃。自私的人和傻瓜相互争斗，都想成为领袖，而好人却在一旁观看，这种方式太差劲了。

“可你们非得要我们采用这种方式，所以我们现在都没有与名称相符的政府。我们的领袖没有权力；我们的统治者却不是我们的领袖。

“这就是坐牛为什么伟大，他不是统治者，他是领袖。”

/ 第十八章 /

为耶稣沉醉

丹好像说完了，格罗弗嘟哝着表示赞同。他把手伸到了仪表板上的小柜子里。“有火柴吗？”他问我。

“没有。”我说。

“我要抽烟。”

丹翻遍了他的口袋。“用完了。”他说道。

“该死！”格罗弗诅咒道，“一想到那个印第安人，我就想抽根烟。看样子得去莫布里奇生些火才能点烟。”

我注意到丹对这个想法颇不以为然，我渐渐意识到他不太喜欢去白人住的城镇，他感觉在那些地方自己不自在。

我们往密苏里盆地开下去，太阳在我们后面像个橙色的火球。山峦由褐色变至金色，傍晚的阴影如长长的手指，轻轻掠过溪谷。远处，在河的那一边，莫布里奇聚集在一起，像个前哨。后面远处的是肥沃的冲积农田，在傍晚的阳光下微微发亮。

密苏里河两岸的差异是相当惊人的，不仅仅是地质上的差异，更是一种气质上的差异。东岸的土地是由冰川形成的。冰川一寸一寸地被移除，慢慢变成了坚韧的土壤。如果你在这里劳作，耕种它，顽强地和它耗着，不惜搭上你的一生，那么冰川就会一寸接着一寸后退。这块土地适于农民和工人劳作，不是梦想家的乐园。

河的西岸，密苏里的断层山脉在夕阳下泛着光，连绵起伏，从巨大干涸的海床上拔地而起。正是在这条河上，冰川停步，它在地表上留下痕迹，而不是销匿在地底下。这片土地充满了惊喜和诡秘，隐匿的景致和远处滚动的山脉，吸引着众人的目光随着太阳向远处眺望。在这片土地上，自由比劳作更多，希望比坚持更多。

总而言之，这是西部地带。

这个事实当然格罗弗和丹也知道。“另一边肯定和这边不一样啊。”我们快到横跨密苏里河的竖桥时，格罗弗观察后说道。我和他们说了说冰川，还有冰川的大冰盖为何只覆盖到密苏里河。

“现在觉得蛮有意思的，”格罗弗显得很诚心诚意，“我觉得你在某些方面还是很在行的。”

我微微一笑。从我拜访老爷子开始，我思考的或是我知道的都被贬得一文不值。我是谁，我从哪里来，我怎么看这个世界，没有人对此感兴趣，我觉得自己完全丧失了自我。除了问丹更多的信息和编排一些蹩脚的幽默之外，我基本上都是隐形的。格罗弗对我一丁点儿的肯定，即使话里带刺，也让我有了小小的骄傲感。

我想到，大多数印第安人在和白人不断的交往中，可能常会感觉自己无足轻重和毫无价值。这种情况下，我就只盼自己能逗乐别人，否则就做个隐身人。一个人知道任何东西都不重要，因为它无关紧要。目前形势下，印第安人最有价值的就是他们接地气的智慧。我明白了丹为什么更愿意被视为醉汉，而不是智者。被视为一个醉汉，至少说明他是真实存在的；可是被视为一个智者的话，其实说白了仅仅是白人心头幻想的一个投影。

我们离莫布里奇越近，丹的脸就绷得越紧。他的头猝然转过来转过去，小动作不断，显得很急躁。公路旁的广告牌已经越来越多，都是为各种商品和服务打的广告。它们太难看了，简直是辱没了微风吹拂下的景致。

有个公路标志上写着我们快要到莫布里奇印第安圣经学院了。“看那边。”丹指着说。

“那是什么？”我问他。

“是他们把印第安人变成传教士的一个地方，和旧的寄宿学校一样坏。”

“你不喜欢基督教，是吗？”我说。

“没有啊，”他反驳道，“我喜欢耶稣。我还是个小孩的时候，就开始学习关于他的一切，我喜欢他。他是个白人，我觉得他更应是一个印第安人。”

我以前听过这种说法。

“他一无所有，”丹继续说，“睡在外面的地上，在各地来回穿梭。他分享了他所得到的一切。他甚至把大神当作自己的父亲和他交谈。他简直就是一个印第安人。

“我爱他，纳尔本。我现在仍然爱他，仍然和他说话。我从牧师和修女那里学到这些，我觉得不错。

“但我不喜欢教会对我的族人所做的事情。每每我看到印第安人站在十字架前，我就很难过。他们这样善良的人，他们的信仰是如此的强烈，可为什么他们信仰的不是我们古老的宗教呢？为什么我们古老的宗教被人从我们身边赶走了呢？它是不会要我们乞求耶稣来聆听我们的。”

他在座位上稍微动了一下，好能看到我的反应。我没有任何反应。

“我想耶稣不是印第安人也是件好事，”他继续说道，“是的话，美国政府就会对他穷追猛打直至杀死他，会像杀死疯马和坐牛一样杀死他。只不过又死了一个印第安人，一个惹麻烦的人。”

丹向外凝视着广阔无垠的密苏里河。我可以在玻璃窗上看到他的样子，他平静的表情下压抑着痛苦。

“你知道为什么坐牛在那边的山头上安营扎寨吗？”

“不知道。”我回答说。

“他就是想去看看救世主耶稣是不是来了。你听说过幽灵舞吗？”

“听过。”

“坐牛就是想去弄明白幽灵舞。这就是他为什么会在这里，为什么他离开在耶茨堡的大部队。他说他想‘知道那个祈祷’，他想知道它是否对他的人民有好处。

“你知道的，幽灵舞其实是关于耶稣的舞蹈。我不在乎白人的书上是怎么写的。有一个人从西方来—— 一个派尤特人，名叫沃沃卡——他说他已经死了，还遇到了瓦尼卡。”

“瓦尼卡？”我问道。

“就是救世主耶稣，”丹解释说，“我不是十分清楚。我听说过好几个说法，有的是说这个沃沃卡说他自己是瓦尼卡，有的是说他只是一个信使，告诉其他人救世主耶稣要来了。无所谓哪个说法，重要的是，所有的人都相信救世主耶稣将要再次降临，就像传教士和牧师所说的那样。只不过这一次，他将要来到印第安人中间，因为他上次降临后被白人杀死了。

“白人的书上说，沃沃卡是个疯子，所有跟着他的印第安人都是疯子。可是我来告诉你，印第安人并不是在寻找一个名叫沃沃卡的人。他们不在乎他的名字是什么，他们清楚自己要找谁，这个人手上有钉洞，两侧有刺伤。这个人听起来像谁呢？”

“听起来像是耶稣。”我说出了他话里显而易见的意思。

“对的。印第安人正在寻找耶稣。也许他有新的名字，但他仍然是耶稣。我们印第安人很兴奋，因为我们爱耶稣，我们一定比白人更为拥戴他。”

他的声音变得柔和而遥远：“我们才不会把他钉死在十字架上。我们盛宴款待他，我们相信他，我们拥戴他。这就是我们跳舞的原因。沃沃卡说过我们一定得跳舞，这样才能得救。

“坐牛就是想自己去了解救世主耶稣，去看看这个舞蹈到底有没有灵力。

“我们族人那时真是高兴坏了。我们从来不相信大神已经抛弃了我们，让我们忍饥挨饿，让我们被来到这片土地上的白人屠杀。我们希望耶稣来帮助我们，于是我们就像以前白人教导我们那样去信奉耶稣。”

现在，丹已经完全沉浸在自己的思绪中，盯着窗外发呆。

“但是政府又不高兴了。以前他们杀我们是因为我们不相信上帝，现在我们相信上帝了，他们还是要杀我们。我们所有的女人，我们所有的人，都满怀希望。我们甚至比白人都更相信白人所说的话。”

如果他生性爱流泪的话，他这会儿肯定痛哭不止。

“可是政府却气坏了，印第安人怎么又满怀希望了，如果有希望就能获得重生。原先我们心中早已没有希望了。可现在政府看到我们又充满了希望，就想把我们赶尽杀绝。我们不能拥有希望，拥有希望就会拥有梦想，他们不允许我们拥有梦想。

“他们称之为疯狂或狂热，报纸上就是这么写的。但是你知道吗，你知道有东西是永远不能说出来的吗？事实是很多白人害怕了，他们觉得我们可能是对的。他们也相信耶稣。他们认为也许耶稣会再次降临，但这次是降临在印第安人中间。

“白人知道他们自己一天到晚就想着发财，没有按照上帝教导他们的那样去生活。他们为此编造各种借口。可他们看到我们之后，发现我们就是按照上帝教导的方式在生活，我们一下子就让他们的借口听起来苍白无力。

“他们一直在屠杀我们，把我们从我们的土地上赶走，这样他们就可以发财了。在他们内心深处，他们知道自己在做坏事。他们害怕我们说的是对的！他们害怕耶稣要来帮助我们！”

看着他，就像看着夜晚大海的潮水翻滚变化。他的满腔愤怒一会儿升起，稍后消失，然后又表现在其他地方，被更强烈的痛苦所取代。

“是我们的错，我们对信仰太虔诚了，就因为这样，白人对我们的信仰感到恐惧。我们所做的一切只不过是跳舞。我们听说，如果我们跳幽灵舞，坚定信仰，水牛会再回来，我们也会看到我们的祖先，我们将回到我们原来的生活方式。

“我们族人不停地跳舞，他们一刻不停地跳舞。他们围成一个圈，跳了又跳，直到筋疲力尽。有时他们能看到幻影，是灵力就快来了。

“白人快要发疯了。一切都不对劲了：我们印第安人虽然被打败了，可现在我们的士气上来了。我们被分裂开了，被赶到不同的地方去，但现在我们又在一起了，一起跳舞。一些年轻人变得更勇敢了。他们说，救世主耶稣会帮助我们夺回我们的土地。他们准备去斗争。

“这次我们是真的醉了，但是醉得好。我们为耶稣沉醉。”

他停顿了一下，深深地吸了一口气——他是个想要掌控自己想法的人。

“我们把耶稣变成我们印第安人的耶稣，我们把他带进我们心中。那有什么错呢？你们给我们的就是‘耶稣’这个称谓，后来我们信奉他，把他变成我们印第安人的一员，你们就说我们不能拥有他。”

他陷入了沉默。这次沉默不是一种安静的、平和的沉默，而是一种深沉的、如窗外上涨的密苏里河水那般流动缓慢的沉默。整辆车显得很凄凉。肥背抬起头，眼神里满是愧疚。格罗弗有意只盯着在他前面的路。

“你们甚至不让我们拥有希望，”他最后说，“没有军队来解放我们，没有政府来帮助我们。我们大声恸哭，没人听得到。我们饿得死去活来，没人在意。我们剩下的就只有希望了。但是，只要你们看到我们身上有一丝希望，你们就要去破灭它。”

圣经学院矗立在我们车的左边。它由若干栋长砖宿舍一样的建筑物构成，矗立在塔一般的橡树和白杨丛中。它看起来像一个老的军事据点。我很想知道住在房子里的那些学生们怎么看待幽灵舞。

丹说话声音越来越小，像最后一缕阳光那般微弱："我们对信仰太虔诚了。我们太拥戴主耶稣了。我们让他成为我们的领袖。你们不想让他成为我们的领袖。我们想去发现他是不是再次降临时，你们就开始屠杀我们了。所有的女人，所有的小孩，所有的希望，死了，都死了。"

我们拐了一个大大的弯道，驶入莫布里奇的主干街道，酒铺和餐馆的变幻的霓虹灯都亮起来了。街道上已是遍地黄昏。丹忧伤着，沉默着。

格罗弗把车停在超市前，消失在它刺眼的眩光里。他的步伐有些僵硬，看起来个头很小，与周围有些格格不入——一个老印第安人穿着牛仔衬衫和牛仔靴，跛着脚走在处处都是包装的美国文化里面。

"我带肥背出去吧。"我告诉丹。他向我挥手，显得心不在焉。他的下巴压在他右手上，神情看起来既寂静又冷漠。

肥背一下子跑到停车场的边缘。走了几步之后，她蹲下来，对着皮卡车的轮胎撒尿。有两个年纪大的妇人路过，停下来，瞪着我。

"我母亲的狗。"我解释道。她们笑了笑继续向前走。肥背用鼻子在地面上嗅了嗅，闪电一样冲到远处某个未知的地方。我眼角的余光看到丹在那盯着紫色的黄昏发呆。

我朝着肥背消失的方向走去。河水气味很冲，直钻我的鼻孔。它闻起来臭烘烘的，也很厚重，还有些懒洋洋的。

回家的渴望又深深抓住了我，越过密苏里河我很快就可以到家了。丹刚才那股戏谑和愤怒的感觉没有了，他精神上疲惫不堪了。他坐在车里，留着稀疏的长发，和任何一位老人完全一样，年迈任性，没有梦想，也不抱希望。他累了，我们都很累，这一天真是太漫长了。

肥背跑来了，拖动着一个油腻腻的白色快餐袋。"把它丢掉，肥背。”我说。她没听我的，偷偷拖着她的战利品，然后在停车场边上的灌木丛下趴下来。透过超市的窗口，我看到格罗弗推着购物车朝收银台方向走去。

我想我不能再往前走了。

/ 第十九章 /

催赶

车开过大桥，在夜幕下向西边开去，夜色慢慢加深，群山像是一幅幅剪纸画。几分钟后，莫布里奇成了过去式。山峦沐浴在圆月银色的月光中，溪谷在月色下变成深紫色，简直是一幅由巨人绘制的风景画。

“还有很长的路要走。”格罗弗宣布道。丹就坐在座位上抽烟。

“有多远？”我问。

“一小时左右，也许两小时。”

“都是走公路吗？”

格罗弗大笑：“除了最后一部分。”

公路旁的电线杆立在那儿，像无声的十字架。

车内唯一的动静就是速度表的指针如弧形一般，一直稳定地在幽灵般的数字仪表板上划着弧形。丹的情绪一直没有好转。他谈过坐牛和幽灵舞之后，我就发现他一直沉浸在苦涩的回忆里，到现在还没回过神来。我想方设法去化解它，然而，每一个节骨眼上都有什么东西阻止着我。如果开口说话的话，语言显得太白人化；身体接触的话，我还没和他熟到能触碰他的程度。玩笑这时候也不适合开，闲聊也聊不下去。

一只猫的眼睛在黑暗中闪闪发光，又嗖呼一下消失了。

我决定直接问他，语气柔和一些，除此之外，我也想不出其他方式了。

“丹？”我说。

他几乎都没有转过身体。

“可以谈谈吗？”

“为什么不呢？”他回答得很简短。

“我不知道要怎样说，说起来显得很愚蠢，”我斟酌着说，“我憎恨发生在你们族人身上的事。我真的憎恨。我觉得我们犯了一个无法挽回的罪行。”

“你们的确是。”他说。

“我知道，可我没做。即使我的祖父母做了它——如果他们手上沾有鲜血的话——我也不可能当它没发生过。”

“我知道。”

“那要怎么办呢？”

“没有办法。”他说。

“那能做些什么呢？”

烟雾在他的头部上方萦绕，像一个光环。夜色里，我能听到他在吧嗒吧嗒地抽着烟。

“我希望我知道能做什么。”他回答说，“你知道我们族人发生了什么事吗？我们被你们离间了。坐牛与高尔争论要不要向白人屈服。年轻人加入‘美国印第安人运动’这个组织，又想成为勇士。部落的头头们行为做事越来越像白人老板。没人知道要怎么做。

“我们中有些人想变成白人，有些人一说到白人就咬牙切齿，另外一些人两种想法都有。还有些人甚至想回到过去的日子，假装什么都没发生过。

“我们都在苦苦挣扎，可是想不出办法。每一代人都要挣扎，也许我们就只能把这个难题交给我们大神解决好了。”

“可你们就是这样做的啊，”我说，“看看你们现在成什么样了。”

“大神的时间和我们的不一样，”他说，“水井里的水有毒了，它被愤怒和绝望毒害了，也许我们必须等到水再次变干净才行。”

我想打断他，但他阻止了我。

“见鬼，纳尔本，我真的不知道。”他语气很严厉，“我老了。我只知道我所看到的。如果年轻人想战斗的话，他们必须决定如何去战斗。”

我不想就此打住。“我们写书就是为了这个目的，”我继续说道，“我以为你想说出你所知道的方法。”

“我现在很累，情绪也不好。他们应该学习我们的语言，尊重长者，成为真正的印第安人，就这些。我说得够多了。”

他又开始抽香烟了，他从胸口呼出的气简直就像死亡的声音。

车前面，一个黑影跑过去。

“那是什么？”我问格罗弗。

“兔子，”他回答说，“或者狐狸。没在意。”

丹又开口了：“白人应该多看看兔子。它知道如何保持安静，也很谦恭。白人永远学不会谦恭。”

我变得越来越不安，这会儿连汽车里都弥漫着丹的忧郁情绪。车外银色月光洒满大地，神奇莫测。这一刻，我想听点什么，什么都行，就是不想坐在安静的车里。

“和我聊一聊吧，丹。”我说。

“哎呀。”他没好气地应我，脑子里满是不好的想法。

“你一直在那里催，从没停止，”他说，“你自己都不知道你有多心急。”他的声音显得很遥远，我都不确定他是在跟我说话，还是在自说自道一些抽象的想法。他的话听起来有些茫然、空洞，不带感情。

“白人来之前，我们的内心和身体都是自由的。我们想去哪儿就去哪儿，我们爱怎么思考就怎么思考。土地是给我们使用的。但是自从你们登陆上岸的那一刻起，我们就开始被你们到处催着赶着了，我们就这样一直被你们催着赶着。”

我很小心地接过话茬，生怕他不再说话。“我了解，”我说，“我想听个明白。”

“我不知道，”他叹了口气说，“这种催促让我们变得谨慎小心。我们没有力量抵御你们，一直都没有。我们中聪明的人一开始就明白这一点，我们的年轻人也很快就发现了这一点。我们不能站起来反抗你们的暴力，我们得另找一条路活下来。”

他说着说着说成了拉科塔语，然后又说回英语。

“我们找到的方法是机智，用沉默伪装起来的机智。我们会先观察你们，听你们说话，直到明白你们到底想要什么。然后我们会往后退。如果我们能够反击的话，我们就反击。如果我们不能的话，我们会一次又一次地往后退。”

他向外凝视着夜空：“问题是涉及土地时，我们怎么后退都不行。无论我们跑到什么地方，你们总会追到我们。我们听到你们来的声音，也嗅到你们来的气味。甚至你们还不知道我们在哪里，我们就已经知道你们追来了。动物也会告诉我们。我们在它们的眼睛里看到了，在它们的声音中也听到了。我们觉察到了它们的数量变化和它们生活习惯的变化，就知道你们来了。”

他再次陷入沉默。他从仪表板上的烟盒里又抽出一支烟，在他的手背上敲了敲。

“你知道的，我们可以看懂各种迹象，我们今天仍然能看懂。你们不一定带着枪和疾病过来，但你们来了。你们带着钱，而不是酒精和烟草。你们想要的不是我们的土地，你们想要的是埋在地下的东西和长在地上的东西。你们想要我们的矿石，想要我们的森林，想把核废料和化学品埋在我们地底下。”

“哈！”他突然大声说道，好像这些话早就经过深思熟虑，现在脱口而出，“但我们已经学会了机智。我们知道真正让你们害怕的只有律师，他们能够歪曲你们的法律。很久以前，我们是相信你们的法律的，可后来发现你们自己却不相信。法律只是为你们制定的，只是为了帮助你们得到你们想要的东西，不让别人得到你们拥有的东西。法律才不会帮助像我们这样的人。

“我们签订了一条又一条的条约，得到了一个又一个的承诺。可到头来我们得到了什么？什么都没有。它让我们相信你们，它只会哄我们去睡觉。我们睡着了，你们就会千方百计歪曲法律，得到你们想要的东西。

“现在我们不相信你们的法律，但我们聘用你们的律师。为了钱，他们会为我们工作，歪曲你们的法律，就像他们以前为你们工作一样。我们有钱，所以我们会聘用他们为我们工作。”

他刚刚正说得高兴，情绪又开始忧郁起来，他像是在和自己辩论。

“但是如果我们做得太好了，你们就会找到另外一种方法来阻止我们。你们总是这样，你们总在催赶我们。”

他的声音又抬高起来。他好像在专门对我说话，好像是想，以我的理解，我可以做点什么。

“我希望你们停下来，不要总是那么心急，看看你们在做什么。你们甚至都不知道你们为什么要那么迫不及待。整天在那儿催着、赶着。

“你们迫不及待想更富有，迫不及待想拥有更多的东西，哥伦布迫不及待地推动整个世界只为去看接下来会发生什么。

“我过去认为你们这样做完全是因为贪婪，现在我的想法改变了，贪婪只是你们为人处事的部分特征；我们倾听大地的声音也一样，不代表我们为人处事的全部特征。

“我为你们白人感到难过，你们不可能很快乐。但我不能相信你们，因为你们会永远催赶我们。”

他转向我：“我们族人都做得很好。你们把一切东西从我们手里抢走，但我们还是活了下来。虽然你们不停地催赶我们，我们已经和你们一起走过了五百年。就算你们还在那里催赶我们，我们还是会和你们走过下个五百年。

“为了生存，我们做出了改变，但这种改变会伤害到我们。你们让我们变得小心翼翼，疑心重重，我们从来不想这样。也许有一天事情会改变，但我认为不会。”

“不，”他重复说道，好像在审查他刚才下的结论，“我认为不会。”

我愈来愈觉得不安。我最害怕的事情还是发生了，他把我们的身份严格划分开来了——我代表着所有的白人，他代表着所有的印第安人。划分得太开了，我想他也知道，但他的脑子里满是疲惫、愤怒和伤害。他的想法变得很危险——对他自己、也对我，我要逃离这个黑暗的陷阱，我们得让阳光照进来。

格罗弗一直保持着警惕，也感觉出有问题了。他把车停到公路边，关掉发动机，黑暗笼罩着我们。丹开始用拉科塔语吟诵一些东西，他走出车外，走到离马路几英尺外的地方，他越说声音越高。

“他在说什么？”我问格罗弗。

“如果他感觉到附近逝者的灵魂，他就会这样做，这是他年轻时学到的东西。一些红云[1]说过的话，意思差不多这样：‘我面前阴影既黑且长。很快我就要躺下，再也站不起来了。’现在他在谈论太阳，还有他对太阳的忠诚。”

丹双腿颤巍巍地走了，离我们越来越远。我试图让自己听起来不以为然：“他为什么这么做？是因为我吗？”可我的声音听起来很大，甚至有些暴躁。

“没有什么可担心的。他老了，离另外一头也不远了，有时他都能看到那一头。没事的。”格罗弗伸手从身旁座位上的食品杂货袋里

1　美国原住民奥格拉拉人酋长，曾多次参与北美印第安战争，在“红云战争”中领导印第安人战胜了美国人。

拿出一个小馅饼。“你要吗？”

丹在山坡上停了下来，张开双臂，在月光下，像个幽灵站在那儿。

“不！”我回答说，我几乎是喊出来的。

格罗弗耸耸肩，撕开包装纸的边缘。“是苹果馅饼。”听到撕纸的声音，肥背站起来，月光下看起来像个狮身人面像。

“来，好吃鬼，给你。”格罗弗说。他从馅饼上扯下一块，放在手里，高举过座位。肥背拼命从他手里咬过来，嘴巴在它周围咂来咂去。

“看到地面上那些大洞了吗？”格罗弗问我，“逝者说它们是水牛跳舞之后留下的。”

丹在山上走得更远了。

肥背哼哼叫着，想要更多的馅饼。格罗弗从他肩膀上方抛了一块给她。那只老狗本来是抓住了它，后来却掉了，掉在地上，在座位下弹了一下。她扑过来，爪子在我身上蹭来蹭去，一直低着头在地上找馅饼。

“你知道吗？纳尔本，”格罗弗突然冒了一句，“老爷子真的很喜欢你。”

“嗯。”我说。

“他带你看很多东西，也告诉你很多事情。”

我不知道该怎么回答。“我知道。”我说。

他用手掌摸了摸他的平头，“你觉得这样能写一本书吗？”

肥背的头被卡在座位下。

“啊？是的，嗯，我也不知道。是的，当然。”

“书会有多少页？”

我答不上来。丹已经走到山坡那边去了。肥背在车垫上疯狂拉扯，想要把她的头弄出来。星星在天上眨着眼，分外耀眼。

“你知道那些逝者还说过什么吗？”格罗弗问我，“他们说，有一颗星星永远不会移动，其他的星星围着它绕圈，它们围着它跳舞。

但是你必须得小心，你不能相信星星，因为它们害怕太阳。”

水牛留下的洞里充盈着鬼魅的光影。肥背终于找到了馅饼，回到座位上。

我胡乱扫视一下景色，周围像空旷的大海，除了我们没有任何人。

“你不抽烟，对吧？”格罗弗说。

“我吗？不。”

“我注意到你没从那个印第安人手里接过烟。”

“不，我一直不抽烟，不喜欢它的味道。”

格罗弗点燃一根火柴，把它举在空中。“我真希望这辆车里的打火机能用，几年前就坏了。”他点燃了一根新的香烟，身子向后倾斜。“别克车就这点不行。我有一辆“别克路霸”，远超服务年限了，好像是1955年的，一直开得很好。有一次我甚至用一个硬纸板箱做了一个密封垫，就那样开了很多年，但打火机从来都不能用。你开过别克车吗，纳尔本？”

一颗流星划过天际，阴影时聚时散。“妈的，格罗弗，”我脱口而出，“你为什么要谈别克？他八十岁了，几乎失明了！”

“看东西又不是只能用眼睛。”格罗弗懒洋洋地回答。他从座位上向后移，身子靠在门上，“老爷子心里有数，晚上对他来说和白天一样，随他去吧。”他吸了一口烟，把烟吹向天花板。

我听到山上另一辆汽车的轰鸣声，很快，远远可以看到它的前车灯光。车以惊人的速度从我们身边开过去，既没有和我们打招呼也没有看我们一眼。汽车沉闷的嗡嗡声像一把利刃划过夜色。

“他在那里干什么？”我问。

“和逝去的人聊聊天。”格罗弗回答。他在袋子里翻找喝的东西，“他很快就回来了。”

“如果他出了事怎么办？”

“这里反而比某些医院要好，只要不摔倒就没事，他肯定是不会摔倒的。”

夜色中，有个东西从天空俯冲下来。

“鹰，”格罗弗说，“看吧，老爷子就快回来了，彦帕——东风也来了。”他拧开了冰茶上的瓶盖，一阵狂风吹得车直晃来晃去。

“看吧，我就说嘛。”格罗弗说。远远的山坡上，我看到一个小小的身影。格罗弗咕咚喝了一大口冰茶，然后身体在座椅上坐直。一步接着一步，那个小小的身影朝着车走过来，身体没有摇晃，不曾停步。“顽固的老家伙。”格罗弗看着老人说道。

丹走过干枯的矮草地。他走路的时候伸开手臂，手掌朝下，像是走在溪流中的岩石上，不得不保持平衡。离汽车还有二十英尺的时候，他停下来，抬起头，他的一只白色的眼睛在月光下熠熠发光。

格罗弗启动引擎。门开了，丹坐了进来。格罗弗挂好挡，向山下开去。没有人说话，大家都捋顺了思绪，车内一片静谧。

/ 第二十章 /

透露隐情

“这儿。”格罗弗带着肯定的语气说道。从高速公路下来，两条车辙印迹呈拱形越过月光下的山丘。“就在这里。”

没看到信箱，没看到指示牌，也没看到任何记号。我们在一片混沌的地势里开了好几个小时，一直都没看到路牌和里程标记。

他把车开到车辙路上，一路颠簸着向山上开去。车前端在灌木丛里起起伏伏，车灯一会儿照向天空，一会儿又照到地面。

底盘嘎吱嘎吱、叮叮当当响个不停，弹簧也发出嘎吱嘎吱的声音。一头黑尾鹿跑在我们前面，偶尔停一下，然后嗖呼钻进夜色里。路上不时能看到生锈的汽车，一半埋在草里，车身笨重庞大，乍一看还以为是头犀牛。

翻过了第一座山坡后，平地延伸数英里，到处是让人头晕的下坡地和冲沟。银色的月光略去了所有的细节，只留下光和影点缀大地。

格罗弗开车时丝毫不担心。有一两次，我都以为他会陷到一个洞坑里，但他加快车速，车咆哮着越过所有的障碍物。有时路上有岔道出现，可他没有放慢车速，也没有迟疑走哪条路。他这会儿不像在高速公路上行驶那般稳重谨慎了；现在走的每一步他都确定无疑。他变成了船长，航行在如大海般的草地上。

车头爬上坡去，降下来，又爬上去，再降下来。我们在座位上被颠来倒去，就像人在狂欢节上坐的碰碰车一样。食品袋子的瓶子碰来碰去。在汽车车尾的行李箱那里，不知是千斤顶还是卸胎铁蹦了出来，砸得轮窝和行李箱盖砰砰作响。

我们就这样一路磕磕碰碰，开到长长的山坡的顶部，格罗弗把车停了下来。那里，在下一个洞坑底下，在一些低矮树木的掩映下，立着一座孤零零的建筑物。虽然有一英里半那么远，我们所处的位置正好能看清楚。好像没人住在那里。但再一细细观察，有一扇小窗户透出一丝暗淡的光来。

那个房子简直和鸡舍一般大小，东西散落在周围的地上，没看到车。

“好了，我们到啦。”格罗弗宣布。

丹点了点头。

一个瘦小的身影出现在院子里，寂静夜里响起了狗吠的声音。三条狗跳上山坡，朝我们跑过来。肥背立刻从座位上跳起来，呜呜叫着。格罗弗手伸到后面，打开后车门，她嗖的一下蹿出去了。

她冲到车的前面。几条狗像闪电一般冲到山坡上，喘着气，几乎是围在她周围。它们拼命地摇着尾巴，咆哮着，鼻子不停地嗅着。

格罗弗闪了几次车前灯，站在房子那边的人朝我们挥了挥手，我们向山下开去。

车开到树那边后，我才发现刚才那个身影是个女人。她胸部很大，和丹年纪差不多。她穿着一件宽松的印花裙，腰上系着一根男人的皮带，一件深色薄羊毛衫像披肩一样搭在肩上。

她的头发可能是白色，也可能是银色的——月光下我不能肯定——全被梳拢到后面垂下去，快拖到毛衣的底部。

她站在那里，手放在臀部，像个严厉的母亲在等她出去约会还没回来的女儿。车灯扫过她的脸，我看到她面带微笑：如母亲般慈眉善目，笑意吟吟。

格罗弗用拉科塔语在车窗外喊了几句话。她的手在身前紧紧握着，听到后吃惊了好几次，然后她笑得更灿烂了。他们俩又说了几句话，格罗弗说我们该出去了。

老妇人转身朝屋子走去，几条狗还有肥背都紧跟在她身后。她走路时弯着腰，脚步沉重。

“快过来啊。”格罗弗逗着我，“这是安妮。”好像这句话足以把所有的事情都说清楚。

现在，车前灯都关了，星星就像一颗颗闪耀的水晶。眼睛适应周围环境后，我四下看了看。房子确实不比一个鸡舍大多少，由粗糙不规则的方形木材盖成，缝隙处抹上了厚厚的水泥或泥土。屋顶上覆着一层焦油沥青毡，毡子外面压着薄木板条和旧汽车轮胎。房子后面还有一处厕所，被树丛遮着，我几乎看不清楚它的样子，只觉得稍高，不太牢固，它的左边是个弓着的家用拖车，榫舌搭在一堆木头上。

院子本身，如果能被称为院子的话，有一块小花园区域，被铁丝网围起来，里面种着一排排低矮的蔬菜。不知道为什么，房子旁边还摆着一个金属床架和一张床垫。在对面，离车较远的地方，木材堆得几乎和房顶一样高。前门附近有一个老式的压水井，一个水桶挂在它脖子位置。

所有的东西挤在一起，像个小型前哨立在巨大的凹陷处的中心，四周向外绵延数英里，在它后面有很多人居住。

格罗弗捅了我一下。“她是一个人住在这里吗？”我问他。头顶上的星星似乎一直都在跳动不停。

“把装着杂货的袋子拿过来。”他只说了这么一句。丹走在前面，已经进了屋子。

进去之后，房子显得更小，被隔成两个房间，都和大衣柜差不多大小。地上铺着木头板材，木材墙壁的四周都掏了扇小窗户。一条红绿色条纹毯子被拿来当作两个房间的门。门旁边的桌子上摆着一盏煤油马灯，摇曳着如豆般的灯光，这是屋子里唯一的亮光。

因为另一个房间被毯子隔开，我只能看到第一个房间。它里面只有四件家具：放着马灯的方形松木桌；一个巨大的灰白色的上了瓷釉的木材炉灶，几乎占去了一整面墙；我的左边放着一张安乐椅，上面堆满了东西，被推到墙角那里；一张椅背呈梯状的木制厨房椅子，被挤到正对着门口的桌子那里。这些家具太占地方了，使得本来就小的屋子显得更小；只有坐和站的地方，很难挪得开身。

锅和盘子排放在桌子的搁板上，旁边还有装着豆子和面粉的罐子。搁板上还有架子，上面挂了一些肉干。

虽然窗户是开着的，但我觉得我快要窒息了。炉子上煮着东西，咕嘟作响，它的味道混着煤油刺鼻的臭味。炉灶还带来了大量的热气，从门窗进来的那么点风完全吹不散它。一切都太挤了。

我听到里屋里有丹的声音，他和另一名男子在里边笑着。他们都用拉科塔语谈话，我除了能听懂“瓦西组”这个词外，其他都听不懂。

我有点手足无措，没人理我。老太太除了向我这边热情地微笑之外，一直没和我说话。我不知道我是不是应该介绍一下自己，也不知道她会不会说英语。我在前门口静静地站着，看着她把袋子里的杂货一一拿出来，把它们摆在房间的搁板上和角落里。

她看起来很和善。从眼角到嘴角，皱纹像沟壑一样爬满她的脸。她脸上永远是那副表情，像是独自在回味着一个满是幽默的秘密。

既然屋子里太挤我可能站不下，也没人告诉我能坐在什么地方，我就一直站在门口，每当老妇人一看我，我就面带微笑热情地回应她。格罗弗推开了屋子中间的毯子，进去和丹还有一个我没见着的人聊天。

外面满天星光下，几条狗假装弄出一个战场，在那里厮打着，翻滚着。我正想着要出去和它们坐在一起，老太太示意我进去。手势很温暖，意思是快过来啊——所有的祖母拿着食物招呼孙辈时都这样子。“你想吃点什么吗？”她说。

她能说英语，真是出乎我的意料。她示意我坐到唯一的那把椅子上，椅背是梯状的。“来吧，坐下。”

我很清醒，我这时绝不能拒绝她的好意。我过去在礼节上犯了不少错误，要花一些时间去弥补。

我侧着身，挤到桌前坐下。老太太从搁板上拿下一个碗，从铸铁煎锅里舀了一些东西出来。我不知道是什么，但我知道我得吃掉。我想起红湖区奥吉布瓦的孩子开过拉科塔人的玩笑，孩子们也称拉科塔人为“苏族”，说他们是“吃狗肉的人”。大多数人只是嘴上说说他们听说过的事，但这种说法肯定是有人故意散布的。

我使劲往稀粥里看了看。我没看到什么东西像狗肉，虽然看到有些肉块裹着暗色的浓汁，半漂浮在粥上面，粥里还有不少像是用蔬菜或谷物捏成的圆子。我拿起一把有凹痕的金属勺子，舀了一小勺液体送到我嘴边。

老太太咧着嘴笑着。

竟是出乎意料得好吃，吃到了辣椒和玉米，还吃到了浆果，回味绵长。我咬了一口其中的球状物，像是种饺子，吃起来非常美味。我喝着粥，尽力避开吃到那些肉。

格罗弗转过身来，看到我。他看到我的碗里满是肉块，然后看着安妮：“你家以前不是有四条狗吗？”他用英语说道。

吃完后不久，我觉得累得不行，想睡觉。“你睡院子里那张床。”安妮说。我想起了那个奇怪的铁床架子，还有那张褪色的条纹床垫。如果下半夜没有雷阵雨的话，睡在那里似乎也是一个不错的选择。

我从行李箱里把睡袋抓了出来，蜷缩在弹簧吱吱作响的旧床上。尽管几条狗在那里闹来闹去，偶尔还能听到屋内爆发出的笑声，我还是很快就沉沉地睡去了。

我一定睡得很沉很沉，一点都没听见丹和格罗弗或其他人从我身边经过，到拖车那里或到屋外来。我睁开眼睛，太阳正在东部地平线上冉冉升起。天空上浅紫色和深紫色交相辉映，草地上的露珠闪闪发光。我静静地躺着，听着昆虫的鸣叫和其他动物的声响。

房子的另一边传出人说话的声音。我从睡袋里爬出来，走到车上去拿我的牙刷和一些干净的衣服。

安妮站在院子里的压水井旁。她上下提压着生锈的金属手柄，水很快从里面喷射出来。她和昨天穿得一样，现在头上包了一条深色的头巾来抵御清晨的冷风。她笑着冲我挥了挥手。

自然光下，我看清了我们所处的位置。这块碗状地形直径应该有二十英里长，只有这所房子孤零零地立在这儿，四周看不到其他建筑物。无边无际的斜坡上，连绵起伏的草原丘陵上，只看到为数不多的几排大树。

我们昨晚开车行进的道路延伸在屋子后面的斜坡上，除此之外，四周看不到任何大路或小路，只看到数英里外，一个人要么是走着要么是骑在马上。

天空下万物一览无余，和土地一样。天空宏伟壮观，卓越不凡，难以准确描述。初升的太阳在东部地平线上映出一道混合着金色、橙色和紫色的光芒。慢慢地，这道光芒渲染了整个地平线，在白云的映衬下，整片土地都沐浴在金色阳光下。太阳也慢慢露出它的整张脸。它升上来后，阴影被迫躲到深深的山谷和沟壑里。我觉得自己站在露天剧场里，众神在台上轮流演出。

安妮端着一盆水回到屋里。我走到压水井那里，提压着手柄，一股清水从喷口喷出来。我想水应该很凉，屏住呼吸，把我的头伸到水流的下面，朝头发上抹了一把洗发水。

出乎我的意料，水一点都不凉，但是闻起来有股腐臭味和硫酸味。水温不冷不热，颜色有点像盐水。我快速洗好，用毛巾擦干，希望自己身上没有残留水里恶心的东西。

安妮正站在门口，我突然想起昨晚喝过的汤。“别喝那个水，”她说，“喝这儿的。”她递过来一只杯子。“喝这个。”我从她手里接过杯子，低头看了看里面清澈的液体。杯子里面是水无疑，但它肯定不是从压水井而是从其他地方弄来的。“谢谢。”我说，用它刷了牙。

我在洗漱的时候，安妮拉了一把木椅出来，放到前门旁边。她的手在膝盖上摆弄着东西，可能是剥某种蔬菜的皮或是做一些手工艺品。我没太留意，穿好衣服。丹和格罗弗还没有从昨晚睡觉的地方出来，昨晚在后屋说话的那位神秘人这时也没有出来。

我能感觉到安妮在看着我。我很想喝杯咖啡，但是不太敢问她：他们可能只喝茶，也可能太穷买不起咖啡，还有可能是他们喝咖啡，但用压水井的水来冲泡。

安妮头轻轻一偏，示意我过去。她的双手依然在腿上忙碌着，双手动作快速机械。我微笑着走向她。

“坐下。”她说，朝门廊点点头。我看了一下她的手，她在捻念珠。

我感到非常惊讶，几乎和上次听到她说英语一样惊讶。倒不是因为它不太可能，只是太出乎我的意料了。

“天主教？”我说，虽然没有任何理由这样问。

她笑着点点头，好像我已经认识到一些重要的东西。“哦，是呀。”她说。她的手非常熟练地捻着念珠。我期望我们能多谈一点——比如她为什么信奉天主教，或者可以问问我的背景。可接下来我们什么也没有说。她在椅子上摇晃着，沉浸在自己内心世界的旋律里。

我们默默地坐着，太阳升起来了。我听到后面院子拖车的门发出吱吱的响声，然后门砰地被关上。一会儿，丹走到车这里来。他穿着夹棉汗衫，褪色的卡其裤只扣了扣子，没拉上拉链。背带裤的背带拖下来形成两个圈，挂在身体两侧。他光脚穿着老鹿皮拖鞋，鞋只包住了脚的一半。他看上去像是从一家养老院跑出来的。

没有和我们任何一个人打招呼，他直接去了车里。在行李箱里一阵翻找，拽出一个皱巴巴的褐色纸袋子，又消失在屋后面。安妮不停地晃着，手也没停着。早晨的空气里满是昆虫的鸣叫声。

我想说点什么，但不知道该说些什么。刚才要我在这里坐下后，不知什么原因，我竟然被她定格在这里了。我听到了她祈祷时一连串的低声呢喃：“万福玛利亚，满被盛宠者。”她说的是英文。

太阳升到空中，她还在那里捻着珠子。今天天气应该会很热。我默默地坐着，她捻完每一个珠子，直到挂在底部的十字架。她把它抬到嘴边，带着礼仪深情地吻了一下，然后把它放进衣服口袋里。做完之后，她才站起来。她举起一根手指，表示下面我要注意了，就走进了屋子。

她很快就出来了，带了一块粗重的硬纸板出来，上面放着一张黑白照片。照片很旧，已经褪色了，拍的是站在门廊前的一群孩子。他们大约有五十人，排列整齐，男女生分开站，都是七八岁左右。女孩们都穿着白裙子，男孩们则穿着成年男人小号的西装。大部分男孩子都戴着软塌塌的套叠式平顶帽或是短边呢帽。在他们身后靠右的位置，站着一个大人：是一名白人男子，穿着教士服。

安妮指着其中一个面无表情的小男孩。“丹。”她说，用他的印第安名字。她把手移到一个扎着辫子的可爱的小女孩身上，小女孩坐在那里，手很端庄地放在腿上，“我。”

我高兴地笑了。照片上小男孩坚毅的样子一下就和丹紧锁眉头的样子对上了号。安妮把手放到嘴唇上，像个小女孩一样咯咯笑起来。

“哦，对呀，”她说，“他总是惹麻烦，总是想逃走。”

我看了看表情严肃的牧师，“哦”了一声。

“我喜欢那儿。”她主动说道，“我和修女在厨房工作。”

“他们曾经谈过幽灵舞吗？”我问她。

她哈哈大笑，摆了摆她粗糙的手：“哦，那只是些愚蠢的印第安人谈的。”她说。

我想再多问一点，但狗吠叫的声音打断了我。这些狗已经跑到了房子后面的山脊上。几秒钟后，我听到了发动机的嗡嗡响声，接着看到远处尘土飞扬。不久，一辆皮卡的车头出现在山脊上，叮当作响地一路开下山，朝房子开来，几条狗在它的挡泥板周围奔跑着，吠叫着。

安妮起身迎接。车颠簸着开进院子，然后停下来。汽车前排坐了四个人——一个男人、一个女人和两个孩子，还有一个十岁出头的男孩坐在后面。

他们一个接一个走下车。男人快有四十岁了，衣着很正统，穿着牛仔裤、白色T恤和牛仔靴。他戴着一顶白色的牛仔帽，帽子下面的头发像黑鸟的翅膀一样闪亮。他的嘴角浮出一个赌徒似的笑容。

女的要年轻一点，穿着一件“硬石餐厅”的T恤和一条牛仔裤。她很瘦，不过比较精干，面颊凹陷，有着酒吧女王冷艳的美貌。她像赶鸭子一样把孩子们都领了出来。

孩子们衣着破旧，但都很干净。他们跑向安妮，她弯着腰，站在那张开双臂。两个年龄较大的孩子是黑头发，长着圆脸。第三个孩子不超过五岁，有一双蓝色的眼睛和一头蓬松的金色长卷发。

安妮抱住了每个孩子，和他们用拉科塔语说起话来，他们用英语回应她。她忘了我手里还有照片，也没做任何介绍，把孩子们带到屋里面，我听到孩子们尖叫着“太爷爷，太爷爷”。

我听到有人拖着步子走路，还有东西刮擦的声音。一个身影出现在门口，坐在轮椅上，两个孩子推着他。他应该就是我昨晚听到他说话声音的男人。他几乎也和丹一样老，脸庞是板栗般的棕色，头发被梳到一侧，白得有些耀眼。他穿着一件白色长袖衬衫，只扣了颈部的扣子，下身穿一条蓝色长裤。他膝盖以下的小腿没了。

那对男女从皮卡里下来，我有些不自然地朝他们笑了笑。令我吃惊的是，男人伸出手来要同我握手。看来是要回到老一套的见面方式了，我介绍了一下我自己："肯特·纳尔本，我是丹和格罗弗的朋友。"

"德尔文。"他说，其他话也没说，轻轻握住我的手。女人比男人郑重多了，伸出手："达内尔。"她握着我的手时带着威严，像是在判定握手这个动作的价值所在。他们在介绍自己时，都看着我的眼睛，他们肯定是住在白人聚居地。

"达内尔"这个名字勾起了我的好奇心。我告诉自己这可能只是一个巧合，但这个女人的长相和举止都和韦诺纳太像了。我很想知道她们之间的关系，但又觉得不好意思去刨根究底。周围有人稍微像样地遵守白人社会的一些基本准则，我已经很高兴了。

像个远在异乡的人遇到自己的同乡一样，我忍不住想和他们攀谈一番，但我忍住了。女人严肃认真，周围也一片沉寂，这种情况下不适宜闲谈。

达内尔也意识到这点，想缓和一下气氛："奶奶和你讲了些以往的事情吗？"阳光一闪而过，我看到她皮肤上有小时候得过天花留下的粗糙印迹。

"不太多，"我说，"我们才刚刚开始聊。"

"格罗弗也在这儿，是吧？"她说。

"你也认识他吗？"

她脸色阴沉起来："是的，我认识他。"

孩子们已经把老人推到院子里。达内尔走过去，吻了他的脸颊。德尔文放下皮卡上的后挡板，我走过去帮助他。皮卡后车厢里载满了杂货盒子和一个很大的波浪纹状的钢罐，约有50加仑[1]的鼓那么大。

我们把盒子搬进了屋里。然后德尔文爬上卡车，开着它往旁边靠了靠。谢天谢地，我这下有事可做了，我跟上了他。他把车倒回墙那边，跳进后车厢。他拿着一个绿色的花园软管，通过墙壁上一个小口

1　1加仑约等于3.785升。

子把它塞到房里去。“好了。”他喊道。

屋里某处传来达内尔的声音。我从卡车的侧面观望着。“水。”他说，他看到我很好奇，“那玩意儿不能喝。”他朝着压水井的方向咧着嘴笑着。

“他们冬天也住在这儿吗？”我问。

“过去住，现在不住了。老人得了糖尿病，要不是我们拦着，他肯定会住在这儿。”

“他们这样子在这里生活有些艰苦呢。”

“是不能让他们住在这里，有些冒险。”

德尔文倚在皮卡驾驶室旁：“你是搞写作什么的吧？”我不知道他是怎么知道的。他看到我吃惊：“随便猜的。和有色人种混一起的白种人差不多都是搞写作的。”

“书是为丹写的。”我解释道。

“妈的，如果任何一本书，只要是写我们的，我们就能得到一毛钱的话，我们都可以把整座黑山买回来。”

他的话里没有恶意，但是这个评论还是刺痛了我。

“是丹要我来的。”我向他解释以示抗议。

德尔文接下来的话让我有些释怀：“你如果把这个老笨蛋写成智者的话，你他妈的就是个大骗子。”

“我不会写一本‘智者’的书。”

“不是那种《黑麋鹿如是说》的书？”

“可能是《黑狗如是说》之类的书。”我说，朝着肥背那边点点头，她现在优哉游哉地躺在床架下的阴凉处。

“好，这本书我们能用得上。”他咧嘴笑了。这回我们总算达成一致了。

“没有水流过来。”达内尔从房子里面喊道。德尔文调整了一下软管。“好了。”她喊道。德尔文指了指墙上：“他是她的祖父，你知道吧。”

“谁，丹吗？”

我吃惊地问道，他显得很高兴：“是啊。你不知道吗？他儿子是她的爸爸。”

我不知道该说些什么。刚刚几句话的信息量真大，我在丹身边逗留好几个月都不知道这些，我同时也意识到他嘴有多严。

“你是说他那个被人害死的儿子吗？去哈斯克尔上学的那个吗？”

“是啊。你不知道吗？”

“我什么都不知道，”我说，“我只是个过客。”

他笑了一下，笑声温暖、亲切、自然：“伙计，我们大家都一样，都是过客。”他把罐子倾斜了一下，这样软管能顺利虹吸出所有的水。

“那么，韦诺纳是她的姐姐啦？”我问。

“是啊。她是个孝顺的孙女，爸爸妈妈被杀后，她留在家里照顾她爷爷。”

他透露的实情真是令人难以置信。实情本身一点价值也没有——如同鞋盒里的笔记碎片一般。但它们开始让我了解了一位老人——我越来越尊重甚至是爱戴的老人的背景。我意识到我是多么渴望知道这些事情，但不知道我能问到什么程度。不过，我还是决定继续问他。我此刻还是很困惑，我想理清我脑海里的思绪。也许，我想，我可以找一个发条，来帮助我理解丹和他有意要与我分享的——我的使命。

“你介意再多谈一点吗？”我问德尔文。

“不介意。奇怪啊，老人没告诉过你这些事情。”

“他告诉我的事情不多。他提过几次他的父亲和他的爷爷奶奶，我看到过他墙上挂的一些照片。仅此而已。”

“那么，你不知道他妻子或相关的事情啦？”

“我什么都不知道。”我近乎绝望地说道。

“嗯，”德尔文说，“我能想得到。他是一个狡猾的老家伙，就喜欢占上风。”

“他妻子呢？”我说，“我奇怪他周围为什么没有女人。”

“故事很搞笑。老爷子娶了一位白人教会女子，她在战争期间来到保留地做社会工作者，就是第二次世界大战期间。因为眼睛有问题，他无法去参战。这事让他很苦恼，他真的很想去参战。你知道的，老一代的印第安人，很看重部队的事情。

“他想在保留地做些工作，可其他人不让他做。‘错误的家庭’，你知道的这种屁话。他和他妻子有个孩子。她后来有点精神失常，两人分开了。她不喜欢草原地带，回到东部某个地方去了。我觉得到现在他还放不下过去。”

听到丹的白人妻子还是个社会工作者，我会意地笑了，明白了为什么前天他在咖啡馆说了那么多关于白人社会工作者的刻薄话。

德尔文显得洋洋得意，他看出我有多想了解更多的信息。他像在施舍一样，把信息一部分一部分抛出来。

“我猜，鲍比——他的儿子——日子过得困难重重，都是那个‘混血’惹的祸。他努力想为他的妈妈和爸爸把事情做好。他去了哈斯克尔上学，想当个老师什么的。我不知道后来事情怎样了。我想鲍比最终还是回到了保留地，热衷于美国印第安人运动，至少其他人是这么说的。也就在那时候，他娶了丹妮的妈妈。”

“丹妮？”

“就是达内尔。”

“嗯……丹妮的母亲是不是安妮的女儿？”我试着让舌头适应这个名字的发音，发出来感觉有点笨笨的，听不清楚。

“是的。”

“后来发生了什么事？他是怎么死的呢？”

“不太清楚。他们都被杀死了，鲍比和凯瑟琳——丹妮的妈妈。

警察说他们死于一场车祸，但这肯定是胡扯，他们身上有弹孔，也不是在保留地死的。也许他们是自杀的，我不知道。可为什么警察说他们死于一场车祸呢？保留地的警察——你知道是怎么回事吧。”

“好了。”达内尔在墙那边大声喊道。

德尔文慢慢从小洞里抽出软管，卷好后放在水罐旁边。这下子，饮用水应该够他们用好几天。

我听到达内尔的脚步声，从屋内地板上走到门口，几秒钟后她就会到我们这里来了。我决定我的问题到此为止。

显然德尔文也认为最好换个话题。他背靠在皮卡驾驶室外，拉低帽子的帽檐，像个牛仔在午睡。他嘴巴开始吹着不成曲的调子，双手像拍鼓一样拍着车身。这种无所谓的态度是精心设计好的，伪装得太好了反而不像了，太显眼了一眼就能看穿。他简直像是个教室后排的捣蛋鬼，现在假装自己什么坏事也没做。

达内尔已经到了拐角处。

“水全部弄出来了？”她问道。

“一滴不剩。”德尔文说，敲敲大空罐，证明自己说得没错。

“你认为水能用多久？”

“哦，这些人不留下来的话，也许够用一个星期。”他向我点了点头。

“我不知道。”我说，“没人告诉我什么时候走。”

达内尔看着我，拉下脸。我是一个闯入者，占用了他们宝贵的资源。她看着越来越毒辣的太阳。“会很热的。”她说，声音里满含着担忧，“也许我们应该把爷爷奶奶接回家，等天凉下来再送回来。”

德尔文耸耸肩，跳到地上：“你去问问他们。”

我静静地站在卡车的一侧。虽然我很好奇丹的背景，但此刻有比这更重要的事情要关注。可自从我知道达内尔是丹的孙女之后，我没办法不盯着她看。我觉得好像通过观察她，可以获得关于老人的一些线索。

她注意到了我在看她，冷冷地盯着我的眼睛看。她看我的眼神与其说是挑衅，不如说是打量：她绝不是好惹的。

她像个女牛仔一样潇洒地跃到后挡板上："喂，先生，你是什么来头？你怎么会与丹和格罗弗到这儿来？"

她的女学生式的直接真是问得我措手不及。我不知道我应不应该表现得和他们亲密，我也不知道自己应不应该知道她和丹亲密到什么程度。可刚才她叫她爷爷"丹"，这让我觉得她不想让我知道一切："没什么来头，我只是个作家，曾经在明尼苏达州北部的红湖区保留地采过风。丹的孙女——韦诺纳——给我打电话的。"

"韦诺纳？"她说。她听起来很吃惊，但也没多说什么。

"是啊，丹说要我过去帮他写一本书，我说我会去的。"

答案很简单，我也回答得很好。她咬了咬她的下嘴唇，紧紧地盯着我："一本书？"

"是的。"

"什么样的书？"

"我不知道。丹的鞋盒里面装满了笔记，他希望我能把它们编成书。但我们后来决定扔掉它们，换个方式写书，我负责观察和录音，然后试着描述他对人生和世界的看法。"

"鞋盒里面是什么东西？"

"都是些碎片，有数百张，写在纸片上。有一些是报纸专栏，有一些是书信。非常奇怪的收藏。"

她静静地坐了几分钟："白人不应该写关于印第安人的书。"

"不是我来写一本关于印第安人的书。"我说道，一股脑地想为自己辩护，"我在为一个印第安人写书，我写的都是他想要的。我问过他要写什么、怎么写，我尽力按照他想要的去写。"我的辩护真的是太长了。

“他为什么不找个印第安人？”她的反应太直接了，和我冗长的辩护一样让人不舒服。我努力控制自己不生气。

“我不知道，我也想过他为什么不找个印第安人。”

“那他一定很看重你。”她说。这话听起来更像是个质疑。她奇怪地看着我，好像要找出答案，为什么她的祖父会选我。然后，她决定不再深究了，她从后挡板上滑下来，砰的一声把后门关紧。“好了，别把事情搞砸了，瓦西组先生。在保留地工作过，并不代表你能成为一个印第安人。德尔文，我们走吧。”

德尔文朝我会心地一笑。

我其实应该就这样算了，但莫名其妙地我又开口了。我想多了解她一些，于是我挑起话题，让她继续说下去。

我想到了这句。“我是为你祖父写的。”我说，“不是为我自己。”

她转过身：“每个瓦西组做事都是为他自己，只是他有时不知道为什么是为自己而已。”她这次质疑的是我的写作意图，而不是我知道她和丹的关系，所以我有意激她一下。

“我是要写书，丹妮，”我说，“是你爷爷要的。我希望你能帮助我。”听到我用她的昵称称呼她，她眼中快速闪过一丝愤怒。然后她冷静下来，使劲地盯着我。

“我能给你什么样的帮助呢？你似乎很清楚你要干什么。”她的声音里充斥着怨气和挖苦。

“我能说实话吗？”我说。

“见鬼，我真希望你能。”她说。德尔文笑得合不拢嘴。显然，他之前一直是她发怒的对象。

“我很害怕做这件事，真的很害怕。”

“由你来做这件事，我也很害怕。”

“你害怕很正常，我可能会把事情搞砸。我想把任务交还给他，让他找一个印第安人来帮助他。可他非要我来做，他就是这样想的。

我不知道是为什么。”

她一动不动地坐着，像打量动物般打量着我。你几乎都能读出她的潜台词。她说话的时候，声调很严肃。无疑，她对此很认真。

“我爷爷是这个世界上对我最重要的人之一。爸爸走了，就只有爷爷了。如果是我姐姐给你打电话的话，我信任你。但我不喜欢，我不喜欢瓦西组作家来保留地，他们不会干什么好事。但如果我爷爷要你来做，你就做，但是你要按照他的方式来做。”

“相信我，丹妮，我一定尽力。”

她又咬了咬下嘴唇，肩膀紧绷起来，这个女人此刻心里肯定是五味杂陈。

“你知道我父亲吗？”

“不知道。我从没听你祖父说过你父亲，我只看到他的照片挂在你祖父的墙上。”

“他是被谋杀的，你知道吧。”

我瞟了一眼德尔文，他点了点头表示我可以说。“德尔文告诉过我。”我说。

她看着德尔文，他戴着墨镜，咧着嘴露着在阳光下闪闪发光的牙齿，举起手，像是表明他手上没有武器。

“你话太多了，德尔文。”丹妮说。

他又咧嘴一笑，什么也没说。

“我的父亲是个非常好的人。他很关心族人，打算做一些有益于印第安人的事。后来他就被杀了，妈妈也被杀了。”

我保持着沉默，现在是她在说话，如果她不想继续说下去，我是绝不会勉强的。她抽搭了一下后，继续说下去。

“他想架个桥梁到奶奶那里去，他总是这样说。他想架个桥梁到奶奶那儿去。”

“他是什么意思呢？”我竭尽所能地轻柔地问道。

“爷爷和奶奶……”

“你的爷爷，丹吗？”我想弄清楚。

“是的。爷爷和奶奶相处得不是很好，我感觉。她是个瓦西组，我觉得爷爷不太理解她。他们分开后，她又回到了东部，她就是从东部来的。我爸爸那时候还很小，只有十二岁左右。我不太了解事情的前因后果。我知道的都是安妮奶奶告诉我的，他们两个她都认识。

“我想我爸爸一定很伤心，他一直在指责爷爷。他说他要架一座桥梁到他妈妈那里去，接她回来。我很小的时候他就是这么告诉我的。

“我爸爸他是一个特别好的人。他过去常带我爬到山上的房子那里，告诉我们必须学会原谅，就像大地原谅一切一样。他告诉我虽然那个地方摧毁了，但是地上将长出新草，印第安人也应像这样看待白人对我们的摧残。”

“他后来留在保留地，和你爷爷住在一起？”

“有几次，他到东部他母亲那儿去，但他讨厌那儿。她后来又嫁给一个白人，他们又有了其他的孩子，这些孩子不喜欢他。喊他‘通托’[1]，对他也很刻薄。他真希望这些孩子能成为他的兄弟姐妹，甚至长大后，他还给他们写信。我记得看到他坐在厨房的桌子旁，给他们写信，他们从来没给他回过信。他甚至想回到那儿去上大学，但没去成，他后来去了哈斯克尔上学。”

她哭了，想起童年往事，让她难以自持。她赶紧拭干了泪。

“他打算写一本书，给奶奶解释所有的事情，比如印第安的方式，它究竟是怎么回事。他要在爷爷和奶奶之间架一座桥梁。”

我感到浑身一阵躁动，深深地吐了口气。

“书他大概写了多少？”我问他。

“我不知道。爷爷说，他以前从哈斯克尔写过信回来，我知道爷

1　印第安人的名字，在英语里意为“傻瓜”。

爷还留着其中的一些信。”

德尔文转向我，紧抿着嘴，笑着。他频频点头，像是在说：“这次总算问对了。”我兴奋得都有点哆嗦了。

“千万不要利用他。”她说。她的眼睛里充满恳求，饱含着泪水。“这件事远比你了解的要重要得多。”

“我在努力去了解。”我说，“这是我做过的最难的事，但我会好好做，我向你保证。”

“上帝，我希望是这样。这件事真的很重要。”

我们看到格罗弗和丹在拖车那边晃晃悠悠。丹在洗脸的时候，他的吊带仍然挂在他裤子的侧面。该说的都说完了，我不知道还能说什么让她放心。

“他是个很睿智的老人。”我说道。

“我知道。”丹妮回答，“我父亲也遗传了他的睿智，他用老的印第安方式教我父亲。他带他出去，带他去看大自然。他教得很不错，我父亲也学得很好。”

我和她都不想把显而易见的东西直接说出来。

“他通常都和你说哪些事情呢？”她问我。

“有时候，他会给我做个他所谓的……”

“‘小演讲’。”她接上。

“是这样的，没错。”她会意地笑着。

“其他时候，他说着说着就跑题了，谈着与话题有点关系的其他事情。”

“它们听起来不错吧？”

“你要听吗？”我说，“我一直在录音。”

她点点头，我到车上去拿来了录音机。肥背看到了我，跟在我后面摇着尾巴。她跟着我回到皮卡那里，丹妮和德尔文并排坐在后挡板上。

“肥背，你这个老家伙。”我们走近时丹妮说道，看到狗似乎让她精神一振。

肥背热切地摇着尾巴，想靠着两条后腿把身子立起来。丹妮从后挡板滑下来，亲热地和肥背蹭蹭鼻子。她做出狗呼哧喘气的模样，拨弄肥背的耳朵。肥背尖叫着，呜咽着，像一条幸福的小狗。“她是我爸爸的老狗，”丹妮说，“他死之前还在训练她。”

“训练她？”

“是啊。他就是想训练她，不希望她只是一条住在保留地的狗。做给他看看，肥背，来打个滚。”

老狗慢慢地坐下来，然后倒在了地上，蜷缩着她的嘴，从背部翻了过来。

“她现在不能从身体任何地方翻过来了，”丹妮解释，“她以前做的花样可多了。”

“我见过一些花样。”我说道，想起了山顶上的一个小插曲。

“他和她真的很亲。”肥背调皮地拽着她牛仔裤的裤边，这种表现友谊的老手法唤醒了她俩储藏在心灵深处的美好回忆。“他认为我爸爸的灵魂附着在她身上。”

“那条狗太他妈的老了。”德尔文说了句不合时宜的话，“真想不到她竟然可以跑这么远。”他说话的时候，我脑子里面正在做着算术题。我算得差不多的话，肥背一定是二十岁左右了。我想起丹告诉我，她某一天突然出现在他家的门廊上，还有格罗弗曾告诉我，我得时刻小心，老爷子会和我耍花样。所有的事情看起来都不像表面那样简单。

“放录音吧。”丹妮说。

我从飞行员行李袋的盒子里随便拿了一盘磁带，播放后听到的是丹在谈论土地。听到磁带里有个微弱的声音在说话，听到白人在地上插上旗子，然后声称所有的土地都归他们的时候，丹妮满脸高兴。

“这些都是我小时候他告诉我的。”她笑了。磁带继续放下去，丹阐述土地和财产的区别。

德尔文拿起一把折叠刀的边缘去剔牙："那个老家伙还是很聪明的。"

"奶奶安妮说他是她知道的最聪明的印第安人。"达内尔自豪地说，"他真是很聪明，是吧？"

"我也觉得他很聪明，"我说，"我真是这么认为的。这就是为什么我来这里帮他写书。"

拖车那边，丹洗好了脸。他正拉着裤子的吊带，把它放到他的螺纹长袖汗衫上。

"该死的长袖衫。"德尔文假装惊讶地说，"现在他妈的都有90度了，他还穿着一件长袖衫。"达内尔按停磁带，把机器递还给我。

"请你答应我一件事。"她说。

"如果我能帮上忙，我一定会的。"

"就是如果他们谈论女人的话，你不要听信，尤其是不要听格罗弗的。"

这似乎是一个奇怪的评论。

"这和格罗弗有什么关系呢？"我问。

她愤愤地回答："他以为他还在海军服役呢。"

"她不喜欢他对待女人的方式。"德尔文解释。

"他的一切我都不喜欢。"她纠正道。

"你和他很熟吗？"我问。

"我只见过他一次，但我很了解他。"她说。

"我们出去玩过一次。"德尔文解释，"有次她走过去，他一巴掌打在她戴的翎羽上。和她坐在一起他总是不老实。"

"那一巴掌真实反映了他的想法。"她指出。

德尔文笑了起来。对他来说，这还没构成严重的冒犯。

"可是丹好像不会谈论这个话题。"我说。

“的确不会，但格罗弗会。爷爷太听信格罗弗了，至少我妹妹是这样说的。你要记住，奶奶和你一样，是个瓦西组。爷爷从来没有忘记过她，所以他对印第安女性不是很了解，对如今世道是怎样也不知道。如果他说了什么，那很可能只是格罗弗说的话。”

她用指尖触了一下我的胳膊，这个手势真是既令人惊讶，又很有力量。它坚定，不带亲昵感，像个护士的触碰。我一下子被钉在那里了。“听我说，”她吐露道，“爷爷在做他必须要做的事，我肯定你也会全力以赴。但是，你不会明白，你也理解不了，我们女性现在是我们族人的希望。我不想爷爷说蠢话，说完全不对的话。”

“我不明白。”我说。

“问题就在这里。不管你有多在乎印第安文化，它对你来说只是一个游戏。也许它有些重要，也许你认为它是世界上最重要的事。但是，如果我们不在了，你们仍然会生存下去，可我们就不一样了。如果我们的文化不在了，我们就没了。即使我们的老者为它忍饥挨饿，我们的祖先为它战死沙场，它也照样消失不见了。看看我的外公外婆，看看他们还剩下什么。她整天坐在那里捻念珠，他的腿没了。他们偷走了他的身体，窃走了她的精神。”

“我明白。”我回答，“这就是为什么我来这里的原因。我想让大家都知道这点，请你一定要相信我。”

“我相信你，但信任并不能让你做的事情变对。如果按你自己的方式来，你很可能把事情弄坏。你看，像我爷爷丹这些男人，他们仍然在战斗着，而你也在帮助他们战斗，这样也不错。但现在是时候该我们——印第安女性上场了。男人们都累了，他们斗争了近二百年了，现在该我们了。”

“和我说说看。”我说。她的发言是我需要听到的内容。

“他们是斗士，他们出去为我们战斗，你们白人人数太多了，他们输掉了，现在他们也没取得胜利。他们很生气，满满的耻辱感渗透在他们的血液里。他们还想斗争下去，但属于他们的战争已经结束了。

“如果荣誉管用的话，他们过去就会获胜，我们族人仍然会强大兴旺。但荣誉没起作用，人数至关紧要。他们屡战屡败，现在他们还想去战斗，就像我爷爷一样用文字去战斗，可他们还是没有获胜。

“他们手里的东西都被抢走了，所有的一切，都是你们白人干的。你们先计划好，再实施它。你们拿走了他们的精神，只给他们留下了耻辱。但是，你们没有留意到我们女性，我们的心灵和双手都在传承我们的文化。”

她会心地笑着，望着远处起伏的地形，好似一个人在轻抚着她心中的秘密。

“他们忽略了我们，因为我们只是女性。但是，正是我们一直在努力去保持文化的鲜活。作为女性，作为母亲，这就是我们的工作，一直都是。男人没办法再去猎杀野牛了，但是，我们依然可以做饭、缝纫和沿袭传统生活方式。我们仍然可以赡养老人，让他们感到温暖。我们也可以教孩子。印第安男人可能是战败了，但我们女人的内心依旧很坚强。”

丹妮娓娓道来，出口成章，我本不想打断她，但我正好有个很难回答的问题要问，这时候问她似乎很合适。

“丹妮，”我说，“我能问你一个很难回答的问题吗？我希望你不要见怪。”

“这就是我和你说话的目的啊，问清楚了你才不会把事情做错。”

“我在红湖区工作时，我觉得印第安女性很坚强——在很多方面比白人女性更坚强。可她们只是没有依附男人的时候，在作为母亲和祖母的时候很坚强。很多时候，一旦她们和男人在一块，她们就像是有着一双黑眼睛的行尸走肉，或者和一个不是自己孩子父亲的人一起抚养孩子。这些事情真是太不正常了。”

“问这个至少说明你很诚实，”她说，“但就像我说的，你就是不明白。当然是有很多暴力存在，通常都和酒有关系。但也有好的家庭，还不少，比大多数的白人家庭更相亲相爱，爷爷奶奶和爸爸妈妈都生活在一起，人人相互尊重。

“我说的‘这是我们的时代’就是这个意思——印第安女性挑起重任。我们一直位于家庭的中心。印第安家庭一直像个圆，女人在它的中心。白人家庭则像一条条线，男人站在最前面。

“这就是为什么白人女性一直无法理解我们印第安女性。她们谈的是妇女团体和解放，但我们的斗争和她们的不一样，我们不需要去获得自由，我们需要去解救我们的男人。”

她瞅了我一下，看我是否在听，她的指尖在我的胳膊上使劲压了一下。

“对我们来说，事情就不同了。我们知道自己是谁，我们是母亲，我们是印第安的传承者，它赋予我们权利去做其他事情。我们对自己这个身份感到很骄傲自豪。假使男人待我们不好，那是因为他们羞愧难言。我们为什么要去和他们抗争来谋求解放呢？直到他们男人内心感到真正的自由，我们所有的印第安人才会获得自由。”

我问的这个话题正好让她说出她内心的想法。“你知道这点对你有好处，”她继续说，“也许这有助于你的理解。我们女性能走出去，从瓦西组那里获得一份工作，我们不会觉得有问题。我们可以晚上回家，不会觉得羞愧，不会觉得我们是不要脸皮什么的。我们仍然觉得骄傲自豪。

“男人却做不到。如果他们去瓦西组那里，他们就觉得自己受到了羞辱，尽管他们不会说出口。洗刷耻辱的唯一办法是换掉自己的血液，变成白人，他们绝不会那样做。可是如果他们留在保留地，和族人待在一起，就会没有工作。而一旦没有工作，他们就养活不了他们的家人。一旦养活不了他们的家人，他们要么出走，要么酗酒，要么生气上火，出走、酗酒、发脾气都有。即使他们心里爱我们，他们这时也会对我们发脾气。

“你所看到的是暴力和酗酒；白人女人看到的是沉默和瘀伤；我们看到的是一个破碎的圆圈，我们要把它重新弥合成一个完整的圈。这和男人女人无关，这关系着我们整个文化、我们的祖先和我们的下一代。白人总是先考虑自己，怎么样能够行使自己的个人权利。我们不是。我们看重文化，想着如何让我们族人在文化中变得更强大。

“这就是我们正在做的，我们在重建印第安文化，这是我们的工作。这就是我为什么说现在轮到我们女性大展身手了。”

她放开握住我胳膊的手，从后挡板上滑下来。“看到了吗？一点都不难。”她说道，话音有一丝讽刺的意味。

德尔文笑了，拿起折叠刀的尖端剔他的牙齿，他会意地耸了耸肩举起双手。达内尔朝院子里走了几步，然后转身面对我们。“好了，我得去看看爷爷了。”她轻快地说道。她离开拖车向那边走去，走了大约二十英尺，又转过身来看着我。“有个问题问你，”她欢快地说，“假如我们印第安女性一直在受压迫的话，那么怎么所有的白人姐妹都到我们的老者这儿来寻求智慧？我谅你也不敢把它写出来。”

我把笔从我的口袋里拽出来，拿着它向她挥挥手，表明我会写的。她向我会意地一笑，像个学校的女生一样一蹦一跳地跑走了。

“她可不是好糊弄的。”德尔文笑了起来。

“他们都不好糊弄。”我说。

德尔文用刀尖指着达内尔消失的背影。“是她们把我们族人紧紧凝聚在一起。”他说，声音里带着钦佩。达内尔领着两个孩子去拖车那里，一只手发着指令，另一只手调整着衣领。“应该早让她们和你们白人抗衡的，说不定你们早就划着划艇回老家了。”

/ 第二十一章 /

混血儿

晌午过后，我们才离开了安妮家。丹尽情地和无腿人在那里聊天，格罗弗和孩子们打成一片，达内尔警惕地看着他和孩子们。大多数时候，他们用拉科塔语聊天，我尽量让自己不碍事，张罗着去给格罗弗的别克车做一些修理工作，查看车的用油情况和底盘状况等。反正我自己也有不少心事，这样也不会觉得无聊。

安妮的椅子已经退到门口树荫下，她四周摆满了德尔文和达内尔从商店里买的蔬菜。她把菜都看成了宝贝，这些菜的重要性不亚于她信仰的宗教，她的手在触摸玉米和豆荚时的虔诚与她捻念珠时不相上下。

我爬到车底下，想要检查排气系统，之前这里发出了异常响声。但即使我找到了它，没有工具我也做不了什么。但是我不想掺和他们的家庭聚会。这个家庭聚会成员甚至包括格罗弗——唯独我不是。我宁愿自己摆弄消声器和减震器，或独自闲逛。

然而不久后，有一双眼睛盯住我，然后另外一双，接着又一双。孩子们不和格罗弗玩了，跑过来看我这个白人在做什么。

我从车底钻出来和他们打了招呼。孩子们静静地站着，手放在口袋里。一阵笑声从草坪上传过来，我们转过头看见丹在灰尘中跳奇怪的吉格舞，他脚底踏起的尘土扬到院子外。

“你叫什么名字？”我问那个金发的男孩。他长得很讨喜，我想多了解他一点。

“尤金。”他有些害羞。

我指着达内尔：“那是你的妈妈吗？”

“是的。”

“谁是你的兄弟姐妹？”

他指了指另外两个孩子，骄傲地告诉我：“迈伦和四月。”

小女孩捂住脸，咯咯地笑着。大一点的男孩只是干瞪着眼，一言不发。金发小男孩舔了舔嘴唇，刚才回答正确，增强了他的信心，他能和白人说话。

“你是灰熊亚当斯吗？”他问我，他观察的结论让我笑起来。无论这个结论是不是反映了我的实际相貌，还是和这里的神话习俗有关，反正他们每个人都喜欢这样揶揄我。

“不，”我说，“我看起来像它吗？”

小女孩又咯咯地笑了，乐得直点头。

金发男孩又问我：“你叫什么名字？”

我想了想然后说：“肯特。”

“纳尔本先生”这个称呼似乎太正式；“纳尔本”——大多数印第安老人这样称呼我——可如果孩子们这样称呼我，就显得有点可笑了。其他几个称呼在这场合都不合适，这样只剩下了“肯特”这个称呼了。

“你家里有孩子吗？”卷发的男孩问我。

“有啊。”

“他们在哪里？”他快要问完小孩子想问的所有问题了。

“在我们明尼苏达的家里。”

“你是白人吗？”

他的直白让我大笑。

“当然是。”

“我爸爸也是，他住在加利福尼亚。”

“你去过那里吗？”我问。

“没去过。”他说完，下嘴唇立刻撅了起来。我对这个男孩子涌起了满满的爱意，也想起我千里之外的儿子，真想抓住这个小家伙给他一个拥抱。

其他的孩子站在尤金后面看他和我说话。小女孩很害羞和矜持，仿佛在等待别人给她礼物。也没什么好给她的，我伸手到口袋里掏出一枚25分的硬币给她。她尖叫着向她母亲跑去，满心欢喜。

大男孩没有动。我抓了一把硬币在手里，他年纪稍大，我应该多给他一点才对。我捧着大小不一的硬币，伸过去让他去拿。他面无笑意地看着硬币，利落地把它们都抓起来然后快速地塞到裤子口袋里，他没有离开。

那个金发小男孩眼睛瞪得好大，望着我的口袋，期待着给他的财宝。我把口袋任何一个角落都翻遍了，剩下的零钱要么太大要么太小。

“你姐姐多大了？”我问他。

“八岁。”

“那你也可以得到一枚25美分的硬币。”我希望这个牵强附会的理由能糊弄过去。我像丢一块宝石一样把硬币丢在他的手上，黑眼睛男孩只在那儿站着，看着我们。

“你叫迈伦吗？”我问他，试着去吸引他。男孩什么话也不说，他脸上的表情如同湖面的倒影一般稍纵即逝。

“你住在哪里？”我继续问，他还是没有理我。

“你喜欢来看望你的曾外婆吗？”男孩转过身，迅速走开了。他看到了我，审视了我，和我交流过，最终不理我，整个过程他一句话也没说。

我回头看了看那个金发男孩。他的眼睛看到了我，先转身去看他离去的哥哥，然后又转身看看我。他犹豫不决，内心斗争了好一会儿，然后飞快地把他的衬衣下摆塞进腰带，朝房子方向跑去。

我们准备离开的时候，太阳正火辣辣地炙烤着大地。它高悬在空中，如同一个红肿的伤口，在阴霾中几乎无法分辨。干燥的阴霾混杂着漫天尘土，呛得人难以呼吸。此时连狗都没有气力再蹦跳或追逐，它们在零散的树荫下刨出小泥坑，自己躲在里面。

此刻万物似乎都向外发散着热气。灌木隐约化成人形，仿佛正朝你走来；人变成纤细的幽灵，四肢是用泥做的，脸都快要溶化了。几个小时之前，在清晨微风吹拂下，这片广袤的盆地似乎还显得生机勃勃，现在却变成一口饱受折磨的干燥大锅。

孩子们聚集在房子外的一个灌木丛旁。他们坐在一起，偶尔说说话，用弯曲的树枝画画。德尔文、丹妮和无腿人已经避到狭长的小木屋屋顶形成的阴凉处。安妮没动，一直坐在门口的木椅子上。即使天这么热，她也一刻不停手上的活。每隔一段时间她就会抬起头看我们是否卸好货装好东西。我躲在格罗弗的别克车备用轮胎下的阴凉处。我只想到车里去，尽快离开这里。

格罗弗来回走动，把拖车里的货物放到汽车的后备厢里。丹和无腿人在那里道别，显然他们是很好的朋友，两人用拉科塔语交流，常会说着说着一起大笑起来——两人乐于回想他们共同的记忆。

格罗弗关上后备厢。“准备上马喽！”他从牛仔帽下向丹嚷道。我羡慕他帽子的宽檐边，遮阳很管用。

“马上来。”丹从门口喊道。

他走到昏暗的屋内，片刻后出现在门口。

我们看着他慢慢地穿过院子，他的身子在热浪中缓慢移动。我不明白他的长袖衬衫是起到保护作用呢还是给他额外增加了负担。他就像一个动物，根本不在意自己的皮肤。

格罗弗发动了车。丹坐上车，砰的一声关上了门。屋里和树下的人都在那里没动，地平线在热浪中翻滚，其中一个孩子捡起一大块黏土，半是有心半是无心地扔向我们。我们开车离开了这个尘土飞扬的院子，没有人向我们挥手，也没有人向我们告别。

我们开车到达坡顶时，格罗弗连按两次喇叭。我别过身子最后看了一眼那座小屋。每个人都站在院子里，看着我们，他们的手放在身体两侧。风很大，他们的衣服被吹得在身上乱飘。格罗弗又按了一次喇叭，我们开车远离了这座山，远离了他们的视线，远离了他们的世界，远离了他们的生活。

空旷的高速路上，汽车飞快行驶。车窗两侧的景致开始有了变化，露出地表的岩石就像破碎的骨头，散落在草原上，像是在展示地球的骨骼。地表上薄薄的一层土壤最近才被一片大海般的草原覆盖，怎奈何这保护层过于孱弱，史前的地质力量还在我们的脚下呻吟着。孤峰和平顶山峦平地而起，耸立在远方。地平线上到处都是平顶岩石和如死火山般的平锥顶。这才是真正的“西部河流”，正如当地人称呼——密苏里的西部。落基山脉如怪物般闯进来，像个沉睡的巨人耸立在曾经是海床的达科他州高平原上。

天热得令人窒息。我们打开车窗，在风的呼啸声中，车静静地行驶着。天空低垂，像是要变天。乌云密布，在地平线上你追我赶。一群鸟儿从路边扑棱着飞起来，活像狂风中飞舞的叶子。暴风雨就要来了。

我百无聊赖，望着窗外的云朵。金发小男孩和他的家人让我不时想起我的家，我感到自己和他们很生疏，显得无关紧要，也觉得孤单。丹本可以自己告诉我他的过去，我却是从德尔文和达内尔那里得知，丹的做法让我觉得我和他之间很疏远。

丹似乎知道我在想什么。“你很喜欢那个金发小孩，对吗？”风太大，他几乎是喊着问我。

“让我想起了我的儿子，”我心不在焉地回答，“太想他们了。”

“你和他说话时与对别的孩子不一样。”

他这话让我很生气，我不乐意他自己背后隐藏很多动机，却这样来评价我的行为。再说，我想自己一个人想想心事。

“他让我想起我自己的孩子，”我毫不客气地回答他，“我跟你说过了。”

“能让你想起你的孩子是件好事。”他隐晦地说道。他现在所说的每一句话都有双重意义。

“但我认为那不是原因。”

“丹，”我有些恼火，“他站在最前面。他是唯一一个开口和我说话的。我和他说话再自然不过了。”

“我可不这样认为，”他坚持说，“其他孩子注意到这点了，他们总能注意到。”他摇上了他的车窗，看样子是想说会儿话，我只能让步。他说话欲望非常强烈时，不理他是完全徒劳的。我也摇上了我的车窗。“好吧，你想要说什么？”

“他看上去不大像印第安人，所以你就多和他说话。”

“天啊！”我说。这个话题我根本不想谈。

“他什么也不是，他只是个孩子，他的爸爸是个白人。”

我几乎脱口而出：“和你妻子一样。”但这样一说显得我是在使性子，而且又会展开另外一个我不想谈的话题，“这是他告诉我的。”

“所以他不是印第安人。”

“他是半个印第安人半个白人。”

“那么他是一个混血儿了？”

“你到底想让我说什么？”我问他。热浪让我头痛不已，我的衬衫都黏在车的后座椅上了。

“他是一个混血儿，对吧？”

“你说是就是吧。”

丹变得兴奋。他知道自己要接近主题了。

“可能你没有这样称呼他，但别人都是这样叫他的。他是个‘品种’，其他两个大一点的孩子住在丹佛有两年多了，他们周围都是白人。这个小家伙尤金，却连拉皮德城都没有去过。他说拉科塔语，从来没有见过他的白人爸爸。但对你来说，其他两个孩子更像是印第安人。”

我想到了他们沉默的红褐色脸庞和他们闪亮的直发：“从相貌上判断，他们的确更像。”

“你就是从这方面来判断他们是印第安人？”

“我想是吧，我不知道。”这段对话太过沉重，我不想谈下去了，丹却意犹未尽。我承认了其他两个孩子更像印第安人，他明显很高兴。

“瞧，你们白人就是这样看事情的，感觉是种族大过天。”

“嗯，你巴不得是这样呢。”

“不，我不是的，”他说，“但我多次考虑过这个问题。看到你和尤金让我想起这个问题。”

“是吗？”

“是的，你可以思考一下。好，我先来说说。四十年前，他们还把学校里的孩子分成不同的小组：纯血统、半血统、四分之一血统。让他们举着牌子，给他们拍照。他们只不过是孩子啊，却按照该死的类似于菜谱的规则来区分他们。”

“那是四十年前，丹。”我提醒他。

“那么你认为现在就没有这种事吗？想想你自己，想想你和尤金说话的方式。”

“我告诉过你，就他一个人和我说话。”

我这样说，丹还是没有停下来：“嗯，我们一直都注意到了这点。这点和其他几个问题让白种人第一次来保留地就感到很惊讶。很多孩子看起来不像印第安人。有些孩子是金发，像尤金一样，还有人是红头发，还有一些孩子长着一双蓝眼睛：这些让白人很困惑。我们看得很清楚，你们白人和这些孩子说话不同于其他孩子。对你们来说，他们不完全是印第安人。

“每个印第安人都注意到这点。对我们来说，这些孩子就是印第安人，你们却不这样认为。自从白人来这片土地后，我们就一直收留他们，让他们和我们生活在一起。他们已经成为印第安人，我们觉得没问题，可你们白人却会为此抓狂。

“从前只要一有战争，就会有人成了俘虏，就会有些人无家可归——你知道的，很多孩子没了父母——他们的父母要么死于事故要么死于内战。”

“要么死在印第安人手上。”我抢白他，我有些恼怒了。

“对，要么被印第安人杀死。”丹回答。他没有顺势接这个茬，“我们收养了这些孩子和那些无家可归的人，让他们和我们一起生活，他们就成了印第安人。后来他们和我们印第安人有了孩子，孩子自然而然就是印第安人。就像现在，一个印第安女人和一个白人男人有了孩子……”

这次我没再忍住：“或是一个印第安男人和白人女人有了孩子。”

“对，”他瞪大了眼睛，“或者印第安孩子的祖父母是白人。”

我们简直在互相置气。“但他们依然是我们的一分子，对我们来说他们仍然是印第安人。”

我耳边一直回想德尔文说丹的儿子因为自己父母的不同种族背景而“日子过得艰难”。我想知道这是什么意思——这样的艰难是否困惑着其他印第安人和白人，或是因为找不到身份认同感。

丹似乎猜到了我的困惑：“可是如果这样的孩子回到你们白人中去，他们却成不了白人。你们没顾及他们一半的白人血统，不承认他们是白人。你们却留意到了他们一半的印第安人血统，称他们为混血儿。在学校，他们被人取笑，别人称他们为‘通托’‘宝嘉康蒂’[1]。我们都知道，孩子们放学回来告诉我们的。”

我想起了丹的儿子试图到东部与他母亲一起生活，后来又不得不回到保留地。

“想想看啊！”丹说，“我们关心的就是怎样把他们抚养长大成人。你们看重的却是他们的肤色和头发的颜色，把他们一一分类，看看他们身上有多少白人血统！你们称他们为混血儿，既不让他们成为白人也不让他们成为印第安人。”

尽管天气炎热，我心情也非常糟糕，我还是能清晰地感受到老人回忆过去牵扯出来的苦痛。我想起他卧室墙上挂的那张照片，那个带着学位帽、表情庄重的年轻人。年轻人的脸上表情严肃，满怀决心：他要“建一座桥”去他母亲那里。

“事实就是这样的，纳尔本，”丹继续说道，“对白种人来说，种族大过天。你自己也能察觉到。你只要观察白种人和其他有色人种聊天就知道了，白种人迟早都要谈到种族这个话题。

“韦诺纳的一个小女儿和尤金长得差不多，她看起来不像印第安人，所以，白种人不会和她谈种族的事。他们也许会说，‘哦，你看起来不像一个印第安人。’但我、韦诺纳和老格罗弗就不一样了，因为我们看起来像印第安人。我们只要一和白种人攀谈，他们立马会谈到印第安种族，绝对是这样的。”

“的确是这样的，纳尔本。”格罗弗插嘴道。

丹继续说道：“他们可能会谈到他们认识的印第安人、看过的电影或遇到的事情，总之都是和印第安人有关的。他们大概是想向我们展示他们其实有多喜欢印第安人。但毫无疑问他们肯定会谈到印第安人，好像遇到我们就非要谈印第安不可似的。我们也可以闲聊，说我

1 传说印第安公主宝嘉康蒂曾经从印第安战斧下救了白人上尉史密斯一命。

可能是总统或能治愈癌症，但闲聊之前，他们一定要和我聊一聊印第安人。

“黑人说他们和白种人聊天也这样。你们白种人不管在什么情况下都把种族看得比天大。

“可是有趣的是你们还要假装自己不在意种族。记得有天晚上，我和格罗弗坐在电视前看拳击比赛。”

他转向格罗弗确认：“你还记得吧？”

“当然记得，比赛烂透了。”

“先不管比赛如何，讲解员一直说一个拳击手穿着黑色带白条纹的短裤，另一个穿着黑色带金色条纹的短裤。见鬼，我根本分不清谁是谁，但他就一直这样称呼那两个拳击手。但你知不知道？他们中一个是白种人另外一个是黑种人！讲解员却不敢用‘白种人’和‘黑种人’来区分他们，因为这时不应有种族之分。这真是我见到的最无聊的事了。

“你们简直就活在一个大谎言里面。你们把种族看得大过天，可又不敢开口随意讨论。”

“我是不是触动你哪根敏感的神经了？”我问他，我仍旧希望他能提到他的儿子。

“触动的不是我的神经，”他说，“是白种人的神经。我告诉你究竟是怎么回事。只要是其他有色人种，白种人都害怕。想一想你们怎么定义黑人。如果某人在某个地方有黑种人祖先，你也能看出来，你们就会说他是黑种人。可能过去几千年每个人都是白种人，但只要这个人有个先辈是黑种人，你就会说他是黑种人。但对意大利人和爱尔兰人你们就不会这样说。你不会说，你是意大利人，因为你的祖奶奶是一百多年前乘船过来的。但是你的祖奶奶是黑种人呢？好了，你就是黑种人。想想看，纳尔本。如果你妻子是黑种人，你们有一个孩子，这孩子就不属于你了，他就会是黑种人。实际情况是你们不会直接说他是黑种人，而说他不是白种人。

“你瞧，白色其实是一种弱的颜色。好比白油漆，你如果加了一滴其他的颜色进去，它就不是白色的了。你可以不断往里面加白油漆，可是你永远消融不掉那滴有颜色的油漆。白油漆再也不是白的，这就是你们白种人所害怕的。

“对于黑种人，你们说他们不是白种人之后也就算了。你只把他们扔到一堆——黑人、棕色人、肤色黝黑的人和其他相关肤色的人——统称他们为黑种人。但对于我们印第安人，你们说我们不是白种人之后还不厌其烦地把我们分类，分成混血印第安人和纯血统印第安人。试想一下，如果你称呼一个有白人血统的黑人为混血儿，看看情况会怎样。”

他举起手，像一个牧师在布道。

“我们印第安人做法完全不一样。没有血统之分，你想成为印第安人你就是印第安人。白人就认为你必须是纯种的白人血统才可以是白种人。如果某人不是白种人，他的孩子将永远不会是白种人。我们只要父母一方是印第安人，孩子就是印第安人。你明白我的意思吗？”

“嗯，我明白你的意思。”

“再想想看。你们有各种各样的行事准则，有的你们自己都不理解。比如，白种人可以领养中国孩子，但中国人要领养白种人的孩子就不行。又或是不同种族的人一起出去，其中的男人必定是白种人。”

他向我看了看等我给他回应，我什么也没说。

“千真万确，”他继续说道，“如果一个白种男人和一个黑种女人在一起，白种男人就是开明的。但如果一个黑种男人和一个白种女人在一起，那这个黑种男人一定是个皮条客。换作印第安人也一样。如果一个白种男人和一个印第安女人在一起，很可能行得通。电影里通常都是这样拍的。但如果一个印第安男人和一位白种女人在一块，那么这个白种女人一定有问题，她不得不成为‘那些人’中的一员。

“我想这和征服有关。白种男人一定得是征服者。如果有一个有色人种的男人控制了一个白种女人，那么一定是这个女的有问题或是这个男的特别坏。她要么是个俘虏要么是个叛徒。这意思就是，为什么一个体面的白种女人会想和一个印第安男人在一起呢？对吧？”

我忍不住笑了，他的话正中我下怀。

“孩子的情况也一样，”他继续说，“如果一个白种人和一个有色人种的人结婚了，他们有了孩子，孩子会被当成白种人来抚养，至少在孩子们很小时会是这样。可如果他们被当作印第安人、黑人和其他有色人种来抚养时，你们就会说，‘哦，那个可怜的孩子。他真的不属于任何地方。’”

“但对我们来说，如果那个孩子父母一方是印第安人，他就是印第安人，我们一直都这样认为。我们不会让他们做测试，或根据他们身上有多少印第安血统来给他们分类。

“承认吧，如果小尤金与白种人一起生活，你肯定会认为比他与印第安人一起生活更好，对吧？”

他为自己的推理感到骄傲。不等我回答，他又说了下去：“但是如果那个小家伙回白种人那里生活，其他孩子会叫他印第安通托或混血儿，还会站在他走的路两旁齐声嘘他。这他妈的是实情。”

“就只有那孩子跟我说话，”我简单说道，“事情就是这样。”

“把你的想法告诉四月吧。”他回答道，伸手从口袋里拿出一张有横格线的纸递给我，纸是从学校的笔记本撕下来的。纸上画了四个人，孩子画得很认真仔细。一个人的身形又大又圆，用粉色勾了边，他胡子拉碴的，旁边站着一个小的圆身子，头上垂下金色的卷发。这两个人面对面笑着，嘴巴咧得很大，他们的眼睛又大又圆，眼睛里面还画了一些点，胳膊像树枝一样，手画得像小鸟爪一样。在他们旁边，是另外两个圆身子，两人之间有些距离。小一点的下面画了腿，另外一个则画了三角形裙子。穿裙子的那个人，手也像鸟爪一样，她手里有一枚硬币。她的脸，和她旁边的人一样，被涂成深棕色。两人的眼睛都画得只有葡萄干大小，他们脸上都没画嘴巴。画的底部字迹潦草，看得出是天主教学校风格的字迹："给肯特先生，四月赠。谢谢你，再见。"

我盯着它看了一下，脸开始发烧。"没事，纳尔本，"丹说，"你给了她一枚25分硬币。"

/ 第二十二章 /

历史之歌

我们驱车前进，天色越来越暗。道路一侧开始有指示牌出现，牌子目的多是让游人停下来，有的是想极力吸引你去参观某个景点，有的是推广一些项目——“活熊”“爬行动物”“世界上最大的汽车收藏地”“参观猫王的摩托车”“到黑山的最短路径”，还有些牌子要我们放弃堕胎或者承诺相信上帝。

格罗弗一边开车一边大声朗读指示牌上的内容，兴致勃勃。他就像一个街头公告员，对内容不做评论，仅仅重复读他看到的内容。如果某个指示牌内容正合他心意，他也会偶尔笑一下，但他笑的对象没有什么逻辑可言，要想找出哪些特定内容让他笑不太容易。

丹像往常一样，一根烟接着一根烟。我们离开安妮家时，他满心愤怒又很激动，这会儿已经心平气和了。我不确定这仅是我的观察而已，还是他不像以前那样为他儿子感到痛苦，他不再眷念过去，更看重现在。他这会儿正饶有兴致地欣赏路过的风景。

路上行驶的汽车都打开了车灯。远处山上的某个牧场主竖起了一个十字架。十字架被刷得雪白，周围空无一物，即将到来的暴风雨成了它灰色的背景。

“上帝之地。”我脱口而出。

“瓦卡唐卡之地。”丹纠正我道。

“不管怎样，信念之地。”我说道，希望这样就可以涵盖我们两人的意思了。

“是的，它会给你信念的。”

天热得令人窒息，暴风雨快来了。丹坐在座位上，很放松，一只胳膊搭在窗户上，他的旧格子衬衫不时拍打着他的肘部。

“你怎么看耶稣，纳尔本？”他问我。

我不想讨论这个话题，闭口不言。

“我是说，你认为他现在还活着吗？”

“就像第二次降临？”

“这可能已经发生过了，”丹狡黠地说道，“我的意思是，他的灵魂还在吗？”

我试图用一些专业术语来逃避这个话题，丹阻止了我。

“不，我不想听到这个，我知道你明白这一切。我想谈的是那个牧场主，就是竖起十字架的那个人。他是怎么想的？”

我思索着，想着该怎样回答他。格罗弗打破了沉寂，给我们读了某个广告牌上的内容，广告牌上说的是拉什莫尔山。

“这就是我的意思。”丹说道。我却对他的意思毫无头绪。

“那些总统，我多次想过这个问题，我们就拿这两个家伙来说说吧。”

“哪两个家伙？”

“我要谈论的两个家伙。耶稣和亚伯拉罕·林肯。”

我想他是不是有点走火入魔了：“丹，你怎么可以把这两个人相提并论呢？你可能是想到他们了，你一定是热糊涂了。”

他不为所动，继续说下去：“那些传教士在我们的保留地转悠。三四位女士坐一辆车，穿戴整齐。她们过来，想跟你谈谈上帝。可耶稣已经死去很多年了，她们为什么要来和我们谈论耶稣呢？”

他又要开始讲演了，我所能做的只是随他去，好在这次谈话不再关于他过世的儿子了。

“因为她们相信，如果你信奉耶稣，他就会在你的心中，你就会被拯救。”我说道。

“很正确！”丹变得很兴奋，“问题是她们为什么不穿戴整齐，和我们谈谈亚伯拉罕・林肯呢？”

这问题问得太奇怪了，我没法回答他。

“这是因为亚伯拉罕・林肯死了，可是耶稣也已经死了，但传教士总是这样说，如果你把耶稣带到你的心中，他就能活过来。那么问题来了：如果你把亚伯拉罕・林肯带到你的心里，他能活过来吗？”

我觉得自己像在参加一个超现实的测试节目：“我不知道。”

丹露出胜利的喜悦：“这是因为亚伯拉罕・林肯是白人历史的一部分。”

“那耶稣不是吗？”

“不，他是另外一种历史的一部分，我们印第安人理解这种历史。万物都有力量，因为他们有灵力，这就是为什么这么多印第安人信奉耶稣。”

虽然丹的逻辑支离破碎，但是他的想法透着一股重要性。我坐直了开始认真听。

“很好，”他说，“你总算决定听我说了，我都快不想讲了。”

“洗耳恭听。”我打开录音机，调整到一个舒适的坐姿，靠在汗湿的绿色塑料垫子上。肥背被我们吵醒，很快又睡着了。

“关于亚伯拉罕・林肯那种历史，就是你们在学校教的那种历史，我们印第安人没觉得有多好。这种历史很可笑，它最看重的就是发生了什么事。任何发生过的事你们都想知道，比如在某个地方曾有过多少人，他们穿过些什么，他们想过些什么。这些对你们来说非常重要。仿佛知道这些越多，你们就认为掌握了越多的历史。

“这种历史并不好，印第安的历史不是这样的。你们这种历史就好比研究完了身体的所有部分，然后就说你了解生命，可这些仅是事实。

“这种历史真正害惨了印第安人。本来你们的历史种类就是错的，后来又在这个种类上错上加错。”

“你为什么说我们把历史弄错了？”我打断他，我想确保我没有歪曲他的意思。

他深深地叹了口气：“到底是你说还是我说？我以为你想学点东西。”

“抱歉。”

他弯曲的手指向我摆了摆：“这就是为什么我们总能在公平较量中击败你们白人！你们只知道直线前进，我们迂回绕道然后从四边八方包抄你们。现在，保持安静听我说。”

格罗弗开心地拍打着方向盘。

丹继续说下去。他就是这样一个人，年纪大，脾气古怪，精力旺盛。

“看看你们白人对我们做了什么。你们来我们这儿后，根本不在乎我们觉得神圣的东西。你们只想知道事实。

“比如你们问我们事情发生的时间，我们可能会回答说，那一年所有的水牛都冻死了。你们就会生气，问我们那到底是什么时候呢？我们可能还会说那一年有很多星星陨落了。我们就是这样记录年代的。

“显然你们对我们的答案不满意。你们就想知道带有数字的具体年代。好像知道了带数字的年代之后，事情就会截然不同。我们一旦给不了你们带数字的年代，你们就会很恼火说我们什么也不记得。

“所以你们白人用你们记得的事情来给我们编历史。你们所记得的无非就是商贩写下来的、传教士写下来的和士兵写下来的。我们两方斗争后，你们就会记下我们用过的武器，还有被我们杀死的人数。

“如果你们能找到一个印第安人为你们工作，你们就会让他成为酋长，这样他就可以签署出卖我们的土地契约，然后你们记下他所说的话。如果他什么也没说，你们就会替他写下来，让他签字，这就成了我们的历史。

“你知道他们写的是什么吗？无非就是这些：商贩记下了他们弄到多少毛皮，也许他们也会写一写印第安人如何生活；传教士写了我们为什么文明程度低，可能还会写一写我们的仪式，说仪式看起来如何稀奇古怪；和我们打仗的人呢，则会想尽办法把他们自己写得很无辜。

“你觉得他们会这样写，‘印第安人作战计划更好，战士也更勇猛’吗？你认为他们会写‘我们今天杀死了很多婴儿’吗？我想他们不会。

“还有那所谓的酋长，你们编造各种谎话让他们看起来像是我们的领袖。你们想要他们说什么，他们就说什么，因为你们会给他们房子和钱；你们甚至要他们去签署那些他们根本读不懂的条约。条约一旦写下来，你们就说这些是既成事实了，即使世上没有一个印第安人知道它们的内容到底是什么。

“后来，你们想把我们的土地弄成一小块一小块分给我们，你们又想让我们像白人那样，有自己的姓氏和结婚证书，你们要把这些都记录下来。有的印第安人认为这个做法很愚蠢，每次跟你们交谈，他们就故意用不同的名字。所以你们记录下来的东西很让人费解，也都是不正确的。

“所以说，记下来的一切都不是对的，它们就是一个谎言。但是因为它们被记录下来了，你们就说这些是事实，并把这些所谓的事实教给你们的孩子。

“这就是你们白人为我们印第安人所编造的历史。”

他充满胜利地吸了一口烟。路旁拉什莫尔山的指示牌出现得越来越频繁，牌子上粗略画了四位总统的头像，头像在天空朦胧的黑夜里显得荒诞而渺小。我以为丹已经说完了，但他猛呼出一口烟之后，又开始说下去。

“可更坏的还在后面。它直接无视你们来这个国家之前我们所有的历史，就好像在你们来这里之前，我们不存在似的。我们说什么你们都不会相信，除非你们挖出一些盆或弓箭，然后把挖出来的东西放在不同的机器里，再用上不同的化学物质，这样你们就可以推测它们是什么时候的了，然后你们才会说，‘现在我们知道了，过去究竟发生了什么事情’，做实验的人把他发现的东西写下来，其他人再对他写的做出推断，然后你们就把这称为历史。

“我可以告诉你们我祖父辈告诉过我的事情，可你们不相信它们是历史，除非你们的实验结果和我说的一样。我甚至可以和你聊聊我们的超能力，比如说威颇耶[1]，就是我们身上的药袋；或一个人如何成为双性人。但我不会说，因为你们会说这是故事而不是历史。

“看，我们所知道的一切对你们来说都不是历史；我们神圣的故事对你们来说只是传说；我们的祖先赋予我们的能力也被认为是迷信。责任也是如此，反正这一切都在你们写的历史中找不到。

“我们只是没人把这些东西记下来写在书上而已。虽然你们把东西记下来写在书上，但你们写的都是谎言。可就算是谎言你们也无所谓，重要的是你们把事情记下来了。只要写下来，那就是事实，然后就成了历史。印第安长者们过去常说，‘白人把房子盖在谎言上’，真是一语中的。”

我忍不住笑了。丹看看我，眨了眨眼睛，他牛奶般的眼白在忽明忽暗中熠熠发光。他发出的轻声低沉的“呵，呵”声像是胸部底处的雷声。他知道我听进去了。

“这时基督降临了。你们让我们去教堂了解耶稣时，没有人问他的生活年代。耶稣这么个重要的人，如果他发生了什么事，却没人关

1　Wipoye，音译。

心具体时间，就只说‘耶稣还活着的时候’。这回你们最关注的是发生了什么事情。

“比如，老师对我们说他被杀害那年发生了大地震。”

“是的，”我插嘴说，望着窗外的暮色天空，“一片黑暗笼罩大地。”

丹对我自作聪明的回答不以为然：“是杀害耶稣引发了地震。可没人会问有多少人在这场地震中遇难，或有多少人在耶稣死后在一旁站着，没有人觉得有必要知道它是哪一年，年代无关紧要。重要的是，耶稣死的时候发生了地震。

“你明不明白？如果说耶稣死后发生地震是很重要的，那为什么水牛冻死那年有很多星星陨落就不重要呢？”

远处，一道道闪电照亮了滚滚乌云的边缘。“我来告诉你原因。因为白人不相信这两件事情有任何必然联系。你们相信耶稣和地震有必然联系，可你们就不相信水牛和星星也有必然联系。有地震是因为耶稣死了，但星星永远不可能因为水牛冻死而陨落。

“还有一个例子。耶稣降临时，天堂里有一颗星星指引国王们找到他，但绝不可能有星星来指引我们印第安人。我们会谈论那七颗星星，说说它们是怎样教会我们生火种的，你们压根不信这是真的。你们说这不是神话就是传说。那么，星星指引国王这个说法，也很可能不是神话就是传说。

“我觉得你可以考虑一下这个问题。你们对待历史有两套不同的思路，实在是无聊透顶。”

“这个讨厌鬼，”格罗弗打断我们，手顺着仪表盘指向天空，“我要试试超过它。”他又变成了船长，指挥他的船避开危险的礁石和浅滩。他向左边开下去，开到长带子似的柏油路上，这条路一直向南延伸到山上。沿着西部的地平线，风暴蓄势待发，风声鹤唳，雷电交加。

“不要冒险。”丹说。

“试试吧。”格罗弗回答。他猛踩油门，别克车急速前进。西边的黑幕像龙的眼睛一样朝我们闪个不停。

丹继续说他的：“你们白人和我们谈论耶稣时，我们印第安人愿意去听是因为我们能理解你们的想法。这就像过去发生在耶稣身上的事现在很重要，那么同样的，这个事情发生在哪一天也很重要。

“我们能够理解，因为我们就是这样了解我们的过去的。比如，有一次我祖父的祖父让水牛离开村庄，那么我就以此来记下那一年。就是在那年，水牛离开了村庄。我记得还有一年，我祖父赐给我力量，让我帮助我们印第安人摆脱危险。我至今还拥有那个力量，因为他给我的力量是源于他自己的力量。

“你们白人也是这样教我了解耶稣的。他不在人世已经很久了，但他现在赐予你们力量去做事。但谈到我祖父的祖父时，你们不相信他给了我力量。你们只想知道有多少头水牛，具体是哪一年。

“可是，你们为什么不去弄清楚耶稣是哪一年降临的？他被杀时有多少人在场？怎样用科学来解释为什么他死时有地震呢？怎么这些都不那么重要了呢？可你们却想了解水牛的细枝末节，比如它们是不是因为得病了才向我们营地猛冲过来，或是那一年我们在另外一个地方扎了营地。我如果想和你们谈论先辈给我的力量，你们根本不想听，你们却要我去听耶稣给你们的力量。

“这太荒唐可笑了。你们在这两种历史种类中随意选择，想怎样就怎样。既然你们并不知道耶稣到底生活在哪一年，只是从那时候开始编年，那么我不知道我祖父的祖父的生活年代，这也应该没问题啊。如果耶稣的善举如今还能给你们力量的话，那么现在我的力量也是源于我祖父的祖父。

“但你们的思路在两个世界里徘徊。在这个世界里，有些事情是一直都有力量的，比如耶稣。在另一个世界里，事情只发生一次，它们只在发生时才有力量，而且你们必须对它了如指掌，它发生时有多少人在场，还有其他什么东西在那里，是什么导致它的发生，它又会带来其他什么影响。你们就只用这种方式来理解这件事。”

他停下来让我消化一下我所听到的：“你是怎么想的，纳尔本？”

我很茫然，不知道我的理解是在他前面十步还是后面十步。“你知道吗，丹，”我说，“有时候我觉得你是在耍弄我。”

“你知道他们为什么抓不到杰罗尼莫和约瑟夫[1]吗？”格罗弗自豪地说。

丹只是发出几声低沉的呵呵声。

“现在你会听到我关于林肯的想法，”他说，“我说过我也思考过他的。对我来说，他就像是你们的一个伟大的首领。我一直在思考，我明白我们印第安人和你们白人太不相同了。我觉得他是你们最伟大的领袖，他很勇敢，为他从来没有见过的人去努力，他想做正确的事。假如他是印第安人的话，一定很了不起。

“可是你们教学生时却非常死板。他不是耶稣，对你们来说他已经死了。所以你们让孩子们记住他出生的时间和地点，以及关于他的一切事实。你们把他当成博物馆的毛绒熊，让孩子们这样去学习他。这是你们的过失。

“你们为什么不说他今天仍然活在你们心中？你们为什么不这样教历史，孩子们在心中牢记这位领袖，这不比知道他有多高、在哪里出生重要千百倍吗?

“你们教你们的孩子林肯解放了奴隶，可你们为什么不教他们是林肯让你们都成了奴隶的解救者，作为他的后代，你们有义务要维护他的荣誉？”

“我们是这么做的。”

“但是你们希望你们的孩子能通过这样的考试：林肯是什么时候

1 杰罗尼莫酋长和约瑟夫酋长都是美国历史上很受印第安人爱戴的酋长。

签署文件解放奴隶的？如果他们知道答案，你们就会说他们了解亚伯拉罕·林肯。这让你们的历史既呆板又无趣，因为这样的历史只是把东西装进盒子放在架上，以备随时拿下来研究一番，而不是让它们鲜活起来。我认为我们的方式更好，我一直都是这样想的。”

“我不得不同意你的观点，丹。”我说。

“你最好同意，”他笑着说，“要不然我会认为你愚不可及呢。现在我会再告诉你一点其他的，就一点点。

“你看，我们也有像白人一样的历史。可你们就是不相信我们。我们有我们的故事和图画。我们有我们做事的方式，从我们的长辈那里代代相传，和白人历史差不多。它也包含事实。但你们觉得我们的历史写得不好。

“如果我给你看我祖父是怎么做事的，你不相信我。但是如果某个白人把这个事记下来了，他甚至不知道他看到的是什么，就足以成为历史了。

“有太多太多事情要我们印第安人去了解了，我们选择只去了解重要的事情，所以我们可以生活得更好，了解得更透彻。

“我们中也有人能告诉我们过去发生的事情，告诉我们它们为什么重要。我们让孩子学习这些故事，然后他们就可以把听到的复述出来。我们的历史是鲜活的，你们的历史却是死板的，即使是用文字形式记录下来的。

“我换个方式来说这个道理。比如你听到一首歌，它是真实存在的吗？还是直到有人把它记录下来它才存在？

“对我们印第安人来说，我们族人的故事就像一首歌。只要有人能唱出来，它就是真实存在的。至于有没有人写下来，我们觉得无关紧要。你们一来，就说我们的歌不存在，因为没有被写下来。然后你们就按照你们想要的方式把它记下来。

“你们现在仍在用你们的文字编写我们的故事，可你们的思路依然不对，你们的语言就像一把把利刃割伤我们。可是我们的血流得太多了，我们几乎麻木了，感觉不到伤痛了。

“它伤不到我，我已经老了。我和我的朋友们都懂我们自己的语言，我们也一直使用它，它就像是我们心中的一首歌。现在的年轻人必须学唱这首歌了。”他两臂交叉，陷入了沉默。

格罗弗拍打着方向盘，像一个棒球球迷听到要本垒打之后兴奋不已。“该死！”他说，“纳尔本，你有在认真听吗？我希望你能学到一些东西。”

我试着消化掉我刚才听到的内容。我把录音带倒了回去，重点听了听丹说的几句话，确保我能正确理解。

丹这时已在他座位上坐直，直直地盯着前方。他每次说完就这副模样。

但他没有停止思考。“我再最后告诉你一件事。”他说，这一次又像是他听到了某个声音，然后把内容传述给我，“这就是为什么你们白人有各种危机。没有什么是你们的灵力。你们已经攫取了大地、天空和所有活的生命的一切力量，你们只管事实，总有一天你们会被你们的事实害死。”

格罗弗显得非常兴奋。我注意到他十分在意丹的情绪变化，他既是丹的朋友，又很崇敬丹。他转向我，嘴巴咧着笑得像匹草原狼：“在过去，人们是要送礼物给教他们这些东西的长者的。”他说。

“是吗？”我问他。

“是啊，表示尊重嘛。”他顽皮地眨了眨眼睛。

“那么你在想些什么呢？”

他望了望车外山坡上竖起的红白两色的指示牌：“牛排，鸡肉，肋排。”他读到。

“哦，”我说，“我想他们也应该给赶马的人买晚饭喽？”

“纳尔本啊，我只是在读指示牌呢。”他笑道。

/ 第二十三章 /

暴风雨

格罗弗把最后几块肋排的骨头包在餐巾纸里，带给肥背。我付了账单，朝车那边走去。

一出门，我们马上感觉暴风雨要来了。过去一整天，空气阴郁、躁动不安，现在又变得很闷，黏在身上，连呼吸都有些困难。光线也变得不同寻常，成了绿色，闪电不停地划过天际。

格罗弗把车开回高速公路上，转了个弯，直接向西开去。“得赶时间。”他说。

“这个我们是躲不过的。”丹说。

我呆呆地坐在那里，被周围的天空吓傻了，这样的天气只在影视剧里才有。我右边的天空像是一口黑洞洞的熔炉，它像是夜色在滚动，罩在我们上空。在我们的正前方，乌云滚滚，像海上汹涌的波涛一样一波一波地累加。

太阳好像消失在草原大火的烟雾里。它不时在云层里见缝插针，发出病态的、阴森森的黄光，照耀在山谷上，一会儿就消失不见了。巨大的蘑菇云层里，闪电变得很小，闪电亮起来时，云层简直如同雪崩或被硫黄毁坏的河流一样。大自然变幻莫测，雄伟壮观，任何人休想控制它。

一些雨点如枪炮般击打在挡风玻璃上。

“混蛋。”格罗弗又咒骂了一遍。

闪电划过，瞬间的光照亮了告示牌，上面用血红大字写着《约翰福音》第三章里面的第十六句，还画着一幅胎儿蜷缩着的图画。不过雨下得太大，雨水顺着挡风玻璃流下来，很快就看不见字和图了。

天气让肥背变得紧张，她从座位上站起来，开始呜呜直叫。

“放松，狗乖乖。”我说，挠挠她脖子下面。她并没有放松，身体本能地接收到了某种警报，保持警惕是她的职责。

“我明白为什么这地方的人信仰宗教了。”我说。

“信仰的对象不对。”丹观察道。

云朵的缝隙间，隐约可见黑沉沉的东西在翻滚，高数百英里，深数百英里。一道橙光，如同熔炉里面的火焰一般，照亮了云朵的边缘。

闪电划过天际，照亮了远处平顶山的山顶。

“你打算在暴风雨里一直开下去吗？”我说，努力让自己的声音保持平静。

丹开始用拉科塔语唱起歌来。

借着格罗弗车前灯的微弱光亮，雨点像玻璃碎片般倾斜下来。汽车的车顶也被砸得砰砰响。黑暗的天空如一堵墙出现在我们面前。黑暗如同圣经里面的描述，没有任何光亮，拦着我们，不让我们过去。

丹闭上眼睛唱着，重复一个曲调。周围闪电不停，我真害怕会击中汽车，我们会被烧死在大火里。

突然，风雨都止住了，好像是老天屏住了呼吸。格罗弗迅速把车开到路边停下来。

然后像是地震一样，狂风席卷大地。风夹杂着暴雨呼啸着，捶打着车。整辆车都在晃动，水顺着窗户倾泻下来，雨雾透过缝隙钻进车里。我们周围一片黑暗。

我不由自主地窝到座位的角落里，肥背趴到地板上。丹还在唱，雷声轰鸣，他的声音几乎听不见。格罗弗从胸前的口袋里掏出一支烟抽起来。

车内弥漫着浓浓的烟味和汗味。风咆哮着，像鬼怪一样号叫着，既像是拉满货的火车在疾驰，又像是一万头水牛在奔跑。它毫不怜悯地席卷着我们，利爪在玻璃上划过。有一两次，车子被晃得太厉害了，我都以为车子要翻过去了。

我简直像是一个被吓坏了的孩子。这场风暴明显带有敌意，是针对某人的。它撕扯着车子，像是想方设法要到车里来。

肥背开始呜咽。她爪子四处抓着，烦躁不安，像是受一种看不到的东西驱使。丹前后摇晃着，就像安妮捻着念珠一样。他歌唱的声音弥散在风中，格罗弗一根接着一根抽烟：车里的空气太单调乏味了。

我想象着我们遇到了高原的龙卷风，人要被它撕碎，骨头和肉被脱离了，散落在达科他州平原上。脑子里面不停出现我的儿子、尤金和房间里的无腿人，他们混在一起，流着血。“有些力量，纳尔本……”像是有一千个印第安人的声音在我耳边回响，我确信肆虐的风暴是用拉科塔语在怒号。丹的歌声和着它的怒吼，被它的声音压下去后，他又提高音量去迎接它。

来自北边的雨水简直像堵墙倾斜下来，捶打着车子。我们像是船只失事的乘客，被波涛汹涌的大海拍打着，无处可逃。

“瓦尤皮雅特·瓦嗦莎。”丹清楚地说道。我抬起头，他手伸在空中，放在他脸旁。“从西边来的人，他在这儿。”

我看着格罗弗，他全神贯注地盯着丹。丹的声音抬得更高，他一半用英语，一半用拉科塔语说：“雅塔，我是你的朋友。”然后又提到了瓦卡彦。他的眼睛仍然闭着，身体前后晃着。我瞥了一眼格罗弗。

“带翅膀的那个。”他低声说。汽车被摇晃个不停，水顺着窗户倾泻下来。

一阵大风盘旋而过，几乎要把车顶撕开，然后一切归于平静。几片雨打在我们头顶。车抖动了一两次，然后停下来。暴风雨结束了。

开始有朦胧的光线了。在挡风玻璃上，群山的形状出现了。我们看到了天空中的乌云渐渐退去，向南方移动。光亮穿透云层，追赶着溪流，点亮草间的水滴。

一道阳光穿过山坡照过来，光线所到之处，黑暗迅速撤退。大地又重生了。

格罗弗开始用拉科塔语和丹说话，声音低沉，语气严肃。他俩你来我往地讨论，言谈中明显有一些分歧。

我坐在座位上，疲惫不堪甚至可以说是精疲力竭。我想和他们谈谈这场暴风雨，但我感到我不应该打断他们两人的讨论。他们以前从没在我面前用拉科塔语说这么大半天的话，可能是不想让我听到他们说话的内容，也可能是用英语不能完整表达他们的意思。我全神贯注地听着，希望我能理解一两个词。

丹突然转身，用英语对我说："风不应该从北边吹过来，"他说，"我想不通。"

我不知道这是否只与气象有关还是关乎其他问题，我猜这里面大有文章。

"为什么？"我问。

"我认为都是从西部刮来的。"格罗弗插话，"该死，你也知道的。"他说，喊丹的拉科塔名字。他和丹再次用拉科塔语开始讨论。

片刻之后，丹转过头来问我："纳尔本，风从哪里来的？"

那时候，狂风和暴雨肆虐，我一直蜷缩在车的角落里，根本没心思去考虑风从哪个方向刮过来。"我不知道。"我说。

"想想。"丹说。

"我那时没注意。"

丹有些生气了："你得时刻注意，这点很重要。不然你觉得我在教你什么？"

我想起了乌云向我们右边移动，说道："我想是北方吧。但是这个时候刮北风有些不合情理啊，所以……”

“不去管它合不合情理。”丹说，“你也感觉到风是从北方刮过来的吗？我不是指暴风雨从哪里来的。我的意思是，吹打着我们汽车的这股狂风是从北方吹过来的吗？”

“嗯，是的，我想。但是……”

“是还是不是？”

我看了看汽车的朝向。格罗弗已经把车开离了公路，直接冲进暴风雨里，面对着西方。雨水透过车窗玻璃上有裂缝的挡风雨条钻了进来，我感觉到右肩膀上有些潮湿。

“是的。”

“嗯哼。”丹说，“瓦兹亚，带口信来了。”

“什么意思？”我问，有些不安。

“瓦兹亚不太好，他冷酷无情。”

“瓦兹亚是什么？”

“北边吹来的风。”丹从他的衬衫里面拽出一个小袋子。它过去挂在他脖子上的皮带上。“逝者一定是在去往精神家园的路上在他的圆锥形帐篷上停留过，他们肯定告诉了他所有的事情。现在他来了，就是给逝者传口信。”

我一直相信不祥的预感会应验，相信冥冥中的力量，但我一般不会受其影响。可在这片广袤无垠的土地上，暴风雨过后我也焦躁不安，想要不受影响并非易事。我的心一下子飞到了我妻子和孩子那边去了。

“那你觉得它有什么意思？”我问他。

他没回答我的问题。“你与德尔文和达内尔谈了些什么？”他说，“我看见你们谈了好长一段时间。”

“他们和我聊了一下你的过去。”

丹做出一个要吐的动作。“哈！”他说。格罗弗撅起他的嘴巴。

“在这儿等着。”丹命令道。他打开车门走了出去。雨后泥土的清新气息扑面而来。肥背在那里又叫又闹，想要从座位上出去。

“让她出来吧。”丹冷冷地说道。我打开了我旁边的车门，她从我身上爬过去，差点栽倒在地上。丹用拉科塔语和她说了几句，她站了起来，呜呜地叫着。然后他俩一起朝小山脊那边的草丛走去，草丛这会儿还冒着水汽。

“真应该把这条狗和那个孩子一起埋了。”格罗弗喃喃地说。

“什么？”我问。

“没什么，随口说说。”

“究竟是怎么一回事？”我问格罗弗，“他这样我有些毛骨悚然。”

“我也有点。”格罗弗说，又掏出了一支烟。

我想让他继续说下去，好让我自己安心。“每次暴风雨过后，他都会这样吗？”我问。

“不是啦。他就是不喜欢这场暴风雨，说它捎了口信。”

“口信？”

“丹能通灵。”他若有所思地说道。

我感到脖子后面一阵阵发凉。格罗弗已经点燃了一根火柴，举在他面前，就这么看着它烧完。

“他那样说话，我有些担心我的家人。”我说。

“别担心你的家人。”他一副无所谓的态度，火焰快要烧他的手指了。

“我知道，只是……”

“老爷子没说到你的家人。”他打断我的话。听起来，他有些烦了，也有点讨厌我一直在问。

“那他在说什么？”

他掐灭了火柴：“没事，风是从西边吹过来的。”

不久，丹和肥背出现在小山坡的后面。

丹还在捻弄挂在他脖子上的袋子，肥背步履蹒跚跟在他身后，舌头伸着。

“我们现在就出发。”他回到车上后，用英语对我说道。他的神态里有一种前所未有的目的感。

他和格罗弗用拉科塔语作了短暂的交流后，格罗弗启动引擎。他开车蹚过水流，水现在顺势流到了沟渠里。我们重新开上了高速公路，虽然路面上的水已经快干了，此刻路面还泛着光。细柱子般的蒸汽和热气像幽灵一样在沥青路上袅袅升起。每一株植物、每一座山、每一个山谷，都留下了这场暴风雨的印迹。

我觉得自己像是在做噩梦，现在快醒了——有些高兴，有些不确定，还在惊恐之中。不知道哪一边的梦才是真的。乌云已经退回到南方，在远处的山峦和平顶山上轰隆作响。闪电此刻也没有那么强劲了，像是蛇吐的信子。在我们面前，大草原舒展着，尽情地呼吸着，像是与鸟儿和阳光重新活过来一般。大地万物似乎显得更新鲜，更柔弱，也更珍贵。

丹没有解释他在暴风雨时的行为，也没有说明他在暴风雨后的行动是什么意思。“你现在一定要把我送到那儿。”他只说了这句，格罗弗点点头，开着车，也没说话。

两道彩虹横跨在空中。“啊，”丹说，像是理解了其中的含义，“很好。”

车行驶了很长时间，我们就这样安静地坐着，想着各自的心事。我想问他关于大风的事，想问他这意味着什么，却不敢开口。在他的世界里，每个行为、每个动作都有它们自己的意义，而我却幼稚地对这些意义一无所知，我最好还是不说话。

太阳泛着余晖，缓慢地靠近地平线。它的余晖渲染着周围的云彩，橙色和银色的光线在云层中交相辉映，好似编织出一片绚丽的云锦。风停了，天空大放异彩，呈现出一抹靓丽的风景，它仿佛是一座美丽的空中花园，花园中有金色、紫色和橘色的花——它们追随着太阳，亦步亦趋，像是正在举行一场仪式。

“就这儿，”丹说，“这边走。”格罗弗转向到另一条路上。我们跨过一条高速公路，然后向南开去。我们脚底下的这条高速公路上面跑着汽车，它们似乎来自另一个世界，带着不同的使命。我能看到远处重蚀地的粗砂岩尖塔，如一座座坟墓立在那儿。

狂风暴雨后形成的径流此刻没有了，只留下路边红黏土上的小池塘泛着光。我们拐了个弯，颠簸到以碎石为路基的路上，格罗弗开车的速度却没有降下来。我们就这样飞奔赶往远处神秘的地带，汽车的底盘刮到石头上砰砰响，车轮几乎要被抛上去了。

所有的闲适都被抛在一边，我们开着车，像是后面有人在追赶。我们左右两边的岩石，足有百尺高，像圣坛一样立着，等待着祭天之礼。石头高我们许多，它们的表面向外延伸着，我们无法上去，也看不到头，它们是供神灵观赏的景致。

我们到了一个边缘地方，地势陡然下降。往下看，是有史前石柱的海床和雉堞状的沙丘。没有片刻的犹豫，格罗弗开着车，顺着砾石小路冲下去，到达这块如月球地貌的土地上。远古的小山矗立在我们四周，活像龙的牙齿。沙塔尖像藏族寺庙一样，分散在四周。风干后形成的彩色条带绵延数英里，每一段展示着不同的地质时期，人类的任何杰作都相形见绌。

“重蚀地。”格罗弗说道，没人回应他，“这是他们经过的地方，纳尔本。”他继续说道。

“谁？”我问道。丹仍然保持沉默，凝视着前方。

“坐牛的族人。”一轮满月如幽灵般，在山谷上空的天空中若隐若现。“想逃离士兵的追杀。”

他看了看丹，好像他希望老人能开始说话，可丹什么也没说。

格罗弗不得不继续他的解释："在他被杀之后，你知道的，被印第安警察杀的。他的族人很害怕，加入了大脚的部队，来到了南部这边。他们认为士兵不会再追杀他们了。"

我环顾四周，一片荒芜，只有沙土。

"可他们想错了。"他指了指那边干旱的地形。"看看这里！那时候是十二月。你知道十二月份树月湾这里天气怎样吗？"

我说："肯定很不舒服，我想。"

"寒风刺骨，不到几分钟，手脚就会冻僵。四周都是雪，刺眼得要命。"格罗弗继续说，"到处都结了冰。天气非常寒冷，河流断流了，树木也被劈开了。这么冷的天应该待在屋内讲故事，可他们却在外面，在寒风和冰冻里摆脱士兵的追杀。他们队伍里有小孩和妇女，还有裹着毛毯的婴儿。他们还得悄悄地走一条士兵不知道的路。是不是这样，丹？"

丹蠕动着嘴巴，像有人在调整他的假牙，但他没吱声。

"这些家庭，纳尔本，"格罗弗说，"有小宝宝和老人。他们带着帐篷和炊具，他们只是想活下来。可他们甚至不敢生火给他们的孩子取暖。一生火，士兵们就会找到他们，杀死他们。他们饿得要命，又冷得要命。"

车没有放慢速度，呼啸着穿过荒凉的地面，这里如月球表面一样凹凸不平。太阳快要落山了，天边弥留最后一片灿烂的橙色。砂层在光芒的映射下，闪闪发光，如火一般。缝隙里的黑暗滋生出新的模样，险恶重重。

"我太老了。"丹突然说道。

我惊恐地看着他，他还在用嘴做那个奇怪的咀嚼动作。

"我不应该回忆过去的。"他说道，好像是对着某位看不见的人说。"我应该过好我现在的生活，我应该多想想我的孙子和曾孙们，但我的眼睛看到了过去，我无法忘记那些逝者。"他转向格罗弗，

“你不该引我把事情都说出来，米塔卡拉。”

格罗弗淡淡地笑着：“你说你会教他，屯卡西拉。现在正是时候。”

格罗弗的车轮胎在岩石上颠簸着，影子在大地上延展着。丹那只好的眼睛像动物的眼睛一样闪烁着。

“现在不是说话的时候。我的心沉甸甸的，被回忆塞满了。这片土地是我们印第安人的受难之地，天上飘满了逝者的灵魂。”

“越是这样，你越应该说出来。”格罗弗说，“心情沉重的时候，你说的话反而更真实。”

“嗯……”丹回答。

我眼睛小心地从一个人扫到另一个人，我不知道到底是怎么了。格罗弗显然是想要说服老人说话，而老人显然是在听从某些来自内心的声音。又一次，他们谈话显得越来越正式，预示着某种严肃的意图。

“我来说吧。”丹突然说道。格罗弗得意扬扬地把香烟头在方向盘上叩击着。

“是的，这里有不好的回忆。婴儿在母亲的怀抱中冻僵，可其他地方也发生了同样的事情。蒙大拿州的约瑟夫酋长和杰罗尼莫的族人都遭遇过这样的苦痛。到处都是这样。我们是好人，你们却不想让我们活下去。”

长长的影子投射在长柱子和圆锥形柱子上，把它们笼罩在夜色下。

“你们可以告诉我们那都是过去的事了。你们也可以说世道已经变了。但我父亲的尸骨仍在那里哭泣，我的儿子葬在被你们占领的土地上。”自从我来拜访他之后，这是他第一次提到他儿子。

他看着我，像是要把我看穿，要把我看透。他的脸在黯淡的月光下像火一样亮堂。

“我们不应该是被忘却的记忆，就像吹过草丛中的风。我要对你说的话会很不好听，但我仍然选择把它说出来，因为这是一块苦难之地，说出来的自然不好听。听我说，说完我就不说了。”

他调整了坐姿后，又接着说下去。

“凡是活着的印第安人，都不敢回想过去。如果我们回忆得太多，我们就会活在怒气里，活不下去。你们想通过电影和书籍来弥补我们，把我们塑造成英雄和智者，这种弥补只能让你们心安。可我们还得到博物馆去，看看放在盒子里的我祖母的头骨，却听到别人把它当作手工艺品来看。

“你愿意把你奶奶的头骨放在我家的盒子里吗？你会不会生气？”

他的眼睛凝视着朦胧的地表，他那只坏的眼睛如余烬般闪烁着。

“有时我会思考我们印第安人和你们白人之间的战争。那些与我们打仗的白人大都没有成家，他们是西部的年轻人，一心想着挣钱。有些人还是罪犯，有些人还在留恋内战时的血腥之风。

“他们绝非是你们白人中的善类，大多残忍、愚蠢。他们作恶多端，自己还觉得有趣。不是所有的人都这样残忍，可他们是当兵的，杀人就是他们的工作。

“我们族人从来没有赢的机会。我们一家人一起住在房子里，屋里有老人和我们的孩子。可士兵们来突袭我们，毁坏我们的房子，杀死了我们的长辈和孩子。

“政府派没有家室或在其他地方一事无成的人过来，发给他们枪支和马匹，让他们来攻击我们的村庄，杀死村里的妇女、老人和小孩。这些可怜的孩子们，小女孩刚到玩娃娃的年纪，小男孩才开始学走路，可当兵的竟然把他们都杀光了。

“你们白人竟然还有脸谈什么印第安人对你们的大屠杀。”

他转过身，凝视着我的眼睛：“你知道我们为什么要伏击那些士兵吗？”

我安静地坐着，给不出任何答案。

“因为，”他说，“我们想让他们不要碰我们的孩子，还有我们的老人。我们必须在他们杀我们家人之前制服他们。我们行动不快，因为我们有老人和孩子。我们能做的就是突然袭击，因为我们熟悉这片土地。我们没有武器，我们也跑不快。我们知道白人士兵打仗时都是待在一起的，我们只能以智取胜，所以我们就伏击他们。”

他顿了一会儿，整理了一下思绪。月亮幽灵般的光环已经褪去，展现出它自己的生命力。

“我们的确是杀了一些无辜的人，我知道的。我们年轻人知道了老人和孩子的遭遇——他们忍饥挨饿或被杀害，非常愤怒，事情就这样了。年轻人太气了，他们听不进去老人的话。

“老人知道我们不可能赢的，而且会招惹更多的白人过来，我们的死伤会更多。但年轻人太生气了，他们就去攻击任何人。”

“你怎么想的？”他说。他直勾勾地盯着我看，我无路可逃。“如果你看见你父亲躺在床上，是因为他饿得站不起来了，或者你看到你的孩子一直在哭，是因为她没东西吃，你知道是因为有人把食物从他们手里抢走了，你不会生气吗？”

“如果有人闯进来，没有任何理由就杀了你的祖母呢？他们杀了人之后就大笑着骑马走了。你站在那里，看着她被砍死或被枪打死。你会告诉我你不生气吗？”

他发出刺耳的、苦涩的笑声。

“这就是为什么我不去想这些事情。因为，你知道，我不怪我的族人伏击了白人士兵甚至袭击了定居者的房子。我并不是说他们这样做是对的，我只能说我理解他们，我们失去了一切。你们政府派一些残忍、贪婪的人来控制我们，这些人烧杀淫掠，他们可以因为任何理由杀死我们，眼皮都不抬一下。”

他盯着我，这位老人，过去八十年一直活在痛苦里，如今，在一个几乎毁灭他的族人的白人面前，说出了自己的想法。这一刻只有我和他，他想让我感受到他的痛苦，他想让我看到我身上的耻辱。

“要是有人强奸了你的小妹妹呢？”他说，“这事常常发生。”

“要是有人掳走你的妻子，撕开她的肚皮，把你未出世的孩子拽了出来，然后把他像一件战利品放在地上，他的脐带还一直连着他死去的妈妈，你会怎么办？这也时常发生。”

“看看啊，在你们眼里，我们甚至不是人。你知不知道？天主教会竟然召开一个会议来确定我们是不是人类。在他们伟大智慧的宗教中，他们认为应该由他们决定我们究竟是人还是动物。他们就是这样想我们、对待我们的，对我们做什么事都行。”

他的上嘴唇上有些汗珠。他从口袋里掏出一块脏手帕，擦拭他的脸。他的表情像外面的大地一样黑暗，眼睛像月亮一样空洞。

“我想你很难理解，我们的老人是我们最珍贵的人。如今，整个世界都是年轻人的，但这不是我们的想法。我们一直被教导，老人和婴儿是最接近上帝的人，我们成人是为他们而活的。他们是最无助的，也是最需要我们的。

“可你们白人来了，杀了他们。我们保护不了他们，可是我们必须要保护他们啊。你们白人太强大了，人也很多，尽管我们尽自己所能来保护我们的家人，我们却救不了他们，因为你们的士兵闯入我们的房子，他们没跑掉，你们就杀死了他们。”

他内心思绪纷乱异常，双手颤抖，眼皮抽搐。他看向天空，仿佛恳求更强大力量的帮助。月亮悬挂在高耸的尖塔上。

“我们和其他部落作战时，情况不一样，他们尊重老人和孩子们。我们互相斗争时，有些事情比斗争本身更重要。勇者的最高境界是要撼动你的敌人——在他面前计数战利品——而不是杀死他。

“可你们的士兵就不这样做，他们就是想杀死我们。他们像猎杀牲口一样追捕我们，能杀多少是多少，就是想看到我们被杀，或是数数杀了多少人，是不是比其他人杀得多。我真是理解不了，你们其实有法律，规定你们只能破坏多少东西或是杀死多少人。

“换到我们身上就不同了，没有任何法律规定我们被杀人数的上限，我们的待遇还不如鹿或鱼。你们想杀多少人就杀多少人，这当中，杀死老人和孩子是最容易的。

“现在，博物馆里有我祖父母的骷髅头，博物馆的墙壁上挂着我们神圣的毯子和鼓，供有钱人去观赏。你们去那里，谈论着它是多么神圣。你们认为它们神圣，是因为你们自己没有任何神圣的东西。但它们已经不再神圣了，因为你们已经把神圣的东西毁掉了，现在连我们自己也很难感觉到神圣了。你们杀了我们的族人，把我们神圣的东西抢走，然后你们告诉我们，那证明你们比我们更先进。”

我浑身都感受到了巨大的耻辱感，丹现在说的话真是对我毫不客气。

“有时候我真想去你们墓地，用推土机敲掉所有的墓碑，犁出里面的棺材。然后我把骨头拿出来，放在塑料袋里。我会把它们都放在商店窗口上，标志上写道‘白人的工艺品’。然后你们会过来指着袋子说‘那是我的祖母’。如果你幸运的话，还可能看到我在袋子上的卡片写上这个头骨的尺寸。

“如果你想把骨头要回去，我只会一笑了之。我会说，它们是展览的一部分，我们很尊重它们。你要进来看的话，我甚至还会收你一美元门票，但我会给你们的孩子打折，我会说他们应该了解他们的过去，以及这块头骨如何神圣。收了他们的钱后，我才会把袋子给他们看。”

他突然停下来，发出很小的声音，有点像呜咽，又有点像哀号。他深深地吸了一口气，紧紧地盯着黑沉沉的天空。远处传来西边轰隆隆的雷声微弱的回声。

整理好思绪后，他又开口说话了。他的声音很低，几乎是带着歉意：“我很抱歉对你说这些话，我不应该这样说话。这样说话于事无补，它只会让我感到愤怒，让你难受。事情都过去了，我得学会原谅你和你的人民。我们还要一起生活。现在我得为我的孙辈着想，也许他们未来会过得更好。

“我只是希望我能知道事情为什么会这样，我真的想知道。如果我知道原因的话，我心里也会释然一些的。”

他像是在祈祷一般，头向前倾着。格罗弗盯着路面，双手紧紧握住方向盘。月亮静静地悬挂在锯齿状的山峰之上，像个人的眼窝一样空洞黯淡。

/ 第二十四章 /

帕哈萨帕[1]

我们开着车，周围死寂沉沉。我坐在座位上沉思着，良心受着谴责，伤心不已。丹驼着背坐在我前面，距离我只有一步之遥，却感觉远在千里之外。渐渐的，眼前的砂岩石柱和石棚越来越少，越来越小，后面看到的全是翻滚起伏的草原。和刚开始出现一样突然，重蚀地地形又从眼前消失不见了。

格罗弗的别克车在夜色里穿梭。我们不时地路过一些小镇的微型遗址，没有灯光，只有废弃的木材堆在一起形成的建筑物，在冰冷的月光下佝偻地立着。

整个世界都沐浴在银色的月光下。这地方生机勃勃，却没有生命的迹象：这是幽灵的世界。

我们的车似乎变成了一枚微型子弹，穿过静寂的宇宙。我们好像变成了别人观察的对象，而不是我们去观察。因此我们必须快速准确地行驶，不去打扰别人也不要惹事。

我们左边开始有山丘出现，应和着拔地而起的岩石层，这些岩石就像人体皮肤下的骨骼，支撑着路边高地的草原山脊绵延数英里。

破烂汽车的外壳沉默地躺在山坡上。有山脊断裂开来，中间是长

1 拉科塔语“黑山”。

长的干涸的河谷，提醒人们过去这里有小溪和河流流过。河谷里长满了矮橡树，像是动物们凑在一起在那里喝水解渴。夜色里，满月下，它们看上去既像是成群的水牛，也像是成堆的灰熊。

老远我就认出来是黑山，它的外形轮廓参差不齐。我们刚在路上看到的岩石层和干涸的河谷，就能让人立刻断定这里是黑山无疑了。

我想起了儿时的旅行，坐在借来的车里，车窗外的世界好似无边无际，置身在达科他州滚滚热浪里，向着一直都是外形参差不齐的黑山开去。自从拉什莫尔山一侧有了四个巨大石像雕刻后，活动也多起来，我们那时候是乘坐窄轨火车去参观爬行动物园，还有遍地开花的骑小马旅行。

可现在，这个（属于黑山的）小小岩石层让我更多感受到而不是看到—— 一个家园，一种存在和精神力量的聚集地——帕哈萨帕，拉科塔人心中整个宇宙最神圣的中心。它们屹立在那里，生机蓬勃，更像是个岗哨，而不仅仅是一个目的地。

那一瞬间，我依稀失去了自己的眼睛，用丹给我的眼睛去观察。我仿佛看到了人们蜷缩在毯子里，拼命地逃脱一路追杀他们的部队，男人、女人和小孩，甚至是婴儿都成了被追杀的对象，就因为他们皮肤黝黑，说着这片土地上的方言。

我仿佛听到了漫天雪花里，母亲们不时提醒大家跟上；她们慢下脚步来帮助老人，老人们既走不动，也不明白为什么一定要逃走；她们脱下自己身上穿的衣服，紧紧裹住冻坏了的孩子，帮他们抵御冬夜严寒的侵袭；我仿佛看到了在寒冷的冬夜里，她们一起蜷缩在冰天雪地和十二月刺骨的寒风里，不敢生火，因为那些人会像猎杀动物一样猎杀他们，一看到火光就会骑马过来，先把孩子从她们臂弯里抢走，然后朝她们的心脏、腿上和头骨上不断地开枪，射完之后就骑着马跑了。

可我觉得他们痛苦的是，他们不明白他们的神为何放弃他们了。

在这片土地上，我儿时的梦想就是能骑上小马驹，吃上冰激凌甜筒，参观山上四位总统的头像。他们曾经那么笃信神的力量，认为每一块岩石、每一只鸟和每一寸土地都满含着神的力量，可后来却只能围成一圈疯狂地跳舞，希望他们绝望的狂喜会召唤出一个救世主，不再有孩子的双眼被挖去，困惑不解地死在自己的怀里。

夜幕快要降临了，黄昏的最后一道余晖勾勒出黑山的轮廓，此时此刻，真是一下子就明白了黑山为什么是圣地中的圣地。山默默地耸立在无边无际的平原中部，雄伟庄严，好似众神的圣殿。

白人擅自闯入后，看到金子就疯狂地叫起来，我想拉科塔人为了能够留住黑山，他们甘愿放弃一切，白人把金子夺走也无所谓。在拉科塔人眼里，它只不过是地下的矿石而已，或是“一种让瓦西组疯狂的金属”。

就为了这个矿石，我的祖先情愿去说谎，去偷去抢，去屠杀老人和孩子，之后用一个世纪的时间来重新编造历史，历史书上却丝毫没有记载所有的逝者和所有的背叛行为。

为了矿石，也因为渴望有一块自己的地，我们摧毁了一个种族全部的梦想和他们的家庭，让他们无家可归，失去信念，他们过去优雅和谐的生活化成灰烬。而我们现在竟还有脸去声称要“重新发现”他们。过去想方设法去破坏的他们的精神内涵，现在却极为看重，说到底是为了填补我们精神上的空虚溃败。

我充满了无可奈何的耻辱和悔恨。我内心时不时地想跳过这些黯淡的思绪，平复一下心情，却怎么也办不到。夜色下，我只能看到丹的轮廓，一动不动地坐着。我不知道他怎么能忍受这种愤怒，很难有人在这样的愤怒中活下来。他的最后一句话，“我真希望我能知道事情为什么会这样”回荡在我的脑海里。格罗弗的车前灯扫射过沉默的大地，帕哈萨帕高低不平，面对着西部的天空巍峨地屹立着。我也很想知道事情为什么会变成这样，如果大地母亲知道的话，她是否还会让我们每个人的内心都能平和，不受煎熬。

/第二十五章/

翁迪德尼[1]

“让我出去。”丹叫道。

我坐在座位上，惊得一跳。今天我十分疲惫，此时月光皎洁，我的思绪正在神游中。丹的叫声把我又拉回了现实。

“就是这里。”丹说道。

我的目光快速转向格罗弗，他面无表情，放慢车速，似乎丹的要求合情合理。

车窗外，夜已经很深。高空中，稀薄的云层如迷影一般划过夜空，月亮在缥缈的云层中时隐时现。夜色中寂寥的丘陵和山谷在忽明忽暗的月光下，显得凄清幽冷，仿佛有幽灵在其中翩翩起舞。

格罗弗将车驶离石子路，停在一条布满车辙的小路上，小路往上去是一个陡坡。丹愤怒、悲伤，所以我认为他还想再和灵魂交谈交谈，我不怪他。如果他凭借自己的某种仪式能够减轻自身的痛苦，我们只需为他付出一个小小的代价——停车。

“出来。”他叫道，目不转睛地注视着我。

我凝视着他，不解他的目的。

“出来。”他重复道。他的声音里没有一丝温柔。我脑海里浮现

1 地名，又译伤膝谷。

出万千种想法：我要被扔在这儿了；他很生气，受不了和一个白人坐在同一辆车里；我们到了某个宿营地；有个景点他想指给我看。什么都有可能，可是除了厉声命令我外，他什么也没说。

我此时如坐针毡，顺手打开了车门。肥背在我的膝间拼命狂吠，然后急匆匆蹿到地面上。格罗弗将车子熄火，夜色淹没了我们。

此时皓月当空，夜色如幕布笼罩大地，月光仿佛是从这垂幕之后凿孔而出。夜空中丝丝缕缕的云似乎在与月亮戏逐，一会儿遮住月亮的整个身子，一会儿让月亮穿过它们的身躯。

我隐约看到在远处斜坡的顶端矗立着两根砖头砌的柱子，中间是一扇金属拱门。那里应该是一处入口，可能是一座古老建筑的入口，或者是一座废弃墓地的入口。

“打开后备厢。”丹用命令的口吻说道。他现在是光下指令，不给任何解释。

格罗弗摆弄几下钥匙，打开了行李箱盖。丹伸手从里面拿出一个串着珠子的大兽皮袋。“拿上你的背包。”他对我说。我不敢多问，此时他的态度十分生硬。

“肥背也来吗？”我傻傻地问。

“快点。”丹催促我。

我等着格罗弗把他的东西也取出来，但他只是砰一下关上后备厢，径直走向了车门。

“格罗弗呢？”我问道。

格罗弗坐到了方向盘后面，关上车门，发动了车子：“一会儿见，纳尔本。”

丹嘟噜了几句拉科塔语，格罗弗也用拉科塔语和他聊了几句，然后开车走了。汽车渐渐远去，红色的车尾灯在我的视野中越来越模糊，他驾车穿过一座桥后，尾灯看不见了。过了一会儿灯光从远处又冒了出来，忽明忽暗，然后彻底看不见了。

我默默注视着黑暗中汽车的一抹余影。发动机的嗡嗡声从远处隐隐传来，声音越来越小。终于，汽车的声音也消失了，我们则完全淹没在夜色之中。

肥背在附近的草丛中呼呼地喘着气，到了夜晚，她总是劲头十足。丹用拉科塔语召唤她，她蹿到丹的身旁。

他用手势示意我们上山，然后迈开步伐朝前走。小路上印满了深深的车辙，每走一步，都有可能摔倒或扭伤脚踝。丹的步伐缓慢而沉稳，他的目光注视着斜坡顶上一团柱状的阴影。

远处传来狗叫声。丹每迈出一步，我都能听到他沉重的呼吸声，他一直朝前走着，没有片刻的犹豫和停顿。我默默地跟在他后面，始终和他保持几步远的距离。

月亮穿出了云层，整个山丘沐浴在一弯银钩洒下的清辉中。现在我能看到小山顶上砖砌的柱子，柱子的背面和侧面被涂成了白色。远远望去，就如同映照在黑暗夜空下的森森白骨。每个柱子的前面是一个壁龛——一块没有圣徒的圣地。从远处看起来壁龛好像是空的。两根柱子之间的格子花纹拱门让我想起了在纳粹死亡集中营入口处的花窗格。我原以为会看到拱门中央用金属锻造的字母拼成的几个大字“劳动带来自由”[1]，但实际上，取而代之的是一个小小的白色十字架，矗立在顶端。

丹趔趄一下摔倒了，我飞快地冲过去想帮他，他却把我推开。我想揪住他的背包，顺手拉他起来，他却把背包一下拽到自己面前。他缓缓地站起来，继续向上爬。

这段陡坡攀爬起来十分艰难。路上遍布着深深的车辙印，我们举步维艰。我们的背包此刻变成了沉重的负担。背包带紧紧勒着我的手，令我疼痛难忍，不得不把背包在左右手之间来回调换。

1　源于德国的一句口号，二十世纪时被纳粹用来放在集中营的门口因而别具意义。

肥背察觉到丹此时十分疲惫。她和他挨得很近，似乎想在他前面为他开辟一条捷径。丹的呼吸声变得有些刺耳。我很担心他此时的身体状况，但他并没有放缓或改变自己的步伐。在他的一呼一吸之间，我仿佛听到他在引吭高歌，风声和他沉重的呼吸声却几乎将这一缕歌声淹没。

远处有一辆汽车从夜色中穿过。汽车的灯光渐行渐远，如同一叶扁舟渐渐消失在汪洋之中。丹又被绊了一下，但他稳住了身子没有摔倒。我们就要到坡顶了。

现在我能清楚地看到那个拱门。斜坡的顶部是一个小墓地，拱门正处在墓地的入口处。

柱子前面的壁龛空空如也，就如同失明的眼睛，呆呆地瞪着远方。这破败的景象令整个拱门看起来如同饱经沧桑的废墟，它已经被遗弃很长时间了，原先建造和看管它的人不管它了。

一个东西轻轻拂过我的眼角，我抬眼一看，只见拱门的钢格上系着许多参差不齐的丝带，就如同黑暗中游动的米诺鱼。

丹领着我走向拱门。在墓地的入口处，塑料百事可乐瓶子和糖果的包装纸散落一地。就算这是一个废墟，那也肯定有人来过。

“过来。”丹说。

我们从柱子之间的拱门下穿过。走到里面，正对着我们的是一块大约八十英尺长、八英尺宽的地，地的四周用水泥砌起了边界，还围了一圈围栏，围栏弯弯曲曲，布满刮痕。围栏上挂满了参差不齐的缎带，这些缎带历经常年的风吹雨打，已经破烂不堪。

在这块地的中央，是一座纪念碑——一座大约九英尺高的方尖塔——庄严肃穆地矗立在月光下，塑料花散落在其基座的周围。

丹沿着栅栏的外围缓缓踱步，慢慢移向左侧。一条泥泞小径从草地中穿过。在围栏的另一边安放着其他新的墓穴，墓前矗立着简洁的白色十字架或低矮的方形墓碑。它们矗立在地表的小土堆上，提醒世人此处是灵魂的安息之所。

我跟随丹走在小路上，不由自主地打了个寒战。这块土地充满活力，却没有生命在此繁衍生息。墓穴、壁龛和在风中飘逸的缎带，这里的一草一木都在诉说着消逝的生命，你似乎能感受到脚下的土地发出的悲鸣。

一朵塑料花被风从一个墓穴吹到了我前面的小路上，花朵上沾满了污泥。我想伸手把花拾起，但又缩了回来，我不想碰它，它应当属于这里的逝者。

肥背在墓穴之间游荡，它却不碰任何小土堆，似乎她有第六感。一个东西从我面前飞掠而过，我判断不出那是一只蝙蝠还是一只鸟；那东西移动得实在太快，瞬间就消失在黑暗中。

丹绕着这块被圈起来的地四下走走。他步履蹒跚，呼吸间夹杂着吟唱，忽而停下脚步，把手伸进他背着的大袋子里。每次停下，他都会拿出一束布绑在围栏上，然后继续前进。他周而复始地做了七次。

总共有四次，他从一个小袋子中拿出一小撮烟丝，或者是其他东西，然后随风播撒它们。他并不像一个人撒播种子那般漫不经心，相反，他停下脚步，面朝栅栏外面，手里紧握东西，尽力向前伸长手臂，先把东西举向天空，然后又朝地面放下，他的口中念念有词，最后松开手，让东西随风飘散。

我一言不发地跟在他后面。丹的吟唱十分神秘，一阵阵强风吹过，丹的吟唱与风和风的回声交织在一起，似乎已经完全融入其中。

我们绕着围栏走完后，丹打开它的门，走了进去。他的歌声更加嘹亮，更加铿锵有力。风似乎在与他对唱，丹的歌声与风声交织在了一起。我站在门前，不知自己是否应当走进去。尽管只隔着一道围栏，然而严整的水泥界线和矗立在中央的纪念碑，都使得里面显得庄严神圣，仿佛是一处非请莫入的圣所。

丹觉察到我没跟在他后面，他转过身看着站在门口的我。他猛地抬起头，示意我跟着他。我缓缓地抬起脚，小心翼翼地踏入其中，如同一个人踏上异国他乡的土地。肥背仍旧待在外面。

“过来。”丹说道。他的英语听起来生硬而模糊，像一个人不是在说自己的语言。他转身远离我，他的歌声又一次和风声交织融合在一起。

我小心翼翼地沿着墓地的边缘走着。在大风呼啸的山顶上，墓地的布局和墓地与墓地之间的间隔显得很异类，与周围格格不入。

“来吧。”他又说道。他此时正站在纪念碑旁边。

他把手伸进包里，拿出一卷长长的麂皮皮革。他小心翼翼地铺开皮革，取下一个小小的烟管斗。他拿出包好的木柄，把它装在烟斗上。整个过程中，他自始至终不停地吟唱。

我瞥了一眼石板——就是他身后的灰白纪念碑，想借着月光读一下上面的铭文。碑面上大部分的字都被阴影遮住，但是我能辨认出第一句：“该纪念牌是由幸存的亲属与其他奥格拉拉和塞恩河印第安苏族所立，以纪念大脚首领的队伍在1890年12月29日遭遇到的屠杀。”后面还有字（但无法辨认），紧接着又是一句，“无辜妇孺们的安息之处。”

一阵强烈的凄凉悲怆感袭遍我的全身。这是什么地方？这里对我会有什么影响？

丹把烟斗塞满，试着点燃它。他在黑暗中划着火柴，火光闪起，又很快熄灭。借着转瞬即逝的光亮，我能读到纪念碑另一面上的字“角云之墓，无辜和平缔造者的安息之处。”

所有这些都是为无辜者申辩的话语，字里行间迸发出阵阵抗议的呼声。这里到底发生了什么？

丹点燃了烟斗，面朝着西方。他把烟斗向外举起，把烟斗柄朝向黑暗的地平线。然后他又把手缩回来，抽上几口烟，把手掬成杯状，捧起在他头顶上缭绕的烟雾。他一边绕着纪念碑走，一边朝着北方、东方和南方重复刚才的动作，同时念叨着自己私密的咒语。

他做完这一切后，把烟斗递给了我。

“抽几口吧，”他说，“你也必须祈祷。”

我拿起烟斗，试图模仿他的动作，向着西边举起烟斗柄。

“不行，”他打断我，“你必须净化你的心灵。”风呼啸着吹打我的身躯。烟斗中火星四溅，迸射入黑暗之中。

“我在努力。”

“你必须忘却自我。你来这儿不是为了你自己，也不是为了我。这里是翁迪德尼，你现在是站在坟地上。”

听了他说的那些话，我感觉脚下的土地似乎在缓缓抬升，我默默盯着混凝土砌的地界。丹看了看我：“就这样。这是墓地，两百个拉科塔人的遗体安葬在此，都是老弱妇孺，其中的孩童和你的儿子年纪相仿。他们在逃亡中被你们白人士兵所杀，死后就被弃尸于此。他们的尸身被堆积在一起，盖上泥土。这是他们的坟墓。”

我朝后退了几步，站到混凝土路上，仿佛从我刚才脚下的土地里正在升腾起一股力量，站在混凝土上就可以保护我不受伤害。我顺着丹手指的方向望去，穿过拱门，绕到山下，越过道路，一片黑压压的树林沿着干涸的河谷一字排开。“就在那儿，”他说，“他们不停地奔逃，试图躲在干涸的河床底。他们蜷缩在一起，骑在马上的士兵朝他们扫射。事后，士兵们扬长而去，任凭他们死去，被冰雪冻僵。我们找到他们时，婴儿浑身是血，差不多冻僵了，却还在试图吮吸已经死去的母亲的乳房。”他转过身，目光锁定在我的身上。“那些小男孩与你的孩子年纪相仿，纳尔本，”他又说道，“他们的灵魂仍在哭泣。”

我凝视着他身后朦胧的山丘，此时仿佛有许多人影在月光中狂舞。我儿子奔跑的景象浮现在我的面前。这一切给人的感觉是那么真实，仿佛比记忆中的更加清晰。仿佛他就在那儿，活生生地站在我面前。他努力飞奔，和同龄的小男孩一样，充满活力却跑不快。他跑上山，向我奔来，朝我呼喊，跑到我的面前，脸上带着顽皮的微笑，金色的头发飘飘袅袅。他的声音回荡在风中，在我的耳畔响起。忽然他爆炸了，浑身是血，我没能抓住他。

“烟斗。”我听到了丹的声音。

我举起烟斗，开始颤抖。我不想脑海里出现这样的影像，我想让它消失，但我此刻却不能自已。

“烟斗。”丹又说了一遍。此时呼啸的风声宛如一曲大合唱，千万种声音混杂其中。我拿起烟斗吸起来，嘴里满是烟草热热的气息和印第安人烟草代用品的味道。一股甜中带辣的香气如云雾般萦绕着我，仿佛带着我远离山丘，远离繁星，远离狂风和夜色。它如同一堵墙保护着我，让我不再受到儿子被撕裂这一可怕景象的惊扰。

我又吸了一口，一阵暖意让我感到舒心。我把手掬成杯状，驱动周身缭绕的烟雾，（这烟雾）仿佛给我加了一层保护，给我加了一面护盾，或是给我周身增添了一层祥和的气息。我不想让刚才那幅情景在脑海中再现。

我朝着西方举起烟斗。烟雾从烟斗柄中盘旋而出，升到空中。

“祈祷，”丹说，“我知道你会，我见你祈祷过。”他不是发出一个请求，而像是有其他寓意—— 一个命令或是一种哀求。

“祈祷，朝着东方。”

我颤抖得厉害，我儿子的影像又一次在我面前浮现。

“对谁？”我结结巴巴地说道，“我不知道该怎么说……”

“西方，纳尔本，对着西方说。”丹教我。

我儿子的影像在我的脑海中挥之不去。他径直向我奔来，微笑着抓住我。我试着像丹那样祈祷：“呈献给您，西方，梦境升华和白昼憩息之处，请倾听我的声音，阻止我脑海中的情景再现。”我吸了一口烟，又把烟雾吐入风中。

“不要提出任何请求，只需祈祷。”丹说，“不是你说什么就会来什么。现在，对着北方。”

我转向北方，这情景依旧在脑海中挥之不去。我不知道如何面对着一个方向祈祷，甚至完全不知道该说什么，我所想的就是忘却脑海中的情景。“亲爱的北方，”我用笨拙的语调祈祷着，就如同一个孩童，“您是我的精神寄托，您代表着谨慎和无尽的黑暗，您赐予人间寒冬、虚幻和风雪，我把这个献给您。”我用力吹了一下烟斗，烟雾滚滚而出。

“不错。”我听见丹说道。

“东方。”

烟草混合物散发出的强烈而又浓郁的芳香萦绕着我。我转身背朝风向，向黑暗中举起烟斗的柄：“您，东方，日出之处，燃起希望的圣地，新的一天由您开始，我把这个献给您。”我又猛地吹了一下烟斗，再把手掬成杯状，捧起头顶滚滚的烟雾。

“现在对着南方。”

我转过身。巍然矗立的柱子、柱子之间镶嵌着花窗格的拱门和小小白色十字架都隐隐约约浮现在我面前。透过它们之间的缝隙，我能看到干涸的河谷和树木，它们在月亮的照耀下，在风的吹动中，生机勃勃。烟雾和着强风灼烧我的双眼，我泪流不止。眼前朦胧的影像渐渐化为奔逃的孩童和尖叫的女人。我眨了眨眼睛。

在我头顶上方，丝带在随风飘荡，如同枪声砰砰作响。云层飞速从月亮前划过。孩子们像我儿子一样奔跑着，年迈的长者身体虚弱，如同丹或我的父亲一样步履蹒跚，而年长的妇女们一边迈着沉重的步伐，一边发疯似的尖叫，他们紧紧聚集在一起，用自己的身躯保护年轻的女子和婴儿。

风在我耳边哭嚎着。我闭上眼睛，想摆脱那个影像，可脑海里仍旧出现我儿子向我跑来，快要抓住我了。

“不，”我喊道，“我不想看到这个。”

“南方，”丹说，“对着南方。”

“南方，您是赐予温暖的方向，供人休憩，也是万物生长、充满活力、五彩缤纷的方向，我把这个献给您。”

我吸了一口烟，把它吐出来。风抓住它，把它吹得七零八落。有呻吟和恸哭的声音传来，也许是风附着在绕着围栏的链条里的电线上，大声吟唱。飘浮的丝带也在风中抽打着发出撕裂的声音。

“对着天空，对着瓦卡唐卡。”丹命令我。

我把烟杆向上对着天空。我不知道我在做什么，也不知道为什么这样做。“瓦卡唐卡，”我脱口而出，“上帝，造物主，先父，我不知道怎样称呼您，也不知道您到底是不是我的神。请倾听我的声音，烟雾上升，我把它呈献给您。”

我睁开眼睛。烟雾从烟管口似水流般喷了出去，袅绕上升、迫不及待地飘向明月。我重新闭上眼睛，拿起烟管对着我自己，吸了起来。

“现在对着大地。”丹说。

我举着烟杆向下。恍惚间，感觉有东西在拽它一样，我惊得后跳几步：“大地，您是我们的母亲，是一切生命的发源地和归属地，我把这个献给您。请聆听我。”我抽完最后一口烟，默默地站着。此刻，我手中烟管的分量似乎轻了不少。我仍能看到各种影像，但它们显得平和宁静，离我很远。

我感到丹的手放在烟管上，他轻轻地把它从我的手里抽走。

“现在坐吧，”他轻轻地说，“我们来聊聊，实话实说。你心里想着什么？”

我叹了一口气，滑倒在地，背靠在死者纪念碑上。我还在发抖。“我很害怕，”我说，“这里有太多苦痛的回忆了，令人恐惧。我脑海里出现儿子的影像，他向我跑来，被枪击中，奄奄一息，或是被炸死；还有老人的影像——我不知道这是我自己的想象还是因为内疚感——一直向那个深谷跑去。

“我很难受，充满了负罪感，这种感觉太真实了，我一定得做点什么，可是我又做不了什么。我阻止不了，但我不希望它发生……发生过。我希望所有这一切都没发生过。我希望能有个完全不同的结果。”

“接着说。”他说，开始吟唱起来。我像个蜷缩在忏悔室里的男孩，闭着眼睛，在黑暗中吐露心声，牧师念叨着某些不太清楚的话，宽恕我。我的手紧紧抓住膝盖，前后摇晃。

“我不知道我在这里做什么，我也不知道为什么要这么做。我不知道该相信什么，到底这些力量是我虚构的，还是这些力量是我根本不能领会的。我愿意去相信，但我也害怕，我不想惹怒任何人，也不想打扰任何神圣的东西。我只想把事情做好，保护好我的家人，在这个世上做点好事。”

丹越唱越响亮。我感到他把手放在我的肩膀上。我睁开眼睛，抬起头来。他在我前面站着，左手搭在我的肩膀上，闭着眼睛。他脸部对着月亮，用拉科塔语在唱歌。他的手就一直那样放着，轻轻地环住我，就像他对着天空唱歌，达内尔拥住他一样。烟管像一个婴儿，被他捧在右臂里。

“什么让你最难受？”他用英语平静地问我，没有睁开眼睛，也没有向下看。

“孩子和老人，他们死得太无辜了。他们的信念是那么坚定，他们的世界被摧毁了。”

“还有什么？”

“也许我的心灵不够纯粹，也许我做这件事动机不对。”

“还有什么？”

“还有就是有些原因我根本理解不了，这可能也是我最害怕的事，我怕我也会和有些白人一样，本意是好的，做的事情却伤害到了你们。”一阵风毫不留情地刮过我的脸庞。像在恸哭般奇怪的声音再次传来。“是大地在哭泣，”我说，“没有什么可以抹去她的眼泪。”

丹停下来，他缓缓坐到地上，坐在我对面。我背靠着死者纪念碑坐着。他用拉科塔语做了一个很长的祷告，然后用英语和我说起话来。“现在我来说说。”他说。他从衬衫里面掏出一个小皮包，从中取出一个圆形的石头，放在他手里，然后开始说话。

“你刚才说得不错。我其实也有你那样的想法。我也感到很害怕，怕我做的事不对，也怕有些力量会生我的气。可在这里，孩子和老人死了，它给我们带来的伤害难以承受，我们无法沉默下去，我们必须把它说出来，我们必须一起把它说出来。”

他说的“我们”指的是我和他，语气正式，语言简洁。

“每天晚上我躺下后，我脑海里就出现老人和孩子们。我看到他们在这里，我看到他们在沙子河那边，我看到他们住在一百个不同的村庄里，现在这些村庄已经被人遗忘。我也将很快加入他们的行列。我想知道他们为什么没能逃脱白人的追杀；我想知道为什么我们的土地被弄得四分五裂，伤痕累累；为什么不允许我们对抗你们，保护我们的土地和老人孩子；我想知道为什么造物主会让这种事情发生。我过去一直都想知道这到底是为什么。

“可是我和你一样，也是个普通人。我只能看到我生命的尽头，别无其他。我只能走到我们土地的边缘，别无其他。我看不到地平线以外的东西。造物主就是这样安排我们的。

“现在我老了。不同的声音跟我说话，他们是这样说的。

“他们说，也许土地不是通过爱，而是通过鲜血换来的。他们说，也许我们族人必须死去，以真理来祭奠大地。你们白人没长耳朵，不听我们说话。所以我们不得不重返大地，这样我们就可以在你内心里成长。也许我们已经回来，我们的歌声响彻山陵和丘谷。谁知道呢？

“可能别人的真理比我们的更强大。造物主能听到、看到远在地平线外的一切。我要用我的眼泪和歌声来祝福我的族人，这样他们就会永远得到敬重，与世长存。但我不可能知道造物主的想法，也许有一天我们会看到，也许看不到。也许会有一个新的真理，比拉科塔的真理更强大，比整个印第安人民的真理更强大，比我们所有的真理结合起来更强大，现在我们就一起去寻找这个真理。

“我要说的就这些了。

“不要浪费时间再去战斗了，我们得把我们的怒气深埋在心底。如果我们做不到的话，我们的孩子就得把它们深埋在心底。如果他们做不到的话，他们的孩子或他们孩子的孩子就会深埋怒气。我们是被囚禁在自己心中的囚徒，只有时间才能释放我们。

“你们白人必须学会丢掉自己的傲慢。白人不是这个地球上唯一的物种。你们的生活方式也不是唯一的方式。在地球各处，虽然方式同你们不一样，但大家都崇拜造物主，热爱家庭。你们白人一定要学会尊重别人的方式。

“你们的物质力量的确很强大，你们却把持着不给他人。你们能不能试着去分享它，或者用它来获得更多的呢？这是你们面临的挑战——找到分享你们物质力量的途径，因为这个途径既会很强大，又会很危险。

“我们族人必须站在阴影处，提醒你们失败了。我们的记忆能保证你们不往歪路上走。你们想假装我们不存在是没用的，你们并没有摧毁我们。这是我们的土地，我们会一直在这里。你们用双手捂上眼睛，然后就以为阳光不在那里，这和你们想抹掉我们的记忆一样是行不通的。

“我很伤心，造物主觉得毁灭我们来给你们带来重生这个途径合适。但可能情况并不那么糟糕，因为你们宗教里的耶稣不也是那样做来拯救你们的吗？也许是我们的精神力量让我们能够接受我们肉体死亡的事实。

“也许造物主正是看中了我们独有的精神力量，让我们来拯救你们，你们对很多不应介怀的事情太在意了。

“也许我们才是上帝真正的儿女，我们被钉在你们恐惧和贪婪的十字架上，这样才可以拯救你们。

“这种说法是不是太奇怪了？我认为不奇怪。瓦卡唐卡，奥秘的化身，造物主，你们称为上帝的人，知道我们印第安人一直情愿为对方牺牲，这是我们最大的荣耀。也许我们族人最大的荣耀就是用我们的死换来所有人类的重生。就只有瓦卡唐卡一人知道这些事情。”

黑暗中，他粗糙的手伸过来，抓住了我的手腕。

“过来，”他说，“把你的手给我。我们如兄弟一般，你又像是我的儿子。我把我的视野传授给你，虽然我不能把我的知识传授给你。在这不远处的地下，躺着我死去的儿子。两种真理折磨着他，他难以忍受。你恰好只知道一种真理，所以我把我的视野传授给你，也许这样就会更容易承受，也会更容易与别人分享。

“会有精神力量来帮助你的，会有精神力量来帮助我们所有人的。只要你们白人愿意去倾听它们，愿意沐浴在阳光中，感恩岁月，你们会发现它们。这样它们才不会那么快去伤害你们，这样它们才会在晚上休息，因为白天它们一直在为自己工作。

“大地深不可测，纳尔本，它的知识也是无与伦比的。听听石头的声音，听听风声。做你必须做的，去发现所有能和你说话的声音，它们就在那里，它们在呼喊着。做你必须做的，发现它们，并与别人分享它们传递的信息。

“我现在要祈祷了。”

他放开我的手腕。我感到倦意沉沉，困乏至极，眼皮也耷拉下来。

“睡吧。”他说，“但要注意观察。”

我几乎没听见他在说什么，就像天空中的云朵慢慢隐去一样，我也在他说话的时间进入梦乡。

那晚后来发生了什么我记不大清了。我陷入了时断时续的睡梦里，到处都是嚎叫和幽灵鬼怪。各种景象一会儿支离破碎，一会儿又重新拼合在一起。我有时睡醒了，睁开眼睛，一阵惊慌后，才想起我在哪里，然后再次入梦，又走向梦里那些地方，比刚才走得更远，也更深，在那里，恐惧交织着回忆，预感未来危险重重，会像大门外耸立的鬼魅般的砖头柱子把我包围。

我记得脚下的混凝土寒冷无比，我还记得自己怎样努力地贴住地面，大地像变成了漆黑的大海一样，在我脚下漂动着，满是危险，深不可测。

有一次我醒了，直挺挺地坐了起来。丹在墓地外。他伸开手臂，面对着大山站着。月亮高高地挂在天上——就是一个空洞的球状物，既不发光也不散热。

我观察了他一会儿，他站着没动。我想他可能在吟唱，可我什么也没听到。我想到他那里去，就像个孩子跑去他父亲身旁，但是我四肢沉沉，又陷入了断断续续的梦的深渊。

我记得自己被倒立过来了。我十分清楚地感到自己头朝下，脚朝上，头部晕眩。

就这样一直向下沉啊沉啊，我终于到达了一个地方。它不是一个真实的场所，但在某种程度上它似乎又是真实的，因为我到了之后，整个世界变得一片平静，仿佛是暴风雨来临前的平静，然后扭曲的影像和动荡的记忆突然就一下子消失了。

我站在一个山谷里，这地方我从未来过，但我知道我应该在那里等着。我在等一只火一样的橙色老鹰从我身后的山上飞来。

我静静地站着，注视着头顶上的天空，有一只绚丽的橙色小鸟以不同寻常的速度在我的视线中迅速闪过，小鸟向下俯冲到一只我从没见过的褐白相间的老鹰身上。

我罩住了眼睛没去看它，等我再次抬起头来，我看到一只雄伟的彩色的鸟儿，羽毛五彩缤纷。我不记得所有的颜色——只记得黄色、红色、橙色和金色——但它显得容光焕发。它几乎占据了整片天空，光芒照在它张开的翅膀上，如同夕阳照耀着彩色的玻璃一般。它似乎对其他的鹰视而不见，它们飞在它的左边，朝山上飞去。其他的鹰翱翔在空中，成了可有可无的黑点，唯独它在我头顶上盘旋着，气势恢宏，横在我和太阳之间。

这个梦我记住了，不像其他梦一样做完就忘记了。它像是我居住过的地方，藏在我记忆的深处。但更重要的是，我似乎不是在做梦，像是它早就在那里，只不过我碰巧遇到，就像有人爬到山顶看到峡谷一样。

最后我醒来的时候，不像是一个人从梦中醒来，而是从昏迷中醒过来。我睁开眼睛，脑子非常清晰，意识完全苏醒了。

天亮了，东边的天空上飘着一缕缕紫色的云彩，仿佛触手可及。晨起的鸟儿早已放声歌唱了，山峦沐浴在缓缓升起的阳光下。

丹站在坟墓的边缘，面向东方。那边有一个老旧的窝棚，离它远一些的地方还停了几辆破烂车。窝棚上用白漆写着：“翁迪德尼是非卖品。”

日光下，我看到坟墓上的十字架、墓碑和塑料花。有的坟墓上铺满了小石头，似乎是有意为之。由混凝土接壤的坑区被践踏和磨损，看起来已同从我们脚边向外延伸数英里的草原无异。

我站起来收拾我的东西。丹面对着清晨的阳光，肥背躺在他身边，头枕在她的爪子上。离她一英尺远的地方，放着丹昨天晚上带过来的大皮袋子。

晨风虽然清爽，但也预示着今天天会热。阳光越来越刺眼，我把手罩在眼睛上，又看了看丹。他穿的衣服和昨天晚上的一模一样，很难弄清楚他有没有睡觉，是不是整夜未眠。

他没有转身面对我，但他一定感觉到了我的动静。“你看到了吗？”他说，好像除了这个，不会有其他东西出现在我的睡梦中。

我觉得在栅栏里面大声说话对死者有些不敬，于是推开门，走到他站立的地方。

“是的，”我说，“我想我看到了。”

“你看见什么了？”

我告诉他梦里出现的奇怪的宁静山坡和半透明的多色调的鸟儿。他抿着嘴唇，静静地思考了一会儿：“我想你可以准备动笔写了。”说完，他拿起包，开始朝前走。我想也许他要开始做一些私密的仪式，可是他径直穿过柱子，向山下走去。

我跑回纪念碑，抓起了我的包。丹已经走在通向山下停车场的有车辙的泥泞小路上了。山下的路上，车辆在慢慢增多。早晨香甜的气息无处不在。

我急忙赶上他。

“它是什么意思，丹？”我问。

“它是一个美好的夜晚。”他说。

“我指的是我的梦，它是什么意思？”

他露出一个邪恶的笑容：“该死的，我不知道，我不会解梦。你得找个巫师神汉什么的来解梦，可他们要价可不低哦，你大概得卖掉你的皮卡。”

我们到达山底时，风变得温暖干燥，又将是炎热的一天。

在附近停车区，印第安人在露天摆摊，卖些耳环和捕梦网给偶尔经过这里的游客。早晨阳光下，发生过屠杀的沟壑似乎显得很祥和，光芒四射。简直无法想象寒冷冬夜的尖叫声和屠杀。

在卖耳环的摊点上，有人在用手提式录音机播放帕瓦仪式上的音乐。丹手伸到包里，从里面掏出一个瓶子。百灵鸟婉转的歌声飘荡在随风起伏的野草上。“想喝点水吗？”他问我。

我感激地喝了一大口，涮涮我干渴的嘴巴。他蹲下来，掏出一根香烟。整片土地是一派安居乐业的景象。

丹陷入沉思中，我则走到描述大屠杀事件的大木牌那里去。大白板上写得非常详尽细致，白板用螺栓固定在两根插在地上的多用途杆子上。

故事似乎很悲伤，却显得遥远。逃亡的拉科塔人，冬日的营地，追杀他们的士兵，攻击、混乱、死亡。这一连串字符，又给美国历史的悲剧和不公正添上了一笔。人们驾车经过时，也许会在汽车里看到这个木牌上的内容，买个捕梦网，然后继续开车。黑山和拉什莫尔山只有一个小时的路程，人们还可以去坐窄轨火车，玩巨大的水上滑梯——甚至还会有娱乐界在那拍摄《水牛比尔·希科克》和《黑山受难剧》。

丹平稳地蹲在碎石铺成的停车区域的中间。他香烟升起的缕缕烟雾很快随着晨风袅袅上升。远处山上，两大支柱和连接它们的中间拱门，在阳光下孤零零地立着。

“阳光下一切都不一样。”我说，走到他的身边。

“是的，”他回答，“草把一切都覆盖了。”

远处，低吼的强劲马达声穿过早晨的热浪传过来。

“来得正是时候。”丹说这话的时候，格罗弗的别克车已经在山那边出现了。我不知道他们怎样约好时间，也不知道他们怎样约好在哪里见面的。车轰隆隆地响着，停在我们身边，格罗弗伸头出来，对着外面的太阳。他刚洗漱过，胡子刮得干干净净。他穿着一件清爽的白色T恤，在清晨灿烂的阳光下，T恤看起来简直像蓝色的。须后水的味道弥漫在我们周围。

“喝咖啡吗，纳尔本？”他说。他从仪表板上拿过来一个便利店的泡沫塑料杯，咖啡的热气形成一个小圈，聚集在挡风玻璃里面。“知道你想喝这个。”

我热切地接过杯子，送到我的嘴边。咖啡满含着泡沫，浑厚醇香，流进我嘴里。

“格罗弗！”我说，“货真价实的咖啡啊。你在哪里弄到的？”

格罗弗把香烟在仪表盘上敲了敲，然后熟练地送到他嘴边：“我有关系呢，纳尔本。”

丹这时也踱步过来了。“过来尝尝，老爷子。”格罗弗说，指着我手中的泡沫塑料杯子。丹喝了一小口，就立刻吐到泥地里。

“喝起来像焦油。”他说，“该死的嬉皮士垃圾。”

“这东西纳尔本喜欢。卡皮斯特拉诺，他们这样叫它的。”

丹还在努力把一点残渣从口中吐出。“你从哪儿弄来的垃圾？”他问，“我确信青松岭这地方不卖这玩意儿。”

“做了一笔交易。”格罗弗回答。

“与魔鬼？”丹问。

“不是。和那个老嬉皮士，还记得餐厅那个嬉皮士吗？”

“开绿色巴士的那个吗？”我问。

“是啊。在青松岭看到了他们，在那儿加油。”

格罗弗的话没说完，丹就已经开始嘟囔，摇着头。

“从他们车里闻到一股臭狗屎味道，”格罗弗继续说道，“刚开始还以为是车着火了。可车却没爆炸，我就想也许是他们咖啡的味道。于是我和他们做了一个交易。”

“你就为这么个烂东西做了个交易？”丹说，“你比那些出售曼哈顿的印第安人还要笨呢。”

“我告诉他们，你会和他们说说大神，然后和他们一一握手。”格罗弗回答的时候，脸上不露一丝笑容，“他们应该很快就到了。”

丹鼻子哼一声，满脸的厌恶。

“说真的，格罗弗，”我说，“你是从哪儿弄来的？”

“不是已经告诉过你了吗？”他说，“难道我会骗你吗？”

他身体往后靠，舒舒服服地坐在座位上，对着后视镜吐出一圈圈的烟。不管是丹还是我怎么逗他说话，他就是一个字也不多说。

/ 第二十六章 /

承诺

回去路上花了将近两天时间。格罗弗慢悠悠、稳当当地开着车。这回他走的都是大马路，再也不提“抄近道”了。到过翁迪德尼谷后，我们这次“小小的旅行”就结束了，那晚我和丹在山上住了一夜，也不知道格罗弗跑到什么地方去了。

格罗弗想竭力劝说丹，我们应该去一趟拉什莫尔山，但丹才不听他的。“这些该死的白人头像是白人做过的最差劲的事情。”他厉声说道，“炸平这些圣山后，再弄一些白人头像放上去。”他接着喋喋不休，说应该允许印第安人在白人教堂的圣坛上卖玉米饼，以此来报复白人在黑山上对印第安人做过的恶事，还扬言如果我们逼他去拉什莫尔山的话，他就立刻死在那边的停车场里，没办法，格罗弗最终只得放弃了这个念头，直接开车回家。

在高速公路外某个农场小镇，我们找到了一家公共露营地，冲个澡，梳洗一下。格罗弗身上残留的廉价古龙香水味道终于被冲走了，在松岭那个神秘的晚上，他可全身都喷遍了那种香水。他从未主动谈及他那晚到底做了什么，丹也不问他。

在夏末的热浪中，我们驱车前进，车内很安静，我们都觉得很满足。大多数时候，肥背把她的头靠在我的大腿上睡觉。窗外景色错落有致，看着看着我又开始出神了。时间过得很快，一晃车也开了很远了。

第二天早上晚些时候，格罗弗下了高速公路，拐到去保留地的路上。肥背警觉起来，变得坐立不安了。她感觉她要到家了。

丹把手拢一下，罩在眼睛周围，眯着眼睛看向远方。“那边好像是头水牛。”他说。

格罗弗弓下头，紧紧地盯着太阳那边。“真他妈是呢。”他附和道。

我想看看他们在盯着看什么。阳光透过挡风玻璃照进来，在玻璃上形成一圈圈虹晕，我努力想看清在山脊上移动的那个黑点。

“水牛不可能跑那么快。”丹观察后说道。

我的眼睛慢慢适应过来，远处的山脊映入眼帘。

“那是我的车！”我喊道。

远处山坡上，的确是我的皮卡在草原上飞奔。车开过，尘土飞扬。

“天啦，你是对的。”丹说，“我还真以为是头水牛呢。”

“好像是大块头开着它在跑呢。”格罗弗补充道。

皮卡在山脊上颠簸了一阵，就开走不见了。

“想吃午饭吗？”丹问道，转过头来看着我。我却一直盯着还未消散的尘土发呆。“他干嘛开我的车呢？”我说。

“看起来车跑得很不赖。”格罗弗说。

“是啊，大块头很会修东西呢。”丹补充道。

我这会儿真是既兴奋又生气。我本来以为我的车再也开不了了，现在它不但能开，而且是别人在开。“我没让其他人开我的车。”我说。

“别人还可能会‘开’你老婆呢，纳尔本。”格罗弗笑道，“可你好像一点也不担心嘛。”

“我们去吃午饭吧，”丹说，“饭不能不吃啊。”

“我是不是应该先把车开回来？”我辩解道，“我们都知道，说不定大块头或其他人会把车开到西雅图的。”

“嗯，有这个可能。”丹说。

“你们为什么要这样对我？”我带着哀求说道。

“我老人家要吃饭呢，纳尔本。”

我没有选择余地了。我本想和他们置气，但他们只是笑。我也想去求他们，但不管我怎样哀求，他们只会做他们自己想做的。尘埃慢慢散去了，山脊顶上什么也没有了，我的车也不见了。

“要喝些汤。”丹说。

“今天是星期六，一定得点卷毛狗面条。”格罗弗若有所思地说道。他俩继而大笑起来，他俩经常开这种老掉牙的玩笑。

格罗弗向左转弯，开到一条小路上去。不一会儿，我们来到一座矮房子前，屋顶覆盖着柏油纸，入口处挂着一串牛头骨。窗户上用红白两色写着“停业”，外面却停着不少轿车和卡车。

我们停在一辆破旧的沃拉雷车旁边，车的轮毂罩都没有了，里面的骨架也烂得不像样。乘客侧的后车窗已经被砸掉了，用胶带粘着一块纸板充当窗户。消音器挂在一根弹簧索上，弹簧索的一头钩挂在汽车的排气管上，另一头钩在汽车行李箱的内边缘。我扫了一眼后座：车后座上堆着一堆用于包装快餐的锡纸，锡纸堆里有一件小女孩穿的粉色毛衣，毛衣上放着一个肮脏的空气过滤器罐和一对跨接电缆。

“这也许是大块头修过的车。”格罗弗也注意到了这辆车。

“地狱肯定会特地为你这样的人留个位子的。”我说。

“那儿没印第安人，”格罗弗回答，“都是白人。”

我们走进了黑暗的咖啡屋。屋子最里面，我看到有个庞然大物堆在凳子上。

“大块头！”我几乎是脱口而出，欣喜若狂。

大块头朝我点了点头。我朝他身后的窗外望去，我的车停在这所房子的后面。

大块头正在吃一大盘炸鸡，旁边的餐巾纸上已经堆了一堆骨头。

他一只手拿着烟，另一只手拿着鸡腿。

“车修好了。”他说道，好像他就一直坐在那里等我。“现在跑得很好。”他这会儿倒是很健谈。

我想问他为什么开我的车，想了想还是别问了。

“车怎么坏的？”我换个问题。

“我在吃饭呢。”大块头说，不容置疑，他眼前有更重要的事情要做。

“过来，纳尔本，坐下。”丹说，“一会再去操心你的车。”

我不情愿地跟他们坐到桌边。午后的阳光下，我的车在那里闪闪发光。

大块头在凳子上转了个方向，站了起来。他右手紧紧抓着满是鸡肉的椭圆形盘子，趔趔趄趄地向我们走来。左手夹着香烟，烟灰掉进了盘子里，附着在鸡翅和鸡大腿上。他笨重地移到我们餐桌旁，低下身子坐在一张空椅子上。

“20块钱。”他说。

我以为他是告诉我们他手上那盘鸡肉的价格。

“20块钱。”他又说了一遍。他直直地看着我。

“修车的钱吗？”我问他，突然明白了是什么意思。

他点点头。

“换了一个气缸垫片吗？”我说。

“气缸垫片没坏。”他扫了一眼丹，“软管烧了。晚饭前就修好了。”他以两餐之间的空当来计量时间。

“奇怪，为什么软管会坏？”我很疑惑，明明春天才换过软管。

“哎呀，纳尔本，别再操心了。”格罗弗说，“反正都修好了。”

他说话的语气引起了我的怀疑，他不是像以往那样嘲弄我的担忧，而是试图转移话题。“你是不是知道一些事情没告诉我？”我问他。

“我知道很多你不知道的事情呢。”格罗弗说。

“我说的是我的车，它是怎么坏的？”

“不知道啊。”他回答得很简洁。他刻意目不转睛地盯着女服务员刚摆在他面前的一杯咖啡。丹也忙活起来，用他患关节炎的手在那儿僵硬地撕扯一个小的饼干包装袋。

“丹？”我问，“你知道我的车是怎么坏的吗？”

“该死！”他说，“我老人家想安静吃顿饭都不行。”

我反复看了看丹、格罗弗和大块头，他们都不抬头看我。

“你们这群狗娘养的，”我怒了，“原来是你们干的，是你们在捉弄我。”

丹终于撕开了玻璃纸包装，饼干滚落到桌子上；格罗弗在搅咖啡；大块头在用食指弹盘子里的鸡肉，想把上面的烟灰掸掉。

“你怎么总是这样呢，纳尔本。”丹说。

“什么？”

“你总怪印第安人不对。”

“怪印第安人！那我他妈的该怪谁？除了你们几个印第安人，还能有谁？”

“不是我们干的。”丹说。

“就不是的。”格罗弗说。

“那是谁干的？”我说。

大块头从鸡腿上撕下一块鸡肉。“是大神做的。”他回答。丹点点头，格罗弗也点点头。他们沉默了一会儿，然后哄堂大笑起来。

女服务员走了过来，把一个油乎乎的袋子放在大块头面前的桌子上。

“是什么？”格罗弗问，“你刚把我们保留地一半的鸡都吃完了。”

“要增增肥呢，”大块头说，从上到下一步步把香烟揉灭在烟灰缸里，“皮卡空间太小了，前几天为了修车不得不去节食减肥。”然后他站起来，说道：“得回去工作了。”

我这次才不会让我的车在我眼前消失。我离开丹和格罗弗，让他们继续喝卷毛狗面汤，喝完后我们在修理处见。

大块头领着我穿过餐厅，从后门走出到停车场。在阳光下，我的黑卡车像钻石一样，闪闪发亮。大块头把钥匙从车顶上扔给我，自己坐到了副驾驶座位。卡车吱吱作响，车轮也压扁了一些。我把座位上的馅饼屑掸了出去，坐到方向盘后面。

烟灰缸里满是烟头，车里充斥着食物油腻腻的味道和人身上的汗臭味。可是车开起来像新的一样。挂挡更顺溜，马力也变得更强。

“顺带修了其他地方，”大块头自豪地说，“计时器用不了了，插线也坏了。”

“你的确下了不少功夫。”我说。

大块头点了点头：“蹲得屁股都疼了，不过车的磁带卡座还不错。”

三个小男孩骑着脏脏的自行车，一边飞快地骑着一边喊着：“白人的卡车！白人的卡车！再带我们溜一圈吧！”大块头朝车窗外挥挥手，孩子们急刹车，停在我们车旁边的泥地上。

“车不再是我的啦。”大块头对他们喊道。他把一根鸡骨头扔到路边的矮木丛里。

我笑了一下，挂到三档。卡车轻松发动起来，在砂石路上疾驰。

“干得真不赖。”我说。

大块头咧开嘴笑了，里面没牙齿，活像一个南瓜灯。“我会修东西。”他回答。我停在他房子前面，让他下车。我想多给他些钱，但他不要。“二十块就够了。”其他什么也没说，然后把钱塞到围裙工作服前面的口袋里。这种情况下，肯定不会有收据或保证书什么的。

另一群小男孩已经聚集在皮卡车旁边，把货车车厢当成了攀登架，在那儿爬上爬下。我说我马上要开走了，让他们走开，可他们才不听我的呢。这会儿卡车既是我的，也是他们的。

大块头早已背对着我，正在摆弄自行车上的链条，车子已经被倒着放在他店铺前阴凉处的泥地上，车坐凳和车把手支在地上，放得很稳当。

“大块头，这次真是多亏了你。”我对他说。他点了一两次头表示自己听到了，但仅此而已。他正在埋头干活。

没多久，男孩子就跑到自行车那里，看大块头怎么修它。他们像群实习生一样，围在大块头周围，时不时地提些意见，大块头指着链条说要看是不是过松或过紧，轴承需不需要润滑，这些孩子安静下来，认真听他讲解。

我一个人站在正午的阳光下，太阳热辣辣地烤着我，我要倚在车上的话，肯定会被灼伤。远处的街道上，一些树木在习习微风中无精打采地舒展着枝条。一只骨瘦如柴的小狗慢慢地爬过马路，它在暗渠附近的树荫下扒开一个洞，钻了进去。四周一片寂静，只有大块头使用的棘轮发出的咔嗒声和远处机器发出的隆隆声此起彼伏，这些机械似乎并不在乎这滚滚热浪。

不一会儿，我听到汽车轮胎发出的嘎吱嘎吱声。格罗弗的那辆绿色别克从拐角处缓缓驶出，如同一只懒惰的大爬虫。车子停在我身边，丹从车里钻了出来。

“车好了吗？”他问。

“开起来很顺。”

“大块头很会修东西。”

“他的确会。”

我们默默地站在那里，彼此都没有向前走一步。我以为他会邀请我去他家坐坐，但他没有任何表示。

“嗯，”我说道，“我也许该上路了，回家的路挺远的。”

“也很热。”丹补充说道，顿了顿然后说，“我有东西给你。”他的手从格罗弗的车窗摸到那个动物皮袋子，在翁迪德尼谷的那晚，他就是带这个袋子上山的。他在袋子里面摸了摸，掏出一块扁平的红色石头，被艺术地雕刻成鹰的形状。它上面栓了一根绳子，用来挂在脖子上。

他随手把东西递给我，非常随意，没有郑重其事的感觉。我从他栗色的手里接过这个雕刻。他把东西在手里握了一下然后松手给我，东西是我的了。

他没有立即拿回他的手。它像个树根一样悬在那儿，一个刚被挖掘出，赤裸裸暴露在外的树根。他此刻正在思考着什么。

最终，他摇了摇头。脑海里面的想法已经如暴雨时的乌云，飘走了。他向前对着我打开手，这是要握手说再见了。

我握住了他的手。他的手是赤褐色的，手指疖疖疤疤，相比之下，我白色的手显得柔弱而稚嫩。承诺在我们之间这样被传递着。

我看着他，他望着远处。我们用手传递承诺，不用眼睛。

“我会好好写的。”我说。

他点点头。

“我会把草稿送给你看的。”我继续说。

他又点了点头。

我想说说话，把想说的都倒出来，想抱一下他，想谢谢他，就是想做些什么。他却抽开手，转身走了。我又开始说起来。他把手举到肩膀的高度，轻轻挥了挥手，像在说：“该说的你都说了，现在保持安静。”

周围空气十分闷热，我默默站在那儿，注视着丹，他抚摸着格罗弗车子上闪闪发光的镀铬门把手。肥背在后座上气喘吁吁，涎水直流。回家了，她显得十分兴奋。格罗弗在座位上微微欠身，以便能看到我站在哪里。他用手碰了一下帽子的边缘——向我微微致意告别，丹打开车门，钻进去坐在他旁边。

汽车嗡的一声发动起来，沿着街道轰隆隆地开走了。他们开车离开了，我只能看到他们的后脑勺，只有肥背转过身来看着我。她的眼睛下垂，脑袋耷拉在汽车的后窗台上。

我抬起手，向她挥手道别，半真半假地相信她能理解我的意思。她竖起耳朵，气鼓鼓地瞪了我一眼。汽车在斜坡上轰鸣着行驶向前，慢慢消失不见。

宁静的正午时分，树木显得无精打采，毫无生气。我缓慢地举起手，把项链从我头顶上绕过，挂到胸口。石鹰凉冰冰的，它重重地压在我的胸口。我站在灰扑扑、空荡荡的马路上，听着格罗弗别克车的轰隆声渐行渐远。涵洞旁躺着的一条老狗站了起来，绕着涵洞走了三圈，然后又趴到泥堆里。我站在那里，一动不动，静静地倾听，直到一切都归于沉寂，无声无息。

作 者 简 介

肯特·纳尔本是一位作家和教育家，拥有宗教学和艺术学博士学位。他曾参与调查美国原住民及其教育问题。他曾执导获奖口述历史项目，该项目关于明尼苏达州北部的红湖奥吉布瓦保留地。在收集该部落长者的回忆后，他出版了《走到红色的道路上》和《我们选择记住》两本书。纳尔本曾担任俄克拉何马州诺曼市美国印第安学院课程设置顾问，他还主持过不同组织会议，其中有国家印第安教育协会和印第安教育总统蓝带委员会。

纳尔本还是一所学校的组建人之一，该校名为“斯库尔学习社区”，特许学习远征内容。校园位于明尼苏达州北部，他目前是该校董事会的主席。他的几本著作广受好评，如《给我的儿子的信件》《简单的真理》《谨小的优雅》《冷静的投降者》《让我成为您寻求和平的工具》《马路天使》。他同时编辑了《美国土著的智慧》《一位印第安人的灵魂》《美国原住民的智慧》等书。他和妻子路易丝、儿子尼克住在明尼苏达州伯米吉。

欲了解更多信息，请访问他的网站：

www.kentnerburn.com

作品简介

虽然其他作品非常青睐当代保留地生活和达科他州西部雄伟的空间这一背景，但《帕哈萨帕之歌》另辟蹊径，讲述了两个人——白人和印第安人的故事，他们虽然各自坚守自己的理念，但在努力寻求一个共同的声音。该书获得了1996年明尼苏达州图书奖，著名作家肯特·纳尔本带领我们深入印第安长者丹的世界。丹带着肯特穿过印第安的城镇，走过被人遗忘的道路，一路走来，两人的谈话与对幽灵舞和坐牛的回忆相互交织。在书中，我们读到了一些栩栩如生的人物——从体重400磅的修理工大块头，到住在没有自来水的小木屋里八十岁的拉科塔妇人安妮。与《在路上》和《黑麋鹿如是说》完全不同，《帕哈萨帕之歌》让我们超越过去对美国土著神话的了解和对美国土著的成见，展示了一个少有人关注的美国。

“该书富有想象力和创造力，运用了不同体裁，向美国读者成功展示了北美印第安人的某些生活与真相。”

——《明尼阿波利斯明星论坛报》

“该书非同寻常，它记述了令人痛心的真相且内容极具深度……它使人沉思，使人谦卑，使人的心灵得以净化，还使人感到融融暖意。每个美国人都应该读一读这本书。”

——《瑜伽学刊》

“我本以为书里讲的是灵医黑麋鹿的故事。打开以后却发现，书中的内容更为现代，更为鲜活，点点滴滴都深刻而感人。”

——《国家制药监管机构协会评介》

“这本书相当特别。一旦读了，就再也无法用同样的眼光看待这个世界以及生活在这个世界上的人。它安静，有力，震撼人心！”

——美国印第安学院基金管理委员会